Florian Sarodnick / Henning Brau
Methoden der Usability Evaluation

Aus dem Programm
Huber: Psychologie Praxis

Wissenschaftlicher Beirat:
Prof. Dr. Dieter Frey, München
Prof. Dr. Kurt Pawlik, Hamburg
Prof. Dr. Meinrad Perrez, Freiburg (CH)
Prof. Dr. Franz Petermann, Bremen
Prof. Dr. Hans Spada, Freiburg i. Br.

Praxis der Arbeits- und Organisationspsychologie

Herausgegeben von Eva Bamberg, Gisela Mohr und Martina Rummel

Das Ziel der Reihe «Praxis der Arbeits- und Organisationspsychologie» ist es, psychologisches Wissen so aufzubereiten, dass zu aktuellen Themen, Fragen und Problemen in der Arbeitswelt Stellung bezogen werden kann. Auf diese Weise soll eine zweifache Reflexion angeregt werden: Die Reflexion der Wissenschaft aus der Perspektive der Praxis und die Reflexion der Praxis aus der Perspektive der Wissenschaft.

Die weiteren Bände:

Eva Bamberg / Christine Gabriele Busch / Antje Ducki
Stress- und Ressourcenmanagement
Strategien und Methoden für die neue Arbeitswelt

Stefanie Heizmann
Outplacement. Die Praxis der integrierten Beratung

Klaus Moser
Commitment in Organisationen

Sabine Remdisch
Erfolgsfaktor Feedback

Martin Resch
Analyse psychischer Belastung
Verfahren und ihre Anwendung im Arbeits- und Gesundheitsschutz

Frauke Teegen
Posttraumatische Belastungsstörungen bei gefährdeten Berufsgruppen
Prävalenz – Prävention – Behandlung

Informationen über unsere Neuerscheinungen finden Sie im Internet unter:
www.verlag-hanshuber.com oder per E-Mail an: verlag@hanshuber.com

Florian Sarodnick
Henning Brau

Methoden der Usability Evaluation

Wissenschaftliche Grundlagen und praktische Anwendung

Verlag Hans Huber

Adressen der Autoren:

Florian Sarodnick
Universität Hamburg
Arbeits-, Betriebs- und Umwelt-
psychologie
Von-Melle-Park 11
D-20146 Hamburg

Henning Brau
DaimlerChrysler AG
Research & Technology
Psychology in Engineering
PO Box 2360
D-89013 Ulm

Lektorat: Monika Eginger
Herstellung: Peter E. Wüthrich
Druckvorstufe: Nathalie Sbicca Panarelli, Castione (TI)
Umschlag: Atelier Mühlberg, Basel
Druck und buchbinderische Verarbeitung: Hubert & Co., Göttingen
Printed in Germany

Bibliografische Information der Deutschen Bibliothek
Die Deutsche Bibliothek verzeichnet diese Publikation in der Deutschen Nationalbibliografie;
detaillierte bibliografische Daten sind im Internet über http://dnb.ddb.de abrufbar.

Dieses Werk, einschließlich aller seiner Teile, ist urheberrechtlich geschützt. Jede Verwertung
außerhalb der engen Grenzen des Urheberrechtes ist ohne Zustimmung des Verlages
unzulässig und strafbar. Das gilt insbesondere für Vervielfältigungen, Übersetzungen,
Mikroverfilmungen sowie die Einspeicherung und Verarbeitung in elektronischen Systemen.

Anregungen und Zuschriften bitte an:
Verlag Hans Huber
Hogrefe AG
Länggass-Strasse 76
CH-3000 Bern 9
Tel: 0041 (0)31 300 45 00
Fax: 0041 (0)31 300 45 93
verlag@hanshuber.com
www.verlag-hanshuber.com

1. Auflage 2006
© 2006 by Verlag Hans Huber, Hogrefe AG, Bern
ISBN 3-456-84200-7

Inhaltsverzeichnis

Vorwort der Herausgeberinnen 9

Über dieses Buch 11

Danksagungen 14

1. Einleitung 15

    1.1 Usability – eine Begriffsabgrenzung 16
        1.1.1 Ergonomie 16
        1.1.2 Usability 17
        1.1.3 (Benutzungs-) Schnittstelle 18
        1.1.4 Usability-Engineering 19
        1.1.5 Usability-Evaluation 19
        1.1.6 Usability-Probleme 21

    1.2 Bezug zur Personal- und Organisationsentwicklung 22

    1.3 Einsatzfelder der Usability-Evaluation und Interaktionsformen mit technischen Systemen 25
        1.3.1 Hardware 26
        1.3.2 Software 27

    1.4 Normen, Gesetze und Verordnungen der Usability-Evaluation ... 30
        1.4.1 DIN EN ISO 9241: Ergonomische Anforderungen für Bürotätigkeiten mit Bildschirmgeräten 31
        1.4.2 Bildschirmarbeitsverordnung (BildscharbV) 37
        1.4.3 Behindertengleichstellungsgesetz (BGG) und Verordnung zur Schaffung barrierefreier Informationstechnik (BITV) ... 38
        1.4.4 DIN ISO/IEC 12119: Software-Erzeugnisse – Qualitätsanforderungen und Prüfbestimmungen 39

1.4.5 DIN EN ISO 13407: Benutzerorientierte Gestaltung
interaktiver Systeme 40
1.4.6 DIN EN ISO 14915: Software-Ergonomie für Multimedia-
Benutzungsschnittstellen 41
1.4.7 Bedeutung der Normen für die Usability-Evaluation 42

2. Psychologische Grundlagen für die Systementwicklung 45

2.1 Kognitive Aspekte 46
    2.1.1 Wahrnehmung 47
    2.1.2 Aufmerksamkeit und Leistung 50
    2.1.3 Wissensrepräsentation 52
    2.1.4 Gedächtnis 54
    2.1.5 Weitere kognitive Phänomene 60

2.2 Arbeitspsychologische Aspekte 64
    2.2.1 Handlungsregulationstheorie 64
    2.2.2 Bewertung von Arbeitstätigkeiten 65
    2.2.3 Gestaltung von Arbeitstätigkeiten 67
    2.2.4 Konzepte für den Einsatz neuer Technologien 70
    2.2.5 Gestaltung von Mensch-Rechner-Dialogen 71
    2.2.6 Qualifizierung 72
    2.2.7 Wirkung von Arbeit 74
    2.2.8 Arbeitsanalyse 76

3. Usability-Engineering 81

3.1 Phasen des Usability-Enginnerings 82
    3.1.1 Prozessmodell der DaimlerChrysler-Forschung 82
    3.1.2 Der Usability-Engineering Lifecycle 83
    3.1.3 Prozessmodell «Usability-Engineering» 85

3.2 Integration des Usability-Enginnerings in die Systementwicklung 97

3.3 Partizipation 101
    3.3.1 Grundlegendes zur Partizipation 101
    3.3.2 Nutzen der Partizipation 103
    3.3.3 Gestaltung und Methoden der Partizipation 104

3.4	Interkulturelle Usability-Evaluation	107
	3.4.1 Einfluss einer interkulturellen Testumgebung auf das Ergebnis von Usability-Evaluationen	110

4. Methoden der Usability-Evaluation — 113

4.1	Gestaltungsrichtlinien / Design-Guidelines	116
	4.1.1 Hintergrund	116
	4.1.2 Was sind Gestaltungsrichtlinien?	117
	4.1.3 Vorgehen während einer Evaluation	119
	4.1.4 Zwei prominente Beispiele für Guidelines	120
	4.1.5 Kritik	123
4.2	Formal-analytische Verfahren	124
	4.2.1 Aufgabenanalytische Verfahren	125
	4.2.2 Expertenleitfäden	128
4.3	Inspektionsmethoden	134
	4.3.1 Heuristische Evaluation	135
	4.3.2 Walkthrough-Verfahren	144
4.4	Usability-Tests	155
	4.4.1 Induktive und deduktive Usability-Tests	156
	4.4.2 Auswahl der Testpersonen	159
	4.4.3 Das Usability-Labor	160
	4.4.4 Erhebungsmethoden im Usability-Test	162
	4.4.5 Reliabilität und Validität	166
	4.4.6 Remote-Usability-Tests	168
4.5	Fragebogen	169
	4.5.1 Questionnaire for User Interface Satisfaction (QUIS)	175
	4.5.2 Software Usability Measurement Inventory (SUMI)	176
	4.5.3 IsoNorm 9241/10	177
	4.5.4 IsoMetrics	178
	4.5.5 AttrakDiff	179
4.6	Vergleich und Beurteilung der Methoden	181
	4.6.1 Empirische Vergleichsstudien von Evaluationsmethoden	181
	4.6.2 Probleme eines direkten Vergleichs von Evaluationsmethoden	183

4.6.3 Beurteilungskriterien 184
4.6.4 Weitere Hinweise zur Bewertung der Methoden 188

5. Planung und Durchführung von Usability-Evaluation: Fallbeispiele und Handlungsempfehlungen 191

5.1 Hinweise zur Durchführung 192
    5.1.1 Kombination von Methoden im Usability-Engineering-Prozess 192
    5.1.2 Das Evaluationspflichtenheft 194
    5.1.3 Vorbereitung von Evaluationen 196
    5.1.4 Evaluation bei knappem Budget 197
    5.1.5 Ergebnispräsentation 199

5.2 Heuristische Evaluation 202
    5.2.1 Praxisbeispiel 202
    5.2.2 Planung 202
    5.2.3 Phasen der Durchführung 204

5.3 Cognitive Walkthrough 212
    5.3.1 Praxisbeispiel 213
    5.3.2 Vorbereitungsphase 213
    5.3.3 Analysephase 216
    5.3.4 Auswertung und Lösungsfindung 218
    5.3.5 Abschlussbemerkung 219

5.4 Usability-Tests 219
    5.4.1 Praxisbeispiel 219
    5.4.2 Vorbereitungsphase 220
    5.4.3 Durchführungsphase 225
    5.4.4 Auswertung und Bericht 229

6. Resümee 235

Literaturverzeichnis 237

Anhang: Berufsverband der Deutschen Usability-Professionals 251

Vorwort der Herausgeberinnen

Mit Erzählungen über Pannen, die bei der Nutzung von Informations- und Kommunikationstechniken vorkommen, lassen sich lange Abende füllen. Nahezu jeder weiß Unglaubliches über unverständliche Programme, unendliche Einarbeitungszeiten oder Zusammenbrüche (der Technik, manchmal aber auch der Nerven) zu berichten. Doch nicht nur Einzelne sind betroffen. Noch vor wenigen Jahrzehnten waren in Betrieben und Dienststellen außerordentlich hohe Erwartungen mit Informations- und Kommunikationstechniken verbunden. In den letzten Jahren hat sich dies verändert. Prognosen über Einsparungspotenziale haben sich als nicht realistisch erwiesen. Dies ist nicht zuletzt darauf zurückzuführen, dass sich Betriebe und Organisationen immer wieder für Hard- und Softwarelösungen entscheiden, die sich später als nicht oder nur teilweise brauchbar erweisen. Die Überprüfung der Gebrauchstauglichkeit (engl.: *usability*) ist also eine notwendige Voraussetzung für die angemessene Nutzung von technischen Systemen.

Florian Sarodnick und Henning Brau beschäftigen sich im vorliegenden Band mit diesem Thema. Die Autoren stellen psychologische Grundlagen vor und gehen ausführlich auf Methoden der Usability-Evaluation ein. Zur Veranschaulichung dienen mehrere praktische Beispiele. Die Autoren greifen eine zentrale Themenstellung der Arbeits- und Organisationspsychologie auf.

Ein wesentlicher Kern des Fachgebiets betrifft die Gestaltung der Arbeitstätigkeit. Dies impliziert die Gestaltung von technischen Lösungen. Wie die Gebrauchstauglichkeit von technischen Systemen für diejenigen, die damit arbeiten, überprüft und sichergestellt werden kann, ist in diesem Zusammenhang zentral. Usability-Evaluation ist jedoch nicht nur ein relevantes Betätigungsfeld für Vertreterinnen und Vertreter unseres Fachgebietes. Methoden der Usability-Evaluation dürften ganz generell für betriebliche Funktions- und Entscheidungsträger von Bedeutung sein. So sollten Entscheidungsträger wissen, wie technische Lösungen evaluiert werden können und welche Anforderungen an eine Evaluation zu stellen sind. Auf diesen Hintergrund kann Usability-Evaluation im eigenen Arbeitskontext beurteilt werden, Strategien und Techniken können eingefordert werden.

Im Rahmen der Usability-Evaluation wurden in den letzten Jahren Methoden entwickelt, deren gemeinsame Strategie in der Einbeziehung des Nutzers in den Bewertungsprozess besteht. Von daher sind die Methoden nicht auf technische Lösungen beschränkt, sondern sie sind auf andere Veränderungsprozesse in Betrieben und Organisationen übertragbar. Könnte es nicht sinnvoll sein, Zielvereinbarungsmethoden oder Feedback-Systeme mit Hilfe eines vergleichbaren Verfahrens zu beurteilen, bevor sie in einem Betrieb, in einer Organisation eingeführt werden? Unter Umständen können dadurch Probleme oder Pannen vermieden werden. Wir gehen also davon aus, dass die hier vorgestellten Ansätze auch über den dargestellten Anwendungsbereich hinaus von Interesse sind.

Das Buch «Methoden der Usability-Evaluation» erscheint in der Reihe «Praxis der Arbeits- und Organisationspsychologie». In dieser Reihe werden Arbeiten zu aktuellen, vielfach interdisziplinären Themenbereichen publiziert. Wir richten uns in erster Linie an betriebliche Funktions- und Entscheidungsträger, die psychologisches Wissen benötigen, an in der Arbeits- und Organisationspsychologie und angrenzenden Gebieten tätige Personen, sowie an Studierende, die in diesem Bereich tätig sein möchten. Die psychologische Perspektive hat dabei besonderes Gewicht.

Die Bände dieser Reihe behandeln neben einer wissenschaftlichen Aufarbeitung des jeweiligen Problembereichs berufspraktische Fragen. Die Reihe versucht, mehrere Lücken zu schließen: Bei arbeits-, organisations- und wirtschaftspsychologischen Publikationen überwiegen Werke zu traditionellen Themen. Zahlreiche aktuelle und relevante – oft interdisziplinäre – Problembereiche aus der Arbeitswelt wurden bislang psychologisch nur unzureichend aufgearbeitet. Es gibt ferner viele Bücher, die für die Wissenschaft geeignet sind, aber nur eingeschränkten Nutzen für praktisches Handeln haben, und es gibt schließlich eine Reihe von Werken, die für Praktiker und Praktikerinnen geschrieben wurden, die aber mehr an Rezeptbücher als an eine Umsetzung psychologischen Wissens erinnern.

In den Büchern der Reihe «Praxis der Arbeits- und Organisationspsychologie» wird psychologisches Wissen so aufbereitet, dass zu aktuellen Themen, Fragen und Problemen in der Arbeitswelt Stellung bezogen werden kann. Eine zweifache Reflexion soll dadurch ermöglicht werden: Die Reflexion der Wissenschaft aus der Perspektive der Praxis und die Reflexion der Praxis aus der Perspektive der Wissenschaft.

Hamburg, Leipzig und Berlin im Januar 2006   Eva Bamberg
Gisela Mohr
Martina Rummel

Über dieses Buch

Der Siegeszug der Menschheit über diesen Planeten wurde maßgeblich durch die Fähigkeit ermöglicht, unsere körperlichen Grenzen mit Hilfe von Werkzeugen zu erweitern. Eines der ältesten Werkzeuge des Menschen ist der Hammer. In seinem Funktionsprinzip bestens vertraut, leistet er uns seit geschätzten 1,5 Millionen Jahren gute Dienste. Er ist so selbstverständlich geworden, dass wir uns kaum mehr darüber Gedanken machen, dass er eine ebenso lange Entwicklungsphase hinter sich hat. Menschen haben dieses simple, aber effektive Werkzeug stetig verfeinert und ihrem jeweiligen Benutzungszweck angepasst. Heute gibt es verschiedenste Formen von Hämmern, von der feinmechanischen bis hin zur schwerindustriellen Anwendung. Insbesondere in den frühen Zeitaltern der menschlichen Geschichte war der Entwickler dieses Werkzeugs immer zugleich auch der spätere Nutzer. Dies gilt im Grundsatz bis heute, denn welcher Werkzeugkonstrukteur benutzt nicht selber zu Hause auch mal einen Hammer?

Mit der zunehmenden Spezialisierung und Komplexität menschlicher Arbeit verringerte sich der direkte Zusammenhang zwischen Werkzeugkonstruktion und -nutzung aber rapide. Die Entwicklung und Benutzung von komplexen Werkzeugen, Maschinen und Programmen wurden dabei zunehmend entkoppelt. Spätestens seit der Industrialisierung gerieten der Nutzer und seine Anforderungen aus dem Fokus der Werkzeuggestaltung. Er musste sich an die von den Maschinen vorgegebenen Arbeitsprozesse anpassen und übernahm vermehrt Restaufgaben, die nicht durch Maschinen abgedeckt werden konnten. Der Be-Nutzer wurde Be-Diener der Arbeitsmittel.

Es sollte fast bis zur Mitte des 20. Jahrhunderts dauern, bis man sich wieder verstärkt dem Menschen im Arbeitsprozess widmete. Um 1940 herum begann man langsam damit, Arbeitsmittel auf die besonderen Fähigkeiten und Schwächen des Menschen hin zu untersuchen und zu gestalten. Mit der Bemühung um ergonomische Optimierung stand nun nicht mehr das Werkzeug im Mittelpunkt, sondern das gesamte Arbeitssystem, bestehend aus Mensch, Werkzeug, Aufgabe und Umgebung.

Usability (dt. «Gebrauchstauglichkeit») der Arbeitsmittel zu erzeugen, ist vereinfacht gesagt ein Ziel der Ergonomie: Technische Systeme sollen gebrauchstauglich sein und dadurch den Menschen effektiv, effizient und zu seiner Zufriedenheit bei der Erfüllung seiner jeweiligen Nutzungsanliegen unterstützen. Was dies bedeutet, werden wir später eingehend erörtern. Die Usability-Evaluation wiederum ist eine Möglichkeit, technische Systeme hinsichtlich ihrer Gebrauchstauglichkeit zu bewerten. Mit ihrer Hilfe können Einschränkungen der Gebrauchstauglichkeit von technischen Prototypen frühzeitig erkannt werden. Damit werden Optimierungen noch während der Gestaltung und Entwicklung eines Systems ermöglicht. Ebenso können mit Evaluationsmaßnahmen verschiedene technische Systeme hinsichtlich ihrer Gebrauchstauglichkeit miteinander verglichen werden.

Wir möchten in diesem Buch aufzeigen, wie man Usability nachweisen und messbar machen kann. Dabei versuchen wir, eine Brücke zwischen den wissenschaftlichen Grundlagen und der praktischen Anwendung von Methoden der Usability-Evaluation zu schlagen.

Für wen wurde dieses Buch geschrieben?
Zielgruppe sind vor allem Personen, die sich erstmalig der Usability-Evaluation widmen wollen. Da sind zum einen Studenten verschiedener Fachrichtungen, beispielsweise der Informatik oder der Psychologie, aber ebenso professionelle Systementwickler, Projektmanager sowie mit Aufgaben der Organisationsentwicklung betraute Personen, die in ihrer beruflichen Praxis mit Fragen der Gebrauchstauglichkeit und Akzeptanz von technischen Systemen oder mit technischen Veränderungsprozessen konfrontiert werden. Doch auch Usability-Professionals, die bereits Erfahrung mit der Durchführung von Usability-Evaluationen gesammelt haben, finden hier gegebenenfalls eine Vertiefung vorhandenen Wissens und Anregungen für die Anwendung ihnen noch nicht bekannter Verfahren.

Nicht zuletzt können betriebliche Funktions- und Entscheidungsträger sich mit Hilfe dieses Buches Kenntnisse über die Evaluation technischer Systeme aneignen und so im eigenen Arbeitskontext ein entsprechendes Vorgehen besser einfordern.

Inhaltliche Struktur
Zentrales Anliegen ist, Methoden der Usability-Evaluation vorzustellen. Doch wir werden uns nicht auf eine reine Beschreibung von Methoden und ihrer Anwendung beschränken, sondern auch das Gesamtkonzept der Usability und mit ihr verbundener Thematiken beleuchten. Damit soll dem Leser ein allgemeines Verständnis des Zusammenspiels von Mensch und technischem System vermittelt werden, das ihm helfen kann, Methoden der Usability-Evaluation sinnvoll und differenziert anzuwenden.

Das Buch ist in fünf Abschnitte gegliedert:

1. **Einleitung:** Hier erfolgt eine allgemeine Begriffsbestimmung zur Usability-Evaluation. Es werden Bezüge zur Personal- und Organisationsentwicklung dargestellt, Formen von Mensch-Maschine-Schnittstellen beschrieben sowie Normen, Richtlinien und gesetzliche Bestimmungen mit Relevanz für die Usability allgemein und deren Evaluation im Besonderen skizziert.

2. **Psychologische Grundlagen der Systemgestaltung:** Wer technische Systeme bewerten will oder muss, sollte sich zumindest in Ansätzen mit der Wahrnehmung, dem Denken sowie dem Lernen des Menschen auseinander setzen. Diese Inhalte werden in Grundzügen vermittelt. Arbeitspsychologische Aspekte geben Einblicke in die Gestaltung und Bewertung menschlicher Arbeit.

3. **Usability-Engineering:** Hier wird ein Prozess erläutert, wie technische Systeme mit hoher Usability gestaltet werden können. Die Einbettung des Usability-Engineerings in die gesamte Systementwicklung wird dargestellt.

4. **Methoden der Usability-Evaluation:** Es werden verschiedene Formen von Evaluationsmethoden differenziert und einzelne Verfahren detailliert besprochen. Die Methoden werden verglichen und hinsichtlich ihrer Eignung für bestimmte Einsatzfelder bewertet.

5. **Planung und Durchführung von Usability-Evaluationen:** Hier werden Hinweise zur allgemeinen Durchführung von Usability-Evaluationen gegeben und die Anwendung von drei Verfahren beispielhaft beschrieben.

Danksagungen

Viele Menschen haben sich an der Entwicklung dieses Buches mit Rat und Tat beteiligt. Unser Dank gilt den Herausgeberinnen, die uns die Gelegenheit zur Veröffentlichung dieses Buchs gegeben haben.

Wir bedanken uns weiterhin herzlich bei den fachlichen Reviewern Pia Quaet-Faslem, Jens Hüttner, Herbert Meyer und Knut Polkehn für ihr engagiertes Feedback, das an vielen Stellen Eingang in das Buch gefunden hat.

Auch bei unseren vielen nicht-fachlichen «Testlesern» bedanken wir uns herzlich für so manchen Feinschliff in den Formulierungen. Dies hat sehr dabei geholfen, die Verständlichkeit und Lesefreundlichkeit zu verbessern.

Da das Beste immer am Ende kommt, danken wir abschließend unseren Familien für die Unterstützung und die aufgebrachte Geduld.

1 Einleitung

In diesem Kapitel werden die zentralen Begriffe des Usability-Engineerings erläutert, der Bezug zur Personal- und Organisationsentwicklung hergestellt, verschiedene Interaktionsformen mit technischen Systemen vorgestellt, Einsatzfelder für die Usability-Evaluation dargelegt und maßgeblich mit ihr verbundene Normen, Richtlinien und Gesetze skizziert.

«Computer sind intelligente Wesen. So intelligent, dass sie Büroarbeit erledigen und manchmal sogar reden. Allerdings sagen sie dann oft Sätze wie: ‹Die Installation kann nicht abgeschlossen werden – bitte führen Sie den Vorgang erneut durch.› oder ‹Ein schwerer Ausnahmefehler ist aufgetreten. Das Programm wird automatisch beendet, alle nicht gespeicherten Daten gehen verloren. Wenden Sie sich an den Hersteller, falls das Problem erneut auftritt.› An den Hersteller wenden, jetzt?! In zehn Minuten beginnt die Konferenz, und der Rechner hat gerade die fertige Präsentation gefressen. Blöde Kiste!»

Ähnliche Erlebnisse wie dieses, das Oberhuber in der ZEIT vom 16. September 2004 beschreibt, hat wohl so mancher PC-Nutzer schon einmal erlebt. So erfasst laut eigener Aussage der Microsoft-Kundenservice allein in Deutschland pro Monat rund 6500 ernst zu nehmende Beschwerden (Oberhuber, 2004). Scheiternde Kommunikationsversuche mit dem PC führen aber nicht nur dazu, dass Menschen ihren Computer anschreien oder gar gewalttätig werden. Laut Bruno Zwingmann, Geschäftsführer der Bundesarbeitsgemeinschaft für Sicherheit und Gesundheit bei der Arbeit (Basi), entstehen vielmehr auf diese Weise jährlich volkswirtschaftliche Schäden in Milliardenhöhe. Dabei sind Handgreiflichkeiten gegenüber den Geräten noch das kleinere Problem. Jahr für Jahr gehen viele Arbeitsstunden und Motivation von Mitarbeitern verloren. Die Schätzungen über die vergeudete Arbeitszeit reichen von eineinhalb Stunden je Woche und Nutzer bis hin zu einer Stunde pro Tag. Computerfrustration kann im schlimmsten Fall sogar zu Depressionen führen – in den Niederlanden ist «Technologieärger» tatsächlich eine anerkannte Berufskrankheit. Auch der Bundesverband der Betriebskrankenkassen Deutschlands bestätigt, dass die Zahl der psychischen Störungen bei Bildschirmarbeitern zunimmt, wenn sich auch nicht beziffern lässt, in welchem Ausmaß dies auf Frustration durch Soft- oder Hardwareprobleme zurückzuführen ist.

Schon dieser kurze Abschnitt macht deutlich, welche Bedeutung eine gelungene Gestaltung technischer Systeme haben kann. Denn das bloße Bereitstellen von Funktionen zur Aufgabenbewältigung ist nur eine der Aufgaben bei ihrer Planung und Entwicklung.

Eason (1984) weist auf diesen Tatbestand hin, indem er feststellt, dass ein Großteil des Potenzials von sehr nützlichen technischen Systemen ungenutzt bleibt, wenn sich Nutzer nur bis zu einem bestimmten Grad auf sie einlassen können oder wollen. Es stellt sich also stets auch die Frage, wie ein System gestaltet werden muss, damit es für Anwender benutzbar und nützlich ist.

1.1 Usability – Eine Begriffsabgrenzung

Wer in eine der vielen Suchmaschinen im Internet «*Usability*» eingibt, wird eine Vielzahl von Definitionen des Begriffs vorfinden. Sie erklären u. a., dass Usability bedeute, Systeme benutzerfreundlich («*user friendly*») zu gestalten, oder dass eine hohe Usability die Möglichkeit biete, ein System einfach zu nutzen («*ease of use*»), weil es ergonomisch gestaltet wurde, oder man erfährt, dass Gebrauchstauglichkeit bestimmend für eine gute Mensch-Computer-Interaktion («*Human-Computer-Interaction*»; HCI) sei. Alle diese Erklärungen sind hinreichend, um sich eine Vorstellung über Usability zu machen, doch der Kern wird durch sie nicht getroffen. Wir werden daher zunächst die zentralen Begriffe im Kontext der Usability und ihrer Evaluation definieren und grundlegende Hinweise zur gebrauchstauglichen Gestaltung technischer Systeme geben.

1.1.1 Ergonomie

Schon Mitte des 19. Jahrhunderts wurde der Begriff «Ergonomie» durch Wojciech Jastrzębowski (1857) als Bezeichnung für eine eigene Wissenschaftsdisziplin der Arbeitswelt vorgeschlagen. Nach der aktuellen internationalen Normung ist Ergonomie eine *«wissenschaftliche Disziplin, die sich mit dem Verständnis der Wechselwirkungen zwischen menschlichen und anderen Elementen eines Systems befasst, und der Berufszweig, der Theorie, Prinzipien, Daten und Methoden auf die Gestaltung von Arbeitssystemen anwendet mit dem Ziel, das Wohlbefinden des Menschen und die Leistung des Gesamtsystems zu optimieren.»* (DIN EN ISO 6385, 2004, S. 5).

Hier steht also nicht das technische System im Mittelpunkt, sondern das Gesamtsystem, bestehend aus Mensch, Werkzeug, Aufgabe und Umgebung.

1.1.2 Usability

Schienen in der Vergangenheit zunächst lediglich die Art und die Anzahl der zur Verfügung stehenden Funktionen eines technischen Systems darüber zu bestimmen, ob es genutzt wurde oder nicht, so kam mit zunehmender Multifunktionalität die Frage der *Benutzerfreundlichkeit* hinzu. Dieses Konstrukt wurde jedoch bald zugunsten der Usability (dt. «Gebrauchstauglichkeit») fallen gelassen (z. B. Nielsen, 1993; zur Geschichte der Mensch-Maschine-Interaktion siehe z. B. Natt och Dag & Madsen, 2000). Dieser Begriff fokussiert dabei nicht nur eine komfortable Benutzung, sondern auch die Forderung nach einer geeigneten Unterstützung des Nutzers bei der Erreichung seiner Ziele in dem jeweiligen Einsatzfeld. Usability ist keine eigenständige Disziplin wie die Ergonomie, sondern eine Qualität eines technischen Systems. Sie ist ein Ziel der Gestaltung nach den Erkenntnissen der Ergonomie.

Es gibt, wie bereits gesagt, eine Reihe verschiedener Definitionen von Usability. Die früheste uns bekannte liefert Eason (1984). Er versteht sie als Differenz zwischen potenzieller Nützlichkeit eines Systems und dem Grad, bis zu dem Nutzer in der Lage und willens sind, es zu nutzen. Dabei ist mit «System» ein soziotechnisches System gemeint, bestehend aus Hardware, Software und menschlichen Unterstützern (technischer Support).

Seit einigen Jahren gibt es mit der DIN EN ISO 9241 (1997) eine internationale Norm, die Usability als das Ausmaß definiert, in dem ein technisches System durch bestimmte Benutzer in einem bestimmten Nutzungskontext verwendet werden kann, um bestimmte Ziele effektiv, effizient und zufriedenstellend zu erreichen. Auf diese Norm werden wir in Abschnitt 1.4 noch vertieft eingehen. An dieser Stelle ist uns lediglich wichtig, zu verdeutlichen, dass Usability die Passung von System, Aufgabe und Nutzer aus der Perspektive einer vom Nutzer wahrgenommenen Qualität der Zielerfüllung betrachtet. Denn gerade im beruflichen Einsatzfeld sind technische Systeme in eine Vielzahl von Abläufen eingebettet. Das technische System dient dabei nur als Hilfsmittel um einen oder mehrere Schritte in einem größeren Ablauf bearbeiten zu können. Die Funktionalität des Systems muss an die Erfordernisse in diesen Prozessen angepasst sein (Prozessangemessenheit) und dies nicht nur hinsichtlich des Funktionsumfanges, sondern auch hinsichtlich der Handlungsreihenfolge. So kann beispielsweise nicht die Gestaltung einer Software dafür ausschlaggebend sein, wann eine bestimmte Information eingegeben werden muss. Die entscheidende Frage ist vielmehr, wann eine

Information in der Praxis überhaupt vorliegt und wann und in welcher Form sie benötigt wird. Usability beschränkt sich aber nicht nur auf Software-Systeme, sondern stellt eine Eigenschaft dar, die alle Produkte oder technischen Systeme mehr oder weniger ausgeprägt innehaben, sie betrifft hochdifferenzierte Industrieroboter ebenso wie eine beliebige Webseite.

> **Prozessangemessenheit vs. Aufgabenangemessenheit**
>
> Sowohl bei der Prozessangemessenheit als auch bei der Aufgabenangemessenheit steht die Frage im Zentrum, ob die Funktionen des Systems den Anforderungen der Zielerreichung angemessen sind. Prozessangemessenheit bezieht sich dabei auf die reale Arbeit, die in dem System abgebildet wird. Sie beschreibt beispielsweise, ob eine Funktion zum Ausdrucken von Grafiken notwendig und ob die Art und Weise, wie die Grafiken ausgedruckt werden, dem nachfolgenden realen Arbeitsprozess dienlich ist.
>
> Aufgabenangemessenheit hingegen begnügt sich mit der Beurteilung, ob die Gestaltung der Systemfunktion «Ausdrucken» einer eventuell notwendigen realen Aufgabe «Grafik ausdrucken» angemessen ist. Sie stellt nicht die Frage, ob eine solche Funktion überhaupt nötig ist und ob der erfolgreich ausgegebene Ausdruck im späteren Arbeitsprozess gebrauchstauglich ist.

1.1.3 (Benutzungs-) Schnittstelle

Wir bevorzugen eine Definition der Benutzungsschnittstelle (engl. «*(User-) Interface*») nach Moran (1981), die über die grafische Systemoberfläche hinausgeht. Ihr zufolge besteht die Benutzungsschnittstelle aus allen Aspekten eines Systems, mit denen der Nutzer physisch, perzeptiv oder konzeptionell in Kontakt tritt. Laut Moran besteht die Benutzungsschnittstelle aus folgenden drei Komponenten:

1. *konzeptuelle Komponente:* Aufgabenebene, semantische Ebene
2. *kommunikative Komponente:* syntaktische Ebene, Interaktionsebene, Medienebene
3. *physische Komponente:* räumliche Ebene, Kodierungsebene, Hardware-Ebene.

Folgen wir diesem Konzept Morans, so empfiehlt sich bei der Gestaltung von Schnittstellen ein Top-Down-Vorgehen, also ein Beginn der Entwicklung auf der konzeptuellen Ebene. Die Aufgaben und Bedeutungen des Einsatzfeldes, für das ein System erstellt werden soll, werden analysiert und daraus ein Benutzungskonzept über das System und seine Funktionen entwickelt. Dieses stellt dann die Ausgangsbasis für eine Definition der kommunikativen Komponente dar, welche die Interaktion und ihre Medien in den Mittelpunkt rückt. Aus ihr können Anforderungen an die physische Ebene abgeleitet werden, zum Beispiel die benötigten Systemvoraussetzungen. In der Praxis muss dieses Vorgehen aber meist durch ein Bottom-Up-Vorgehen ergänzt werden, da es Beschränkung in den technischen Möglichkeiten geben kann. Wenn beispielsweise vorgegeben ist, ein System für handelsübliche Rechnersysteme auszurichten, kann dies zur Folge haben, dass nicht alle Funktionen ideal umgesetzt werden können, vielleicht weil die zu erwartenden Speicherkapazitäten limitiert sind.

Die zentrale Expertise bei der Entwicklung von Benutzungsschnittstellen ist die technische Umsetzung. Doch bereits für die hinreichende Erfassung der Arbeitsaufgaben und -abläufe der konzeptionellen Komponente sind arbeitspsychologische sowie arbeitswissenschaftliche Kenntnisse, aber auch entsprechendes Domänenwissen notwendig. Für die kommunikative Komponente spielen ebenfalls psychologische, aber auch soziologische und linguistische Aspekte eine Rolle. Auf der physikalischen Komponente sind es vor allem die Erkenntnisse der kognitiven Psychologie. Gleichzeitig ist die Gestaltung einer gebrauchstauglichen Schnittstelle nicht ohne Experten der Kommunikationsgestaltung (kurz: «Designer») denkbar.

1.1.4 Usability-Engineering

Das Usability-Engineering ist der methodische Weg zur Erzeugung der Eigenschaft Usability. Es ist ein Teilprozess der Entwicklung und Gestaltung technischer Systeme und ergänzt das klassische Engineering, beispielsweise Software-Engineering, um ergonomische Perspektiven. Dabei werden Ansätze, Methoden, Techniken und Aktivitäten für einen benutzerorientierten Entwicklungsprozess bereitgestellt. In Kapitel 3 dieses Buches werden wir die verschiedenen Phasen des Usability-Engineerings betrachten und ein von uns entwickeltes Prozessmodell des Usability-Engineerings vorstellen.

1.1.5 Usability-Evaluation

«*Evaluation*» allgemein bezeichnet eine systematische und möglichst objektive Bewertung eines geplanten, laufenden oder abgeschlossenen Projekts. Ziel ist es, spezifische Fragestellungen zu beantworten und/oder den Zielerreichungsgrad eines bestimmten Vorhabens zu erheben. Daraus werden Hinweise zur Verbesserung der laufenden oder zur Planung zukünftiger Aktivitäten abgeleitet. Evaluationskriterien können beispielsweise Effektivität, Effizienz, Einfluss oder Nachhaltigkeit bestimmter Projekte sein. Ein Evaluationsvorhaben sollte glaubwürdige und nützliche Information liefern, mit deren Hilfe konkrete Entscheidungs- oder Problemlösungsprozesse unterstützt werden.

> **Formative vs. summative Evaluation**
>
> Man kann Evaluationen danach unterscheiden, ob sie während des Designprozesses als formative oder an den Designprozess anschließend als summative Evaluation durchgeführt werden. Die formative Evaluation wird vorgenommen, um die Schnittstelle im Rahmen eines iterativen Designprozesses zu verbessern. Auf diese Weise können schon früh und detailliert potenzielle spätere Usability-Probleme aufgedeckt und behoben werden. Die summative Evaluation hingegen dient dazu, die Gesamtqualität einer Schnittstelle zu bewerten, beispielsweise, um zwischen zwei alternativen Gestaltungsprototypen zu entscheiden.

Da allgemeingültige Lösungen fehlen, sind ausführliche Erprobungs- und Evaluationsphasen im Usability-Engineering unerlässlich. Daher kommt der Evaluation eine entscheidende Rolle im Usability-Engineering-Prozess zu. Maaß (1993, S. 200) bemerkt dazu: «*Angemessene Entwurfs-Entscheidungen können in jedem konkreten Fall nur im Zuge einer intensiven Auseinandersetzung mit der speziellen Art der Benutzerschaft, ihren Arbeitsaufgaben, der organisatorischen Einbindung von Menschen und Tätigkeiten sowie den gegebenen technischen Randbedingungen getroffen werden.*» Dies verdeutlicht, dass der Evaluation immer Phasen der Analyse und des Entwurfs vorausgehen müssen. Zu Beginn des Usability-Engineering-Prozesses sollten in Arbeits- und Anforderungsanalysen die Bedürfnisse der späteren Benutzer sowie die Erfordernisse und Beschränkungen durch die Arbeitsaufgabe erhoben werden. Diese Erkenntnisse bilden später auch die Basis der zu evaluierenden Usability-Ziele.

Doch nach wie vor findet sich in der Praxis eine Vielzahl von Projekten, bei denen in frühen Entwicklungsphasen auf Usability-Engineering-Aktivitäten verzichtet wird. Erst gegen Ende der Projektlaufzeit wird dann eine allgemeine summative Evaluation durchgeführt, welche die Gebrauchstauglichkeit des fertigen Systems bestätigen soll. Werden zu diesem späten Zeitpunkt jedoch gravierende Mängel gefunden – und die Praxis zeigt, dass dies eher die Regel als die Ausnahme ist –, so können diese meist nur noch mit einem hohen finanziellen und zeitlichen

Aufwand ausgeglichen werden. Die kontinuierliche und frühzeitige Beteiligung von Usability-Experten während der Analysephase ist somit auch aus betriebswirtschaftlichen Gründen unbedingt ratsam. In der anschließenden Entwicklung der Software müssen Handlungs- und Bedienkonzepte immer wieder evaluiert und mit Anwendern abgestimmt werden, da im Laufe der Entwicklung neue Anforderungen auftreten können, die berücksichtigt werden müssen. Je nach Entwicklungsstand sollte dabei mit unterschiedlichen Evaluationsmethoden gearbeitet werden.

1.1.6 Usability-Probleme

Es ist notwendig, sich Gedanken zu machen, wie Usability-Probleme definiert sind, die durch Usability-Evaluationsmethoden aufgedeckt werden sollen. Denn wie Lavery, Cockton und Atkinson (1997) ausführen, sind nicht alle Probleme, die man während des Umgangs mit einem System hat, tatsächlich Usability-Probleme. Wer nicht über hinreichende Kenntnisse in einer bestimmten Domäne verfügt, wird im Umgang mit einem System, das für Domänenexperten entwickelt wurde, zwangsläufig und unabhängig von der Usability des Systems auf eine Reihe individueller Schwierigkeiten stoßen. Werden diese mit tatsächlichen Usability-Problemen zusammengefasst, entsteht ein verzerrtes Bild der tatsächlichen Gebrauchstauglichkeit eines Systems. Die deshalb notwendige Abgrenzung zwischen allgemeinem person-immanenten Benutzungsproblem und speziellem personenübergreifenden Usability-Problem wurde in der Vergangenheit allerdings nur selten berücksichtigt: «*Ein Usability-Problem wurde definiert als alles, was mit der Fähigkeit des Nutzers interferiert, seine Aufgaben effizient und effektiv zu komplettieren*» (übersetzt nach Karat, Campbell & Fiegel, 1992, S. 399). Hier wird nicht in Betracht gezogen, dass die Fähigkeit des Nutzers per se ungenügend sein könnte, beispielsweise weil er nicht an notwendigen Schulungs- oder Fortbildungsmaßnahmen teilgenommen hat.

Auch sollte in der Definition ein Bezug zum bestimmungsgemäßen Anwendungskontext und Gebrauch des Systems gegeben sein. Benutzungsprobleme, die dadurch entstehen, dass das System nicht in einem Kontext und auf eine Weise genutzt wird, wie es eigentlich vorgesehen war, können häufig nicht auf eine mangelnde Gebrauchstauglichkeit zurückgeführt werden. Als plakatives Beispiel sei ein Pkw genannt, der auf einem Acker als Zugmaschine für einen Großpflug dienen soll: Der Wagen wurde für die Straße und vergleichsweise geringe Anhängelasten geschaffen. Da sollte die Tatsache, dass er diese (abstruse) Aufgabe nur ungenügend bewältigt, nicht auf eine allgemein unzureichende Gebrauchstauglichkeit zurückgeführt werden. Unsere Definition für Usability-Probleme, die diese beiden Faktoren berücksichtigt, lässt sich in Anlehnung an Lavery et al. (1997) daher so lesen:

> «Ein Usability-Problem liegt vor, wenn Aspekte eines Systems es Nutzern mit hinreichender Domänenerfahrung unangenehm, ineffizient, beschwerlich oder unmöglich machen, in einem typischen Anwendungskontext die Ziele zu erreichen, für deren Erreichung das System erstellt wurde.»

Offene vs. verdeckte Usability-Probleme

Es ist ein Irrglaube, dass schwere Usability-Probleme in einem System offensichtlich und damit einfacher zu finden sind als leichte Probleme. Fatale Probleme können tatsächlich genauso häufig offen liegen oder versteckt sein wie leichte (Nielsen, 1994). Die offensichtlichen Probleme allerdings werden zuerst aufgedeckt, während die verbleibende Zeit darüber entscheidet, wie viele versteckte Probleme gefunden werden. Dieser Sachverhalt sei anhand zweier Beispiele verdeutlicht:

1. Alle Piktogramme der Startmaske eines Systems wurden mit dem Schriftsatz Arial in der Größe 9 beschriftet und nur eines versehentlich in der Größe 12. Der Nutzer mag daher unnötigerweise überlegen, ob dies bedeutet, dass jenes Piktogramm eine besondere Bedeutung für die effektive Nutzung des Systems hat. Dieses Problem ist offensichtlich, aber eher leicht, da es keine größeren Auswirkungen hat.

2. Bei dem irrtümlichen Versuch, Datensätze in den Infoscreen einzufügen, obwohl dieser kein Eingabefeld hat, stürzt das System unvermittelt und ohne Sicherung der bereits bearbeiteten Daten ab. Dieses Problem ist versteckt, da der Infoscreen nur selten aufgerufen wird und kein Anlass besteht, in ihn Daten einfügen zu wollen. Aber die Folgen des Absturzes sind durch den Datenverlust fatal.

1.2 Bezug zur Personal- und Organisationsentwicklung

In den bisherigen Ausführungen standen die Gestaltung der technischen Systeme sowie deren Evaluation im Vordergrund, auch wenn die Notwendigkeit der Anpassung an die Arbeitsumgebung, -organisation und -aufgabe sowie an die Nutzer betont wurde.

Vorteile erlangen Betriebe aber nicht nur durch technische oder materielle, sondern auch oder sogar vor allem durch menschliche Ressourcen. Auch wenn neue Technologien die Produktivität um ein Vielfaches erhöhen können, nutzbar werden diese Möglichkeiten erst, wenn die Auswirkungen auf die Menschen und die Arbeitsprozesse berücksichtigt werden.

Die Entwicklung und Einführung technischer Systeme zur Unterstützung der Arbeit sollten deshalb nie losgelöst von geleiteten Veränderungsprozessen und damit von Organisationsentwicklungsmaßnahmen sein.

Veränderungen der Arbeitsprozesse und der technischen Systeme fordern entsprechende Qualifikationen der Mitarbeiter, sodass durch die Einführung oder Veränderung eines technischen Systems meist auch Qualifizierungs- bzw. Personalentwicklungsmaßnahmen notwendig werden.

Nach French und Bell (1994) handelt es sich bei der *Organisationsentwicklung* um einen geplanten, langfristigen und organisationsumfassenden Wandel, der durch erfahrungsgeleitete Lern- und Problemlösefähigkeiten ermöglicht wird. Die Betonung der Lern- und Problemlösefähigkeiten zeigt die enge Verknüpfung von Kompetenzen und Qualifikation einerseits und der Personalentwicklung andererseits. Anlässe für Organisationsentwicklung können beispielsweise Veränderungen der Märkte oder von Technologien sein. Technologische Weiterentwicklungen und damit veränderte oder neue technische Systeme können somit einen Organisationsentwicklungsprozess anstoßen (besonders deutlich wird dies immer wieder bei der Einführung von SAP, bei der eine Anpassung der betrieblichen Abläufe meist unumgänglich ist). Bedarfe hinsichtlich neuer Technologien können aber auch aus Veränderungsprozessen in der Organisationsentwicklung entstehen oder konkretisiert werden. Deshalb kann und sollte die Entwicklung neuer Systeme den Anstoß für die Organisationsentwicklung liefern oder die Systementwicklung im Rahmen von Organisationsentwicklungsmaßnahmen erfolgen.

Nielsen (1993) betrachtet Usability, zusammen mit der Nützlichkeit, als Teil der praktischen Akzeptanz eines Systems. Neben der praktischen Akzeptanz spielt aber auch die soziale Akzeptanz eine Rolle. In der Praxis zeigt sich bei organisationalen Veränderungen, also auch bei der Einführung technischer Systeme, häufig Widerstand auf Seiten der Mitarbeiter. Ursachen dafür können auf personaler oder organisationaler Ebene liegen. Personale Ursachen sind unter anderem die Angst vor Arbeitsplatzverlust, die Angst vor Verlust von Privilegien, die Bedrohung bestehender sozialer Beziehungen, aber auch Missverständnisse über Ziele und Konsequenzen der Veränderungen sowie ein mangelnder Einbezug in die Maßnahmen. Organisationale Ursachen finden sich beispielsweise in Belohnungssystemen, die den Status Quo verstärken, in Rivalitäten zwischen Abteilungen, Angst vor Veränderungen des Machtgleichgewichts aber auch in ungeeigneten Methoden der Veränderung oder schlechten Erfahrungen mit Veränderungen sowie ungenügender Information (French & Bell, 1994; Steers & Black, 1994; Jäckel, 2003).

Die Organisationsentwicklung versucht eine Reihe dieser Probleme zu lösen oder zu umgehen, indem bestimmte Grundregeln verfolgt werden. Dazu gehört vor allem das Verfolgen eines partizipativen Ansatzes, durch den Widerstände erkannt und die Akzeptanz erhöht werden können (vgl. Abschnitt 3.3). Ferner wird in einem bestimmten Rahmen besser eine weniger gute Lösung verfolgt werden, wenn diese von allen akzeptiert wird. In Pilotprojekten können Veränderungen vor einer vollständigen Einführung sichtbar gemacht und darüber Ängste vor den Folgen abgebaut werden. Nicht zuletzt finden sich neben den offiziellen Zielen häufig auch versteckte Ziele der Firmenleitung. Auch dies muss bei dem Vorgehen berücksichtigt werden, um bei allen betroffenen Gruppen genügend Akzeptanz zu erreichen (Steers & Black, 1994; French & Bell, 1994; Elke, 1996).

Veränderte Aufgaben, Prozesse oder Technologien bedeuten immer auch veränderte Anforderungen an den Menschen. Diese veränderten Anforderungen müssen bei der Einführung neuer Technologien von der *Personalentwicklung* aufgegriffen werden. Deshalb ist es hilfreich, wenn Personalentwickler schon im Gestaltungsprozess neuer Technologien mitwirken. So können sie ihr Wissen über vorhandene Qualifikationen einbringen und weiterführende Qualifizierungsmaßnahmen frühzeitig planen und durchführen. (Weitere Ausführungen zur Qualifikation finden sich in Abschnitt 2.2.6.)

Darüber hinaus geht es in der Personalentwicklung neben der Arbeitsleistung auch um die Schaffung eines Umfeldes, das die Selbstentwicklung des Arbeitsvermögens fördert. Dafür müssen aber Spielräume bei der Arbeits- und Technikgestaltung eingeräumt werden bzw. erhalten bleiben (z. B. Neuberger, 1991).

Die Personal- und die Organisationsentwicklung sind also nicht Teil des Usability-Engineerings, aber sie sind sehr eng mit ihm verzahnt. Organisationsentwickler können Impulse für die Gestaltung technischer Systeme geben, sie müssen aber auch Auswirkungen der technischen Innovation auf die Organisation berücksichtigen und sich an der Einführung der Systeme beteiligen. Personalentwickler sollten ebenfalls Einfluss auf deren Gestaltung nehmen, um Spielräume für die Personalentwicklung zu erhalten oder auszubauen. Weiterhin müssen sie frühzeitig geeignete Qualifizierungsmaßnahmen einleiten, um die Mitarbeiter auf die veränderten Anforderungen vorzubereiten. Um dieser Aufgabe optimal nachkommen zu können, ist es hilfreich, ein Verständnis für die Arbeit der Usability-Professionals zu entwickeln. Kenntnisse über den Prozess des Usability-Engineerings (Kap. 3) helfen dabei, geeignete Anknüpfungspunkte zu finden. In frühen

Phasen ist eine Einflussnahme auf die Gestaltung des Systems und darüber auf die Auswirkungen auf die Arbeitsprozesse möglich. In der Usability-Evaluation (Kap. 4) können Qualifizierungserfordernisse, aber auch mögliche Widerstände deutlich werden.

1.3 Einsatzfelder der Usability-Evaluation und Interaktionsformen mit technischen Systemen

Technische Systeme bilden kein homogenes Feld. Vielmehr gibt es eine beinahe uferlose Vielfalt der Einsatzfelder, und viele technologische Innovationen vergrößern dieses Feld noch. Jedes Einsatzfeld stellt seine eigenen Anforderungen an das System. So kann Mobilität erforderlich sein oder Schmutzunempfindlichkeit, besonders hohe Zuverlässigkeit oder eher ein ästhetisches Design. Unterschiedliche Anforderungen ergeben sich auch je nachdem, ob die Zielnutzer Experten oder Laien sind. Jede Anforderung hat auch Auswirkungen auf die Bedienung und damit auf die Bedienelemente. In diesem Abschnitt sollen Einsatzfelder der Usability-Evaluation dargelegt und ausgehend von einer Klassifizierung technischer Systeme ein Überblick über Bedienelemente und Interaktionsformen gegeben werden.

Die Anforderungen des jeweiligen Einsatzfeldes bilden eine zentrale Grundlage für die Gestaltung eines technischen Systems. So wird es beispielsweise kaum sinnvoll sein, eine Werkzeugmaschine in einer lauten Fabrikhalle mit Sprachsteuerung zu versehen. Genauso spielt das Einsatzfeld bei der Usability-Evaluation des Systems eine Rolle, denn die Gebrauchstauglichkeit kann nur vor dem Hintergrund der Anforderungen des jeweiligen Einsatzfeldes bestimmt werden.

Der größte Teil der Literatur zum Thema Usability bezieht sich auf Bildschirmarbeit und somit auf die Gestaltung von Software. Prinzipiell ist das Thema jedoch, wie beschrieben, unabhängig davon zu betrachten. Interaktionen zwischen Mensch und Maschine finden sich in allen Bereichen, in denen technische Systeme zum Einsatz kommen. Es kann sich um Videorekorder oder Waschmaschinen handeln, um Autos, Baukräne, jegliche Art von Maschinen in der Industrie, Flugzeugcockpits und vieles mehr. Allerdings stellt die Gestaltung von Software eine besondere Herausforderung dar, da Software hinsichtlich der Variabilität von Funktionalitäten und Design eine besonders große Bandbreite abdeckt. Die meisten Methoden der Usability-Evaluation wurden daher im Rahmen der Software-Evaluation entwickelt, viele können aber auch bei der Evaluation anderer technischer Systeme eingesetzt werden.

Am deutlichsten wird die Vielfältigkeit der Evaluation, wenn man die Benutzungsschnittstellen anhand ihrer Einsatzfelder und -umfelder kategorisiert. So gibt es *Systeme am Arbeitsplatz* (PCs, Werkzeugmaschinen usw.), die meist besondere Anforderungen durch ihre Einbettung in einen Arbeitskontext und eine Arbeitsumgebung haben (Lärmpegel, Platzbedarf, Zeitdruck u. v. m.). Gleichzeitig hat man es aber überwiegend mit entsprechend qualifiziertem Personal zu tun. Anders verhält es sich hingegen bei *Systemen für den Hausgebrauch* oder auch bei so genannten «*walk-up-and-use*»-*Systemen* wie zum Beispiel Kiosk- & Museumssysteme. Das wohl bekannteste Beispiel für ein Kiosksystem dürfte der Fahrkartenautomat der Bahn darstellen. Bei solchen Systemen ist die Schnittstelle so zu gestalten, dass sie von jeder Person unabhängig von Vorwissen, Erfahrung, Alter, Bildung oder Ähnlichem bedient werden kann.

Bei *mobilen Systemen* (z. B. Handys, PDAs) ergeben sich vor allem Probleme durch den geringen Platz für Ein- und Ausgabe. Auch die sehr wechselhaften Umgebungsbedingungen stellen besondere Anforderungen dar.

Bei *Systemen der virtuellen Realität* (also Systeme, mit denen man sich in virtuellen Räumen «bewegen» kann) kommen Fragen zur fehlenden Haptik oder der Verbindung aus virtuellem Raum und der Wirklichkeit hinzu.

Bei den *Systemen zur Unterstützung von Kooperation* (E-Mail, Chat, Videokonferenz usw.) schließlich handelt es sich nicht nur um eine Schnittstelle zwischen Mensch und System, sondern auch um eine Schnittstelle «Mensch-System-Mensch».

1.3.1 Hardware

Jedes System besteht zu einem gewissen Grad aus Hardware. Auch die Steuerung einer PC-Software geschieht über Hardware (z. B. Tastatur, Maus). Der PC stellt dabei ein stark standardisiertes Hardwareinterface dar, auf das bei der Gestaltung wenig Einfluss genommen werden kann. Bei vielen anderen Geräten sieht dies anders aus (Videorekorder, Fotokamera, Handy u. v. m.). Je nach Einsatzkontext und Funktionalität kommen unterschiedliche Bedienelemente zum Einsatz:

- *Druckknöpfe und Tasten:* Dabei handelt es sich um Bedienelemente, die keinen Zustand anzeigen, d. h. nach dem Betätigen sind sie wieder im Ausgangszustand. Ein Beispiel hierfür ist der Auslöser am Fotoapparat.
- *Binäre Schalter:* Binäre Schalter unterscheiden sich von Knöpfen und Tasten dadurch, dass sie einen Zustand anzeigen. Hierunter fallen alle An-/Aus-Schalter wie zum Beispiel der Lichtschalter.

- *Schalter mit mehreren Stellungen:* Schalter müssen nicht auf zwei Zustände begrenzt sein. Waschmaschinen haben zum Beispiel häufig Schalter mit mehreren Zuständen für die typischen Waschtemperaturen (30° C, 60° C, 90° C).
- *Regler:* Regler haben keine voneinander getrennten Zustände. Mit ihnen lassen sich kontinuierliche Werte einstellen. Ein bekanntes Beispiel ist der Lautstärkeregler an Stereoanlagen.
- *Hebel:* Hebel sind Bedienelemente, mit denen durch Bewegung etwas ausgelöst werden kann. Das einfachste Beispiel ist eine Türklinke.
- *Griffe:* Griffe sind im Gegensatz zu Hebeln nicht beweglich, sondern starr mit dem Gerät verbunden. Mit Hilfe von Griffen kann dementsprechend das Gerät selber bewegt werden. Griffe finden sich zum Beispiel an Schubladen, aber auch bei Röntgengeräten wird jeder schon einmal Griffe gesehen haben, mit denen das Gerät an die richtige Stelle positioniert werden kann. (Details zu Bedienelementen siehe z. B. Preim, 1999.)

Auch die *Ausgabeformen* sind bei Hardware sehr viel weniger komplex als bei Softwaresystemen. Meist beschränken sie sich auf Lampen zur Zustandsanzeige oder auf einfache akustische Signale, beispielsweise geben Telefone über unterschiedliche Töne eine Rückmeldung über die gewählte Nummer. Mit der zunehmenden Miniaturisierung der Display-Techniken ist allerdings in den letzten Jahren ein Trend zu differenzierteren visuellen Ausgaben zu verzeichnen, der sich wohl noch verstärken wird.

Auch die Arbeitsgeräusche von Maschinen sollten als Ausgabeform verstanden werden. So zeigte sich bei Untersuchungen zur erfahrungsgeleiteten Arbeit von Schulze (2000), dass sich Arbeiter an Werkzeugmaschinen an den Geräuschen der Maschine orientieren, um frühzeitig Störungen zu erkennen. Eine starke Geräuschdämmung führte demnach zu schlechteren Leistungen bei der Fehlererkennung. Ein ähnliches Phänomen wurde bei der Untersuchung zu handgeführten Robotern beobachtet, die im praktischen Teil beschrieben wird. Dort wurden die Lampen zur Zustandsanzeige kaum genutzt. Die Arbeiter nutzten überwiegend die Geräusche, um den Zustand zu erkennen. An diesen Beispielen wird deutlich, dass die Usability-Evaluation schon auf so grundlegender Ebene wie der gewählten Ein- und Ausgabeform ansetzen muss.

1.3.2 Software

Wie schon erwähnt, sind auch bei Softwaresystemen zuerst einmal eine Reihe von Hardwaregeräten notwendig, die entsprechende Bedienelemente (z. B. Tasten und

Schalter) aufweisen. Die Nutzung dieser Geräte hängt jedoch sehr stark von der Interaktionstechnik ab.

Ursprünglich gab es nur Systeme, die über *Kommandosprachen* gesteuert wurden. Dabei wird das System über fest definierte Befehle gesteuert (z. B. «del datei.exe» zum Löschen der Datei «datei.exe»). Kommandosprachen haben den Nachteil, dass sie nicht selbsterklärend oder durch Ausprobieren nutzbar sind. Alle Befehle müssen gelernt werden. Auch sind sie wenig fehlertolerant. Die Befehle sind für eine schnelle Bearbeitung durch das System optimiert. Andererseits kann das System mit relativ wenigen Eingaben gesteuert werden, Kommandosprachen sind also durchaus effizient. Deshalb findet man Kommandosprachen heute vor allem noch in einigen professionellen Domänen, zum Beispiel bei Software für Programmierer oder Systemadministratoren, aber auch bei Sprachsteuerung von Geräten.

Im Zuge der grafischen Benutzeroberflächen ist das WYSIWYG-Prinzip eingeführt worden («*what you see is what you get*»), d. h. es wird von Anfang an mit einer Darstellung gearbeitet, die dem Ergebnis der Arbeit entspricht, so wird bei der Textverarbeitung das endgültige Layout nicht erst auf dem Ausdruck sichtbar, sondern es kann bereits am Bildschirm direkt im Seitenlayout gearbeitet werden. In diesem Zusammenhang spricht man von dem Interaktionsstil der *direkten Manipulation*, d. h., das System wird nicht mehr über eine Syntax gesteuert, sondern Elemente werden durch Eingabegeräte wie die Computermaus direkt ausgewählt, bewegt, geöffnet, kopiert oder ähnliches. Der Vorteil der direkten Manipulation liegt darin, dass viele Aktionen durch Ausprobieren erlernt werden, da die Elemente bzw. Objekte, die bearbeitet werden können, sichtbar sind. Für routinierte Benutzer ist dies jedoch häufig umständlich. So kann man beobachten, dass viele Benutzer von grafischen Systemen wie zum Beispiel MS-Windows nach einer reinen Arbeit mit der direkten Manipulation nach und nach auf alternative Befehle in Form von Tastenkombinationen zurückgreifen (z. B. «Strg + C» für kopieren und «Strg + V» für einfügen). Daran wird deutlich, dass es häufig sinnvoll ist, Kommandos und direkte Manipulation zu kombinieren, sodass für jeden Nutzer die idealen Eingabemöglichkeiten vorhanden sind.

Grafische Benutzeroberflächen bestehen aus einer Vielzahl von Elementen, die teilweise den Bedienelementen der Hardware nachempfunden sind. So sind auch hier Knöpfe, Schalter und Regler zu finden. Auch Formulare sind als Eingabemöglichkeit der realen Welt nachempfunden. Ergänzend kommen noch Menüs oder Icons hinzu.

In Zukunft sind der verstärkte Einsatz von *3D-Grafik* sowie so genannten *intelligenten Schnittstellen* zu erwarten. Mit Intelligenz ist in diesem Zusammenhang die Fähigkeit gemeint, sich verstärkt an den Benutzer anzupassen. Im Unterschied zu den meisten heutigen Ansätzen geht die Anpassung also nicht vom Nutzer aus, sondern das System nimmt anhand einer Analyse der Nutzung selbstständig Änderungen an sich vor. Die Kontrolle über die Anpassungen sollte aber auch hierbei beim Nutzer verbleiben.

Des Weiteren gibt es vermehrt Untersuchungen zu *Interface-Agenten*, die die Interaktion durch die Nutzung eines synthetischen Interaktionspartners (Avatar) natürlicher machen sollen. Unterschieden werden kann hier zwischen abstrakten und personifizierten Agenten. Die abstrakten Agenten nehmen dem Nutzer bestimmte Handlungen ab, ohne in irgendeiner Art als «Person» aufzutreten. Ein bekanntes Beispiel findet sich bei eBay©, wo ein Agent das Bieten während einer Auktion bis zu einem vorher festgelegten Maximum übernimmt. Personifizierte Agenten spielen dem Nutzer eine Person vor, mit der interagiert werden kann. Dies schließt im Extremfall auch die Darstellung von Gestik und Mimik mit ein. Hier ist jedoch noch zu klären, in welchem Zusammenhang ihr Einsatz wirklich zweckmäßig ist.

Schließlich wird bereits seit geraumer Zeit an Umsetzungen für *erkennungsbasierte Schnittstellen* gearbeitet. Bei ihnen geht es darum, dass nicht mehr mit herkömmlichen Eingabegeräten gearbeitet werden muss, sondern natürliche Artikulationen (Sprechen, Zeigen, Zeichnen, Gestikulieren) durch das technische System interpretiert werden. Im Gegensatz zum bisherigen Vorgehen muss sich der Nutzer in diesem Fall nicht mehr an das System anpassen und eine geeignete «Sprache» erlernen, sondern das Verhältnis ist umgedreht. Jeder, der schon einmal mit Spracheingabe gearbeitet hat, weiß jedoch, dass die Entwicklung bis zu einer wirklich intuitiven Nutzung noch eine Weile dauern wird (Preim, 1999).

Die meisten Methoden der Usability-Evaluation wurden für herkömmliche Bildschirmsysteme entwickelt, eignen sich aber meist auch für Hardwareschnittstellen. Problematischer ist es hingegen bei neueren Entwicklungen von Schnittstellen.

Bei mobilen Anwendungen bestehen vor allem Schwierigkeiten mit empirischen Methoden. Im Labor können kaum die möglichen Umgebungsbedingungen realistisch simuliert werden. Im konkreten Einsatzfeld hingegen ist die genaue Beobachtung meist sehr schwierig. Auch die Vielzahl der Einsatzsituationen stellt ein Problem dar. Schließlich vermischen sich in der Evaluation die Probleme des Gerätes, der Software und auch des Providers (siehe z. B. Kempken & Heinsen, 2003; Rosson & Carroll, 2002).

Ganz andere Schwierigkeiten ergeben sich bei Systemen der virtuellen Realität, also Systeme, bei denen in virtuellen Räumen mit virtuellen Objekten gearbeitet wird (z. B. mit Hilfe eines Datenhandschuhs). Eingesetzt werden solche Systeme beispielsweise für Ein- und Ausbauuntersuchungen bei in der Entwicklung befindlichen neuen Maschinen, um schon vor dem Bau der ersten Maschine die Möglichkeit des nachträglichen Austauschs defekter Bauteile sicherzustellen. Nach Stanney et al. (2003) können herkömmliche Evaluationsmethoden zwar auf solche Systeme übertragen werden, doch werden durch sie nicht alle Fragen der Gebrauchstauglichkeit konkret genug beantwortet. Die Schnittstellen haben andere Ein- und Ausgabegeräte, verschiedene Perspektiven und eine stärker physiologische Interaktion. Auch gibt es bisher kaum Designprinzipien und die wenigen vorhandenen sind bisher nicht empirisch belegt (siehe z. B. Kaur et al., 1999).

Probleme kann es beispielsweise mit der Objektmanipulation in allen drei Dimensionen, der vielfältigen Ausgabemöglichkeiten (z. B. visuell, haptisch, akustisch) oder der Interaktion mehrerer Personen in einer virtuellen Umgebung geben, die deutlich über die computergestützte Kooperation mit herkömmlichen Systemen hinausgeht.

Insbesondere gibt es Entwicklungsbedarf im Bereich der Guidelines und der Heuristiken (vgl. Kap. 4). Erste Ansätze hierzu finden sich zum Beispiel bei Stanney et al. (2003).

1.4 Normen, Gesetze und Verordnungen der Usability-Evaluation

Mittlerweile liegt eine Reihe von Normen, Gesetzen und Verordnungen vor, welche Entwickler technischer Systeme in die Pflicht nehmen und die Position der Nutzer stärken. Insbesondere auf dem Gebiet des Arbeitsschutzes und der Gleichstellung wurden verbindliche Vereinbarungen verabschiedet. Das Vorhandensein von internationalen Normen mit direktem Bezug auf das Usability-Engineering verdeutlicht nachdrücklich die Bedeutung, welche Usability bei der Gestaltung von technischen Systemen heute bereits hat.

Normen stellen kaum eine unterhaltsame Literatur dar und stehen überdies im Verruf, zu stark zu generalisieren und damit kreativitäts- und innovationsfeindlich zu sein. Dennoch lohnt es sich für jeden (angehenden) Usability-Professional allemal, sich mit den Inhalten von Normen mit Usability-Bezug auseinander zu setzen, denn:

- Diese Normen stellen einen Konsens über gebündeltes Fachwissen von Usability-Experten dar.
- In ihnen wird Usability und die mit ihr verbundene Fachterminologie präzise definiert.
- Sie beschreiben bewährte Routinen und Prozeduren des Usability-Engineerings und somit auch der Usability-Evaluation.

- Aus ihnen lassen sich sowohl Anforderungen an die Systemgestaltung als auch Prüfkriterien für Usability-Evaluationen ableiten.
- Sie können auch als Argumentationshilfe gegenüber Projektmanagern dienen, die das Usability-Engineering für eine unproduktive Ressourcenverschwendung halten, weil kein direkter Benefit zu erkennen ist.

Auf den folgenden Seiten werden einige der wichtigsten «Usability-Normen» sowie Gesetze und Richtlinien skizziert. Abschließend werden Überlegungen zur Bedeutung von Normen für die Usability-Evaluation angestrengt.

1.4.1 DIN EN ISO 9241: Ergonomische Anforderungen für Bürotätigkeiten mit Bildschirmgeräten

Die DIN EN ISO 9241 (1997) gilt als die maßgebliche Norm für eine Gestaltung von Systemen mit hoher Usability und setzt Maßstäbe für die Evaluation von Dialogsystemen. Daher sollten ihre Inhalte möglichst jedem (angehenden) Usability-Professional bekannt sein. Dies gilt insbesondere deshalb, weil in ihr Definitionen von Fachbegriffen vorgenommen werden, die helfen, ein gemeinschaftliches Verständnis der vielen in der Usability-Gemeinde vertretenen Fachdisziplinen herzustellen. Die Norm besteht aus insgesamt 17 Teilen. Im Weiteren wird detailliert auf die Teile 10 und 11 eingegangen, welche Grundsätze der Dialoggestaltung und Anforderungen an die Gebrauchstauglichkeit umfassen.

Teil 10: Grundsätze der Dialoggestaltung
Der zehnte Teil der DIN EN ISO 9241 beschreibt die ergonomische Gestaltung von Software für Dialogsysteme und beschreibt sieben allgemeine ergonomische Grundsätze, die unabhängig von einer bestimmten Dialogtechnik sind. Grundlage dieser Grundsätze bilden die sieben Faktoren der «User Perceived Quality», die durch Dzida, Herda und Itzfeld (1978) definiert wurden. Die Grundsätze der Dialoggestaltung lauten in der aktuellen Form:

- Aufgabenangemessenheit
- Individualisierbarkeit
- Selbstbeschreibungsfähigkeit
- Lernförderlichkeit
- Erwartungskonformität
- Fehlertoleranz
- Steuerbarkeit

> **Hinweis zum Normenentwurf DIN prEN ISO/DIS 9241-110**
>
> Im Oktober 2004 wurde ein Entwurf zur Ergänzung der DIN EN ISO 9241 als Ersatz des Teils 10 verabschiedet. Dieser wurde unter der Bezeichnung «Ergonomische Anforderungen der Mensch-System-Interaktion, Teil 110: Grundsätze der Dialoggestaltung» (DIN prEN ISO/DIS 9241-110, 2004) der Öffentlichkeit zur Prüfung und Stellungnahme zugänglich gemacht. Gegenüber DIN EN ISO 9241-10 wurden folgende Änderungen vorgenommen:
>
> a) Die Erläuterung der Aufgabenangemessenheit wurde verständlicher formuliert.
>
> b) Für jedes Dialogprinzip wurden allgemeine Empfehlungen ergänzt.
>
> c) Für jede allgemeine Empfehlung wurden Beispiele gegeben.
>
> d) Ein Rahmen für die Anwendung der Grundsätze der Dialoggestaltung wurde eingeführt.
>
> e) Die Beziehung zu DIN EN ISO 9241-11 und DIN EN ISO 9241-12 wurden erläutert.
>
> Da bei Drucklegung des Buchs dieser Normentwurf noch nicht als offiziell gültige Norm übernommen wurde, beziehen sich die weiteren Ausführungen zur DIN EN ISO 9241-10 auf die (noch) geltende Form von 1997.

Die Grundsätze können bei der Leistungsbeschreibung, der Gestaltung und der Bewertung von Dialogsystemen angewandt werden. Wer hier allerdings erwartet, ein detailliertes «Kochbuch» vorzufinden, wird enttäuscht. Es handelt sich lediglich um allgemeine Leitlinien, bei deren Umsetzung und Gewichtung für ein Dialogsystem Merkmale der Nutzer (z. B. Kapazitäten der Wahrnehmung und des Kurzzeitgedächtnisses, mentale Modelle und Domänenexpertise), Anforderungen der Arbeitsaufgabe (z. B. Sicherheit vs. Geschwindigkeit) und der Arbeitsumgebung (z. B. Organisationsziele, verfügbare Technik) sowie der jeweiligen Dialogtechnik (z. B. Sprachschnittstellen, Drag-and-Drop) gründlich zu berücksichtigen sind. Die Grundsätze sind dabei nicht unabhängig voneinander, und fallweise wird es notwendig sein, die jeweiligen Vorteile gegeneinander abzuwägen.

Den sieben Grundsätzen der Dialoggestaltung sind jeweils Empfehlungen zugeordnet, die wiederum durch je ein Beispiel illustriert werden. So eindeutig die Empfehlungen und die Beispiele in der Norm selber auch aufgeführt sind, so lassen doch die reinen Bezeichnungen der Grundsätze sehr viel Platz für Interpretationen. Auch wenn beispielsweise der Gestaltungsgrundsatz «Fehlertoleranz» häufig als Robustheit eines Systems gegen «Abstürze» verstanden wird, beschreiben die Empfehlungen dieses Thema gar nicht. Tatsächlich thematisiert dieser Grundsatz den Umgang des Systems mit fehlerhaften Eingaben des Nutzers (vgl. Kasten «Grundsätze der Dialoggestaltung»).

> **Grundsätze der Dialoggestaltung**
> (wörtliche Zitate übernommen aus DIN EN ISO 9241-10, 1996, S. 4 ff.)
>
> a) **Aufgabenangemessenheit** – *«Ein Dialog ist aufgabenangemessen, wenn er den Nutzer unterstützt, seine Arbeitsaufgabe effektiv und effizient zu erledigen.»*
>
> **Beispiele:**
>
> - In einer sicherheitskritischen Situation werden dem Operateur in einem Leitstand nur die Informationen angezeigt, die er zur Bewältigung der Krise benötigt, alle ablenkenden Daten werden ausgeblendet.
> - Wiederkehrende Bearbeitungsfolgen können durch das Anlegen von Stapelbearbeitungsbefehlen («Makros») automatisiert werden, z. B. wenn in vielen Dokumenten immer die Typenbezeichnung eines Werkstücks um immer den gleichen Buchstaben abgeändert werden soll.
> - Überflüssige Bearbeitungsschritte werden vermieden, indem zusammengehörige Befehle gleichzeitig abgearbeitet werden, z. B. «Speichern unter…» anstatt «Neuen Namen vergeben» und anschließend «Speichern».
>
> b) **Selbstbeschreibungsfähigkeit** – *«Ein Dialog ist selbstbeschreibungsfähig, wenn jeder einzelne Dialogschritt durch Rückmeldung des Dialogsystems unmittelbar verständlich ist oder dem Benutzer auf Anfrage erklärt wird.»*
>
> **Beispiele:**
>
> - Die Steuerung einer CNC-Maschine bedient sich bei der Ausgabe von Störungen der Maschine typischer Begriffe, die einem Instandhalter des Systems geläufig sind, anstatt kryptische Fehlercodes auszugeben.
> - Ein Konstrukteur wird von seinem CAD-Programm darauf hingewiesen, dass das Laden eines komplexen Motorenbauteils aufgrund der Datenmenge mehrere Minuten dauern kann.
> - Ein Einkommenssteuerprogramm gibt an, wie viele Seiten ein Formular umfasst und zeigt vor jedem Eingabefeld an, in welchem Format die Eingabe erwartet wird, z. B. «TT.MM.JJJJ» für ein Datum.

c) **Steuerbarkeit** – «*Ein Dialog ist steuerbar, wenn der Benutzer in der Lage ist, den Dialogablauf zu starten sowie seine Richtung und Geschwindigkeit zu beeinflussen, bis das Ziel erreicht ist.*»

Beispiele:

- Ungeübte Nutzer einer Textverarbeitung können Menüs verwenden, geübten stehen Tastenkürzel zur Verfügung.
- Maschinenprogrammierer können auswählen, ob sie Eingaben über das Eingabefeld an der Maschine, über einen eingebauten Trackball oder über eine externe Tastatur machen möchten.
- Ein Grafikprogramm ermöglicht das Austesten von Effektfiltern, indem Operationen rückgängig gemacht werden können.

d) **Erwartungskonformität** – «*Ein Dialog ist erwartungskonform, wenn er konsistent ist und den Merkmalen des Benutzers entspricht, z. B. seinen Kenntnissen aus dem Arbeitsgebiet und seiner Erfahrung sowie den allgemein anerkannten Konventionen.*»

Beispiele:

- Bei allen Anwendungen eines Betriebssystems gelten die gleichen Tastenkürzel für das Kopieren, Ausschneiden, Löschen und Einfügen von Daten.
- Ein System zur Produktionsplanung verwendet die im Unternehmen gängigen Fachbegriffe und Abteilungsbezeichnungen. Außerdem haben sowohl Betriebsmittel- als auch Fertigungsplanung vergleichbare Arbeitsabläufe.
- Bei einem Fragebogen im Internet befindet sich die Positionsmarke für die erste Eingabe automatisch im ersten Eingabefeld.

e) **Fehlertoleranz** – «*Ein Dialog ist fehlertolerant, wenn das beabsichtigte Arbeitsergebnis trotz erkennbarer fehlerhafter Eingaben entweder mit keinem oder minimalem Korrekturaufwand seitens des Benutzers erreicht werden kann.*»

Beispiele:

- Eine Internet-Suchmaschine bemerkt einen Rechtschreibfehler in einer Suchanfrage und schlägt dem Nutzer eine korrigierte Schreibweise vor.
- Bei der Programmierung der Verfahrenswege auf der Z-Achse einer CNC-Maschine wird überprüft, ob es zu Kollisionen mit dem Werkstück kommen könnte. Gegebenenfalls wird der Nutzer hierauf hingewiesen.

- Vor einer langwierigen Auswertung von Wetterdaten überprüft das Meteorologensystem, ob eine hinreichende Datenmenge vorhanden ist.

f) **Individualisierbarkeit** – «*Ein Dialog ist individualisierbar, wenn das Dialogsystem Anpassungen an die Erfordernisse der Arbeitsaufgabe sowie an die individuellen Fähigkeiten des Benutzers zulässt.*»

Beispiele:

- Webseiten werden mittels hinreichender textlicher Beschreibungen von Grafiken auch für Lesegeräte für Blindentext zugänglich gemacht.
- Eingaben können durch die Programmierung von Funktionstasten vereinfacht werden.
- Die dargestellten Schriftgrößen können durch einen Menüeintrag im Browser leicht angepasst werden.

g) **Lernförderlichkeit** – «*Ein Dialog ist lernförderlich, wenn er den Benutzer beim Erlernen des Dialogsystems unterstützt und anleitet.*»

Beispiele:

- Ein Bankautomat gibt für jeden Bearbeitungsschritt eine kurze Erläuterung. Auf Anforderung kann ein längerer Text als Hilfestellung aufgerufen werden.
- Die entsprechenden Tastaturkürzel für Operationen werden in einem System neben den Menüeinträgen dargestellt. Die Tastaturkürzel entsprechen möglichst dem Wortlaut der Operation (Copy = «STRG+C»)
- Ein System zur Statistikauswertung gibt durch Beispielanwendungen Hinweise für die Definition von Variablen.

Teil 11: Anforderungen an die Gebrauchstauglichkeit – Leitsätze

Eine Definition des Begriffs «Gebrauchstauglichkeit» findet sich in der DIN EN ISO 9241-11 wieder. Hier wird hervorgehoben, dass die Entwicklung und Bewertung von gebrauchstauglichen Systemen zum Ziel hat, Nutzern zu ermöglichen, ihre angestrebten Arbeitsergebnisse in einem bestimmten Anwendungskontext mit angemessenem Aufwand zufriedenstellend zu erreichen. Gebrauchstauglichkeit wird folgerichtig definiert als «*das Ausmaß, in dem ein Produkt durch bestimmte Benutzer in einem bestimmten Nutzungskontext genutzt werden kann, um bestimmte Ziele effektiv, effizient und zufriedenstellend zu erreichen*» (DIN EN ISO

9241 1997, S. 94). *Effektivität* bezeichnet die Genauigkeit und Vollständigkeit, mit der ein bestimmtes Ziel erreicht werden kann. *Effizienz* stellt den notwendigen Aufwand mit der Genauigkeit und Vollständigkeit der Zielerreichung in Relation. Sie bestimmt quasi das Kosten-Nutzen-Verhältnis. *Zufriedenstellung* ist schwerer zu fassen, da sie eher subjektive Kriterien fokussiert. In dieser Norm ist sie als die Freiheit von Beeinträchtigungen und eine allgemein positive Einstellung gegenüber der Systemnutzung definiert.

> **Beispiele für Effektivität, Effizienz und Zufriedenstellung**
>
> Zu bewerten sei ein sprachgesteuertes Navigationssystem für Kraftfahrzeuge. Als Maß für die Effektivität könnte die Anzahl der korrekt erkannten eingegebenen Sprachbefehle dienen. Als Maß für die Effizienz dient dann die Anzahl der korrekt erkannten Befehle geteilt durch den Zeitaufwand, der gebraucht wurde, um eine bestimmte Arbeitsaufgabe zu erfüllen, z. B. um ein Fahrziel in das Navigationssystem einzugeben und die kürzeste Route dahin errechnen zu lassen. Dies kann dann mit dem Aufwand verglichen werden, der bei einer manuellen Eingabe für die Erfüllung der gleichen Aufgabe anfiele. Die Zufriedenstellung könnte als subjektive Stellungnahme der Nutzer auf einer Skala erfasst werden.

Wie bereits beschrieben, wird in der Norm die Abhängigkeit der Gebrauchstauglichkeit vom jeweiligen Nutzungskontext explizit hervorgehoben. Der Nutzungskontext umfasst dabei, wie in **Abbildung 1** abzulesen ist, den Nutzer selbst, seine Arbeitsaufgaben, die ihm zur Verfügung stehenden Arbeitsmittel sowie die physische und soziale Umgebung.

Dieser Teil der DIN EN ISO 9241 zeigt also auf, wie durch Maße der Benutzungseffizienz und der Zufriedenstellung notwendige Informationen zur Errechung und Bewertung von Gebrauchstauglichkeit erhoben werden können. Darüber hinaus gibt sie Anleitungen zur Beschreibung des Nutzungskontextes und der Maße der Gebrauchstauglichkeit. Es werden dabei allgemeine Prinzipien und Techniken dargelegt, die sich nicht auf konkrete Anwendungsbereiche oder Methoden beziehen. Die Gültigkeit der Norm bezieht sich dennoch sowohl auf Systeme mit genereller Nutzbarkeit (z. B. Tabellenkalkulation), als auch auf solche mit hochspezifischer Domäne (z. B. Pumpenregulation für Reaktoren).

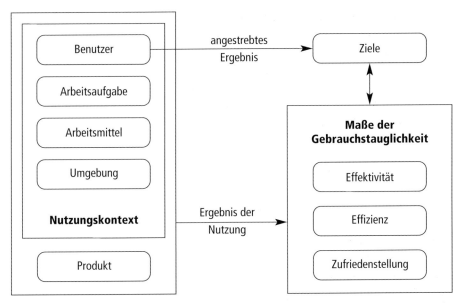

Abbildung 1: Anwendungsrahmen für Gebrauchstauglichkeit (nach DIN EN ISO 9241, 1997).

1.4.2 Bildschirmarbeitsverordnung (BildschArbV)

Die Bildschirmarbeitsverordnung (BildschArbV, 1996) als Umsetzung der EU-Bildschirmrichtlinie 90/270/EWG regelt die Sicherheit und den Gesundheitsschutz bei der Arbeit an Bildschirmgeräten. Hierbei hat der Arbeitgeber sicherzustellen, dass die Arbeitnehmer geeignete Arbeitsplätze vorfinden. Dies gilt hinsichtlich einer möglichen Gefährdung des Sehvermögens sowie körperlicher Probleme und psychischer Belastungen (§ 3). In § 4 wird festgelegt, dass Maßnahmen zu treffen sind, welche die Umsetzung der Anforderungen an die Gestaltung solcher Arbeitsplätze gemäß dem Anhang sicherstellen. Dort finden sich Anforderungen an Bildschirmgerät und Tastatur («*Die auf dem Bildschirm dargestellten Zeichen müssen scharf, deutlich und ausreichend groß sein sowie einen angemessenen Zeichen- und Zeilenabstand haben.*»), sonstige Arbeitsmittel («*Der Arbeitsstuhl muss ergonomisch gestaltet und standsicher sein.*») und die Arbeitsumgebung («*Am Bildschirmarbeitsplatz muss ausreichender Raum für wechselnde Arbeitshaltungen und -bewegungen vorhanden sein.*»).

Ein weiterer Bereich beschreibt Anforderungen an das Zusammenwirken von Mensch und Arbeitsmitteln. Die Erfüllung dieser Anforderungen ist seit Ende 1996 für neu eingeführte Programme und seit dem 1. Januar 2000 generell für alle Programme bindende Gesetzesvorschrift.

> **Anforderungen der BildschArbV bezüglich des Zusammenspiels von Mensch und Arbeitsmittel**
>
> - Die Grundsätze der Ergonomie sind insbesondere auf die Verarbeitung von Informationen durch den Menschen anzuwenden.
> - Die Software muss an die auszuführende Aufgabe angepasst sein.
> - Die Systeme müssen den Benutzern Angaben über die jeweiligen Dialogabläufe unmittelbar oder auf Verlangen machen.
> - Die Systeme müssen den Benutzern die Beeinflussung der jeweiligen Dialogabläufe ermöglichen sowie eventuelle Fehler bei der Handhabung beschreiben und deren Beseitigung mit begrenztem Arbeitsaufwand erlauben.
> - Die Software muss entsprechend den Kenntnissen und Erfahrungen der Benutzer im Hinblick auf die auszuführende Aufgabe angepasst werden können.
> - Ohne Wissen der Benutzer darf keine Vorrichtung zur qualitativen oder quantitativen Kontrolle verwendet werden.

1.4.3 Behindertengleichstellungsgesetz (BGG) und Verordnung zur Schaffung barrierefreier Informationstechnik (BITV)

In Kraft getreten am 1. Mai 2002 schafft das BGG (2002) umfassende Richtlinien zur Gleichstellung von Behinderten und Nicht-Behinderten. In § 11 zur barrierefreien Informationstechnik legt es fest, dass zumindest öffentliche Körperschaften *«ihre Internetauftritte und -angebote sowie die von ihnen zur Verfügung gestellten Programmoberflächen»* so gestalten müssen *«dass sie von behinderten Menschen grundsätzlich uneingeschränkt genutzt werden können.»* Weiterhin verpflichtet sich die Bundesregierung dazu, gewerbemäßige Anbieter dazu anzuhalten, durch Zielvereinbarungen *«ihre Produkte entsprechend den technischen Standards [...] zu gestalten.»*

Die «Verordnung zur Schaffung barrierefreier Informationstechnik nach dem Behindertengleichstellungsgesetz» (BITV, 2002), erlassen durch das Bundesministerium des Inneren, nimmt darüber hinaus eine genaue Festschreibung dessen vor, was bei der Erstellung von barrierefreien Informationsangeboten zu berücksichtigen ist. Dabei stützt sie sich explizit auf die Web Content Accessibility Guidelines 1.0 (WCAG10, 2002) des World Wide Web Konsortiums (W3.org, 2002).

Mit der Forderung nach der Umsetzung der gesetzlich festgelegten Vorschriften zur Gestaltung tritt somit zumindest für die öffentlichen Körperschaften die verbindliche Notwendigkeit zur Evaluation hinsichtlich der in ihren Internetpräsenzen umgesetzten Barrierefreiheit ein. Für nicht-öffentliche Körperschaften werden Guidelines für die Evaluation nach Kriterien der Barrierefreiheit geliefert.

1.4.4 DIN ISO/IEC 12119: Software-Erzeugnisse – Qualitätsanforderungen und Prüfbestimmungen

Die DIN ISO/IEC 12119 (1995) legt Qualitätsanforderungen an Software-Erzeugnisse jeglicher Art fest und beschreibt, wie diese Anforderungen insbesondere von Dritten (z. B. Kunden oder Zertifizierungsstellen) geprüft werden können. Lieferanten erhalten durch sie die Möglichkeit, die eigenen Produkte hinsichtlich ihrer Konformität mit den Anforderungen der Norm zu prüfen und sie gegebenenfalls zertifizieren zu lassen. Für die Usability-Evaluation ist diese Norm ausschließlich hinsichtlich einer summativen Evaluation von Interesse, da sie explizit die Software-Entwicklung mit ihren Zwischenprodukten (z. B. Prototypen) ausklammert.

Um mit der Norm konform zu sein, muss ein ausgeliefertes System allgemeine Qualitätsanforderungen erfüllen. So muss zu jedem Software-Erzeugnis eine Produktbeschreibung und Benutzerdokumentation vorliegen, deren Inhalte überprüfbar vollständig, richtig, widerspruchsfrei, verständlich und übersichtlich sein müssen. Auch bezüglich der Programme und mitgelieferter Daten sind verschiedene Punkte nach einem in der Norm definierten Prozedere zu prüfen und zu dokumentieren.

Anforderungen der DIN ISO/IEC 12119 an Programme und Daten

Funktionalität:

- Installierung: Sie muss ab dem angegebenen Mindestsystem, das in der Produktbeschreibung genannt wird, erkennbar erfolgreich vorzunehmen sein.

- Vorhandensein von Funktionen: Alle in der Produktbeschreibung oder in der Benutzerdokumentation angegebenen Funktionen müssen tatsächlich ausführbar sein.

- Korrektheit: Die Programme und Daten müssen allen Angaben in der Produktbeschreibung und in der Benutzerdokumentation entsprechen.

- Widerspruchsfreiheit: Es dürfen keine Widersprüche zu den Angaben der Produktbeschreibung und Benutzerdokumentation vorliegen. Es wird eine konsistente Benennung und Steuerung innerhalb der Systemdialoge gefordert.

Zuverlässigkeit:

- Das System, bestehend aus vorausgesetzter Hard- und Software sowie dem Erzeugnis selbst, muss ohne Datenverlust auch bei Nutzerfehlern oder hoher Belastung beherrschbar bleiben.

Benutzbarkeit:
Hier wird explizit auf die Forderungen der DIN EN ISO 9241 verwiesen. Weitere Anforderungen sind:

- Verständlichkeit: Systemausgaben sollen durch Begriffe, grafische Darstellungen, Hintergrundinformationen, Fehlertexte und Hilfefunktionen geeignet informieren.

- Übersichtlichkeit: Es muss erkennbar sein, welche Funktion jeweils ausgelöst wurde. Meldungen sind leicht wahrnehmbar und gut lesbar auszugeben. Masken und Listen sollen klar und übersichtlich gestaltet sein.

- Steuerbarkeit: Die Anforderungen hier stimmen mit denen der DIN EN ISO 9241-10 überein.

1.4.5 DIN EN ISO 13407: Benutzerorientierte Gestaltung interaktiver Systeme

Die internationale Norm DIN EN ISO 13407 (1999) gibt Managern von Gestaltungsprozessen Anleitungen zur benutzerorientierten Gestaltung sowohl von Hardware-, als auch von Softwareanteilen interaktiver Systeme. Dabei werden nicht alle Aspekte des Projektmanagements beleuchtet und auch keine Einzelheiten zu spezifischen notwendigen Methoden innerhalb eines solchen Gestaltungsprozesses angeführt. Die Zielsetzung liegt eher in der Sensibilisierung von Projektmanagern gegenüber einem ganzheitlichen Gestaltungsprozess, der technische, organisatorische, ergonomische sowie soziale und menschliche Faktoren integriert. Die Kernsätze dieser Norm sind:

a) **Aktives Einbeziehen der Nutzer** in den Entwicklungs- und Gestaltungsprozess des Systems (vgl. Abschnitt 3.3, Partizipation, in diesem Buch).

b) **Angemessene Verteilung von Funktionen** zwischen Mensch und Maschine unter Berücksichtigung der relativen Fähigkeiten und Grenzen des Menschen im Vergleich zur Technik, z. B. hinsichtlich Zuverlässigkeit, Geschwindigkeit, Genauigkeit, Stärke, Flexibilität der Reaktion, Kosten, Wohl des Benutzers und die Bedeutung erfolgreicher oder rechtzeitiger Bewältigung von Aufgaben.

c) **Iterative Evaluation** der Design-Entwürfe mit Nutzern zur Vermeidung der Nichterfüllung von Anforderungen der Benutzer oder der Organisation sowie zur schrittweisen Optimierung der Systeme.

d) **Multidisziplinärer Aufbau eines dynamischen Entwicklungsteams**, das in seiner Zusammensetzung Rollen der Systementwickler und der beauftragenden Organisation widerspiegelt (z. B. Vorgesetzte, Nutzer, Usability-Spezialisten, Trainer, Hotline-Mitarbeiter, Designer, Software-Ingenieure; vgl. Abschnitt 3.3: Partizipation).

Die Norm gibt weiterhin Hinweise zur Evaluation von Gestaltungslösungen (z. B. Prototypen). Dies sind beispielsweise Hinweise zur Planung der Evaluation, zur Feststellung der erreichten Normenkonformität und zur Aufzeichnung der Ergebnisse der Evaluation.

1.4.6 DIN EN ISO 14915: Software-Ergonomie für Multimedia-Benutzungsschnittstellen

Die DIN EN ISO 14915 (2003) richtet sich vor allem an Designer von Multimedia-Systemen, aber auch an Evaluatoren, welche die Einhaltung der Bestimmungen dieser Norm bei der Entwicklung eines Produkts überprüfen sollen. Sie enthält allgemeine Anforderungen an und Empfehlungen für die ergonomische Gestaltung von Multimedia-Benutzungsschnittstellen, ohne detaillierte Richtlinien vorzugeben. Die Norm besteht aus drei Teilen:

Teil 1: Gestaltungsgrundsätze und Rahmenbedingungen
Der Schwerpunkt liegt auf Fragen der Multimedia-Darstellung. Es werden Grundsätze und Rahmenbedingungen der Gestaltung für Multimedia-Benutzungsschnittstellen anhand von drei wesentlichen Aspekten der Gestaltung (Inhalts-, Interaktions- und Mediengestaltung) aufgezeigt. Spezielle Gestaltungsgrundsätze für Multimedia zusätzlich zu den in DIN EN ISO 9241-10 definierten allgemeinen Grundsätzen sind:

- Eignung für das Kommunikationsziel
- Eignung für Exploration

- Eignung für Wahrnehmung und Verständnis
- Eignung für Benutzungsmotivation.

Teil 2: Multimedia-Navigation und Steuerung
Hier werden Empfehlungen für die Steuerung dynamischer Medien (Audio, Video) und für die Navigation in Multimedia-Anwendungen gegeben. Betrachtet werden Aspekte der konzeptionellen Struktur einer Multimedia-Anwendung und der Steuerungsinteraktion mit dem Nutzer. Die drei wesentlichen Aspekte der Gestaltung werden mit spezifischen Richtlinien für Multimedia-Navigation und Steuerung angereichert.

Teil 3: Auswahl und Kombination von Medien
Es werden Empfehlungen für die Auswahl von Medien in Bezug auf das Kommunikationsziel, auf die Aufgabe und auf Informationseigenschaften gegeben. Dabei wird auch die Kombination verschiedener Medien berücksichtigt. Dieser Teil umfasst zusätzlich Informationen für eine Einbeziehung von Multimedia-Komponenten in Betrachtungs- und Lesesequenzen.

1.4.7 Bedeutung der Normen für die Usability-Evaluation

Die vorgestellten Normen, Gesetze und Verordnungen geben einen Einblick in verschiedenste Anforderungen, die an das Usability-Engineering und an die Usability-Evaluation gestellt werden. Dabei sollte auch verdeutlicht werden, dass zu Beginn von Systementwicklungsprojekten geprüft werden muss, ob bzw. welche Bestimmungen zu beachten sind, z. B. die Bildschirmarbeitsverordnung. Die Umsetzung von gesetzlichen Vorgaben ist dabei verpflichtend, wohingegen die Einhaltung der Normen eher eine freiwillige Verpflichtung gegenüber durch Expertengremien definierte Qualitätsstandards darstellt.

Es wurde aufgezeigt, dass Normen keine Auflistungen detaillierter und getrennt abprüfbarer Einzelforderungen mit klaren Vorgehensanweisungen sind. Sie umschreiben vielmehr allgemeine Anforderungen und Prozesse, die zu gebrauchstauglichen technischen Systemen führen. Unser zentrales Anliegen war dabei zu verdeutlichen, dass die Normen den gesamten Anwendungsrahmen bestehend aus Nutzungskontext, technischem System und den Nutzungszielen betrachten und dabei explizit die Beteiligung von zukünftigen Nutzern vorsehen.

Die beiden zentralen Normen für die Usability-Evaluation sind die DIN EN ISO 9241 (insbesondere Teil 10), deren Gestaltungsgrundsätze zugleich allgemeine Prüfkriterien der Evaluation darstellen, sowie die DIN EN ISO 13407, mit deren Hilfe die Qualität des Entwicklungsprozesses bewertet werden kann. In unseren weiteren Ausführungen zur Usability-Evaluation stellen wir in Kapitel 4 dieses Buchs einige Evaluationsverfahren vor, die sich direkt auf die DIN EN ISO 9241 beziehen. Dies sind EVADIS II, Isometrics und IsoNorm. Alle basieren auf den sieben Gestaltungsgrundsätzen des Teils 10, doch lediglich EVADIS II setzt die in der Norm geforderte Betrachtung des gesamten Anwendungsrahmens detailliert um.

Ansätze zur umfassenden Zertifizierung von Gebrauchstauglichkeit nach DIN EN ISO 9241 und der DIN EN ISO 13407 gibt es verschiedentlich, vor allem von kommerziellen Anbietern. Es handelt sich hier allerdings um einen Bereich, in dem der Gesetzgeber keine Regelungen zur Prüfung oder Akkreditierung vorgibt. Entsprechende Usability-Zertifikate werden von staatlicher Seite daher auch nicht anerkannt. Wir wollen deshalb an dieser Stelle nicht vertieft auf einzelne Anbieter von Zertifikaten eingehen, auch wenn wir gerne zugestehen, dass einige seriöse Institutionen gute und fundierte Prüfverfahren anwenden. Hervorgehoben seien hier die Prüfleitfäden der Deutschen Akkreditierungsstelle Technik e. V. (DATech) zu den beiden zentralen Usability-Normen. Die DATech akkreditiert und überwacht Zertifizierungsstellen und Prüflaboratorien im gesetzlich nicht geregelten Bereich, beispielsweise auf dem Sektor der Informations- und Kommunikationstechnik. Sie selbst nimmt keine Zertifizierungen oder Prüfungen vor. Der interessierte Leser findet die Prüfleitfäden auf der Internetseite der DATech zum kostenlosen Download (http://www.datech.de).

2 Psychologische Grundlagen für die Systementwicklung

Das zentrale Ziel der Usability ist die Anpassung der Systeme an die Belange der Anwender oder besser noch eine konkrete Entwicklung hinsichtlich der Belange der Anwender. Deshalb spielen, neben Wissen über die jeweilige Anwendungsdomäne eine Vielzahl von psychologischen Erkenntnissen und Methoden eine Rolle. In diesem Kapitel werden diese psychologischen Grundlagen aus den Bereichen der kognitiven Psychologie und der Arbeitspsychologie dargestellt und der Bezug zur Usability verdeutlicht. Berücksichtigt werden müssen diese Erkenntnisse bei der Gestaltung von technischen Systemen. Sie spielen jedoch genauso für die Evaluation eine Rolle, da Usability-Probleme, die in der Evaluation gefunden werden, vor dem Hintergrund dieser psychologischen Erkenntnisse interpretiert und Behebungsmöglichkeiten entwickelt werden müssen.

Psychologische Erkenntnisse spielen bei der Gestaltung der Benutzungsoberfläche, der Gestaltung der Arbeitsaufgabe (und eventuell des Arbeitsumfeldes) und damit auch bei der Bestimmung der Funktionalität eines Systems, aber auch bei der Einführung des Systems eine Rolle. In den meisten Veröffentlichungen wird vor allem auf die direkte Gestaltung der Benutzungsoberfläche eingegangen. Hier geht es in erster Linie um Aspekte der kognitiven Psychologie. Die Themen reichen von der menschlichen Wahrnehmung über das Denken und Problemlösen bis hin zu Gesichtspunkten des Lernens. Die kognitiv-psychologische Forschung «*strebt damit eine Abstimmung der Technik auf allgemein erwiesene und partiell erforschte Fähigkeiten der Benutzer an*» (Maaß, 1993, S. 195).

Das technische System wird jedoch gerade im Berufsleben immer in einem größeren Kontext der Arbeitsabläufe und Arbeitsaufgaben stehen. Aus diesem Kontext ergibt sich auch die notwendige Funktionalität für das System. Hier spielen Erkenntnisse aus der Arbeitspsychologie eine Rolle. Insbesondere die Kriterien der humanen Arbeitsgestaltung haben einen Einfluss auf die Gestaltung der Aufgaben, die mit dem System bearbeitet werden, sowie ihre Einbindung in größere Tätigkeitsbereiche. Nur so kann eine ganzheitliche Arbeit ermöglicht werden.

Für einen erfolgreichen Systemeinsatz spielen auch organisationspsychologische Erkenntnisse (Veränderungsprozesse, Personalentwicklungsmaßnahmen usw.) eine große Rolle, die jedoch aufgrund der Ausrichtung auf die Evaluation technischer Systeme an dieser Stelle nicht näher erläutert werden (einige Gedanken zu diesem Thema finden sich in Abschnitt 1.2).

Je nach Einsatzgebiet können auch noch weitere psychologische Bereiche relevant werden. Zum Beispiel erfordert die Gestaltung von Kooperationssystemen auch Kenntnisse über sozialpsychologische Phänomene. Wir wollen uns jedoch an dieser Stelle auf Erkenntnisse beschränken, die für die Gestaltung und Einführung eines jeden Systems eine Rolle spielen.

2.1 Kognitive Aspekte

Norman (1986) beschreibt zwei wesentliche Hürden bei der Benutzung von Software, den *«gulf of execution»* (Ausführungskluft), bei dem es darum geht, dass der Nutzer dem System seine Intentionen vermitteln muss, und den *«gulf of evaluation»* (Auswertungskluft), bei dem der Nutzer wiederum die Ausgaben des Systems korrekt interpretieren und in seine Handlungen integrieren muss.

Informationen, die das System gibt, müssen also aufgenommen und verarbeitet werden. Grundlage dafür ist die Wahrnehmung. Im Weiteren müssen Sprache, Figuren usw. verstanden werden. Informationen müssen aber auch behalten werden, und man muss sich an sie erinnern können.

Neben der Wahrnehmung und Verarbeitung von Informationen spielt aber auch der umgekehrte Weg eine Rolle. Ausgehend von den mentalen Modellen der Nutzer, die meist von den Gegebenheiten der realen Welt geprägt sind, müssen dem Nutzer geeignete Eingabemöglichkeiten angeboten werden. Dabei spielt auch die Wissensrepräsentation eine Rolle.

Es zeigt sich also deutlich, dass kognitive Prozesse die Grundlage für die Gestaltung der Schnittstelle bilden.

Typische Beispiele für Gestaltungsaufgaben, die auf Erkenntnisse der kognitiven Psychologie zurückgreifen, sind die optimale Gestaltung von Piktogrammen als bildliche Darstellung von Systemobjekten, der konsistente Aufbau von Bildschirmmasken oder die maximale Tiefe von Menübäumen.

2.1.1 Wahrnehmung

Bei den meisten Benutzungsschnittstellen spielen vor allem visuelle Reize eine Rolle, die teilweise über auditive Reize unterstützt werden. Eine Ausnahme bilden reine Sprachinterfaces. Taktile Reize hingegen werden bisher eher selten genutzt.

Grundlegend bei der visuellen Wahrnehmung ist zuerst die Unterscheidung zwischen fovealem und peripherem Sehen. Beim *fovealen Sehen* handelt es sich um die Reizaufnahme mit einem kleinen zentralen Bereich der Netzhaut (ca. 1–2 Grad). Nur in diesem Bereich wird mit hoher Auflösung und scharf gesehen. Bei einem durchschnittlichen Sehabstand bei der Bildschirmarbeit von 50 cm wird so nur ein Bereich von ca. 17 mm Durchmesser scharf gesehen. Im übrigen Bereich nimmt Schärfe und Auflösung nach außen hin immer weiter ab. Durch das *periphere Sehen* werden jedoch Reize entdeckt und so die Augenbewegung gesteuert. Für konkrete Aktivitäten wie das Lesen ist das scharfe foveale Sehen Voraussetzung (Preim, 1999; Anderson, 1996).

Die aufgenommenen visuellen Reize werden in einem ersten Schritt zu Objekten zusammengeführt. Dies geschieht nach so genannten *Gestaltgesetzen* (siehe **Abb. 2**), die auf Max Wertheimer und Wolfgang Köhler zurückgehen (siehe z. B.

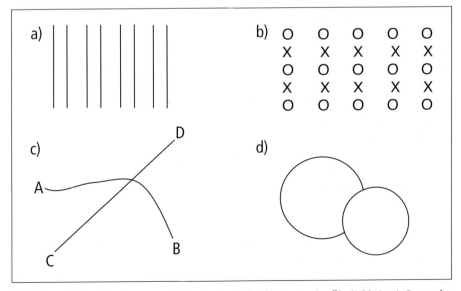

Abbildung 2: Die Gestaltgesetze: a) Gesetz der Nähe, b) Gesetz der Ähnlichkeit, c) Gesetz des glatten Verlaufs, d) Gesetz der Geschlossenheit (nach Anderson, 1996, S. 43).

Wertheimer, 1925). Elemente werden danach anhand folgender Kriterien zu schlüssigen Objekten zusammengesetzt:

- *Gesetz der Nähe:* Nahe beieinander liegende Elemente werden als zusammengehörig empfunden.
- *Gesetz der Ähnlichkeit:* Ähnlich aussehende Objekte werden als Gruppe wahrgenommen.
- *Gesetz des glatten Verlaufs:* Linien werden so zusammengehörig wahrgenommen, dass sich ein glatter Verlauf anstatt von Ecken ergibt.
- *Gesetz der Geschlossenheit bzw. der guten Gestalt:* Objekte werden als überdeckend wahrgenommen, wenn sich daraus eine geschlossene, klare Form ergibt. Dies kann eine räumliche Wahrnehmung hervorrufen. (Anderson, 1996; Metzger, 2001).

Nachdem die Reize anhand der Gestaltgesetze zu Objekten zusammengesetzt wurden, müssen sie im Weiteren identifiziert werden. Dies nennt man *Mustererkennung*. Dazu gibt es verschiedene Erklärungsversuche:

- *Schablonenabgleich:* Das Netzhautbild wird mit einer Schablone im Gehirn verglichen. Problematisch bei dieser Theorie ist jedoch, dass Abweichungen von der Norm nicht erkannt werden dürften.
- *Merkmalsanalyse:* Das Objekt wird anhand von Kombinationen bestimmter typischer Merkmale identifiziert.
- *Theorie der komponentialen Erkennung:* Bei dieser Theorie handelt es sich um eine Weiterentwicklung der Merkmalsanalyse. Objekte werden danach in einfache Teilformen zerlegt. Merkmale und Kombination der Teilformen ermöglichen eine Interpretation des Gesamtobjektes. Bei uneindeutigen Merkmalen werden Kontextinformationen mit einbezogen, die Aufschluss für die Einordnung der erkannten Merkmale geben können.

Auch die Interpretation der Räumlichkeit erfolgt anhand von Merkmalen. Ein Merkmal der räumlichen Tiefe ist der *Texturgradient*. Danach scheinen weiter entfernte Elemente dichter zusammenzustehen als nähere. Neben Merkmalen des Reizes gibt es auch anatomische Bedingungen, die das räumliche Sehen unterstützen. So nehmen die beiden Augen geringfügig unterschiedliche Bilder wahr (*Stereopsie*). Daraus kann die Räumlichkeit von Körpern erschlossen werden. Dieser Effekt wird zum Beispiel bei 3D-Brillen genutzt. Eine dritte Art der Interpretation der Räumlichkeit erfolgt anhand der Bewegung der Objekte über die Netzhaut bei einer Kopfbewegung (*Bewegungsparallaxe*). Nahe Objekte bewegen sich dabei schneller über die Netzhaut als entfernte (Anderson, 1996).

Die Gestaltgesetze können bei der grafischen Darstellung in Softwaresystemen genutzt werden. Besonders plastisch wird dies zum Beispiel bei der Anordnung von Elementen in Dialogfeldern, Menüs oder ähnlichem. So sollten zusammengehörige Elemente dichter zusammenstehen als nicht zusammengehörende (siehe **Abb. 3**).

Auch zeitliche Aspekte haben einen Einfluss auf die Wahrnehmung. Zum Beispiel kann bestimmt werden, bei welcher Frequenz ein Signal als blinkend wahrgenommen wird. Auch bei der Suche nach einer bestimmten Information, beispielsweise auf einer Internetseite, gibt es Erkenntnisse über zeitliche Aspekte. So ist die Suchzeit zwar proportional zur Suchmenge, hängt aber auch von Hervorhebungen des Zielreizes wie zum Beispiel Farbe, Größe oder Anordnung ab. Auch die benötigte Aufmerksamkeit wird durch die Hervorhebungen beeinflusst. Allerdings haben Untersuchungen gezeigt, dass der Prozess der visuellen Suche nicht vollständig

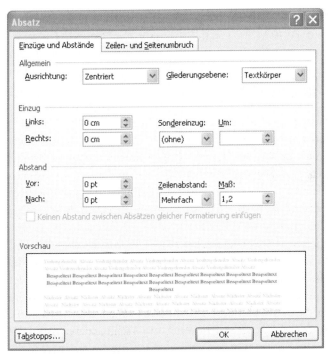

Abbildung 3: Anordnung von Elementen am Beispiel von Microsoft Word.

systematisch und äußerst komplex ist, sodass die bestehenden Erkenntnisse nur als Anhaltspunkte für die Gestaltung dienen können (Preim, 1999; siehe auch Aaltonen, Hyrskykari & Räiha, 1998).

Auch die Sprachwahrnehmung scheint nach bisherigen Erkenntnissen über eine Merkmalsanalyse zu funktionieren. Als Merkmale dienen dabei vor allem der Artikulationsort und die Stimmhaftigkeit.

Die aufgenommenen Reize werden für die Interpretation von Objekten, Zeichen oder ähnlichem nach derzeitigen Theorien bei visuellen Reizen im *ikonischen Speicher* und bei auditiven Reizen im *Echospeicher* verfügbar gehalten. Im Echospeicher zeigt sich eine größere Behaltensleistung als beim ikonischen Speicher. Deshalb empfiehlt es sich, bei kritischen Informationen oder Warnungen nicht nur visuelle Signale zu verwenden (Anderson, 1996).

2.1.2 Aufmerksamkeit und Leistung

Die kognitiven Ressourcen des Menschen sind begrenzt. Diese begrenzten Ressourcen müssen je nach Situation auf einzelne Reize fokussiert (*selektive Aufmerksamkeit*) oder auf mehrere Reize gleichzeitig gerichtet werden (*geteilte Aufmerksamkeit*). Besonders deutlich wird die geteilte Aufmerksamkeit am Beispiel des Autofahrens. Neben dem eigentlichen Fahren muss auch auf den Verkehr geachtet werden. Häufig unterhält sich der Fahrer auch mit dem Beifahrer oder hört Radio. Viele Reize werden gleichzeitig verarbeitet. In kritischen Situationen wird hingegen die Konzentration blitzschnell auf die Gefahrensituation gerichtet, also auf selektive Aufmerksamkeit umgeschaltet.

Das viel beschriebene Cocktail-Party-Phänomen (Cheery, 1953) weißt allerdings darauf hin, dass auch bei der selektiven Aufmerksamkeit alle Reize zumindest grob verarbeitet werden. Cheery verdeutlicht dies anhand des Szenarios, dass sich jemand in einer großen Menschenmenge mit einer anderen Person unterhält, sich also eigentlich auf einen Reiz konzentriert. Trotzdem wird diese Person meist wahrnehmen, wenn in einer anderen Ecke des Raumes ihr Name fällt.

Dies ist nur dann möglich, wenn erst nach der groben Wahrnehmung über Filterprozesse die Informationen ausgewählt werden, auf die die Aufmerksamkeit gerichtet wird.

Dieses Phänomen widerlegt die Filtertheorie von Broadbent (1958), nach der die Auswahl nur anhand von physikalischen Merkmalen erfolgt. Aktuellere Theorien, die auch semantische Merkmale mit in die Auswahl einbeziehen, sind die Dämpfungstheorie und die Theorie der späten Auswahl (siehe z. B. Preim, 1999; Anderson, 1996).

Bei der *visuellen Aufmerksamkeit* ist die Beschränkung schneller ersichtlich als bei der akustischen. Wir können nur auf eine Stelle zurzeit blicken und diese deutlich wahrnehmen. Allerdings werden bestimmte Aspekte auch am Rande des Sichtfeldes bemerkt. Auf diese Weise kann die Aufmerksamkeit und damit das Sichtfeld auf ein neues Ziel gerichtet werden. Allerdings muss sich die Aufmerksamkeit nicht zwangsweise auf den fovealen Bereich, also den zentralen Bereich mit der größten Sehschärfe richten. Für die visuelle Aufmerksamkeit wird häufig die Spotlight-Metapher verwendet, da – ähnlich wie der Lichtkegel bei einem Scheinwerfer – die Aufmerksamkeit auf verschiedene begrenzte Bereiche gelenkt werden kann. Je größer der Bereich ist, desto geringer ist die Verarbeitungstiefe. Je enger der Bereich gewählt ist, desto mehr Zeit vergeht jedoch, wenn der Aufmerksamkeitsbereich verändert werden muss. Da das Gesichtsfeld eingeschränkt ist, ist der Aufmerksamkeitswechsel bei visuellen Signalen langsamer als bei auditiven (Anderson, 1996; Preim, 1999).

Automatisierte Prozesse benötigen weniger Aufmerksamkeit als ungeübte. Das Lesen eines Wortes ist zum Beispiel stark automatisiert. Wenn man ein Wort geschrieben sieht, so besteht praktisch keine Möglichkeit, es nicht zu lesen. Im Stroop-Effekt zeigt sich zum Beispiel, dass es dem Menschen schwer fällt, die Druckfarbe eines Wortes zu benennen, wenn es sich um ein abweichendes Farbwort handelt, also beispielsweise das Wort rot in blauer Farbe gedruckt wird. Das Lesen des Wortes setzt sich gegenüber der Formulierung der tatsächlichen Farbe leicht durch, bzw. die Reaktion ist deutlich verlangsamt und fehlerbehaftet. Es kann also zu Interferenzen kommen, wenn Wortinhalt und Wortpräsentation nicht übereinstimmen.

Auch wenn zwei Reaktionen dicht aufeinander folgen, verzögert sich die Reaktion des Menschen, und es können Interferenzen auftreten. Der Konflikt ist dabei umso größer, je stärker beide Reaktionen auf die gleichen Verarbeitungsressourcen zurückgreifen (*Theorie multipler Ressourcen*; Anderson, 1996). Nicht zuletzt gibt es Tätigkeiten, die besser parallel erfolgen können als andere. So kann man durchaus Schreiben und gleichzeitig einem Gespräch zuhören, zwei Gespräche gleichzeitig kann man jedoch nur schwer oder gar nicht verfolgen.

Aus den Erkenntnissen zur Wahrnehmung und zur Aufmerksamkeit lassen sich sowohl Gestaltungshinweise an das System selber als auch an die Umgebung des Systems ableiten. So kann die Aufmerksamkeit durch visuelle Hervorhebungen oder akustische Signale gesteuert und somit die Wahrnehmung von relevanten Informationen unterstützt werden. Die Anordnung von Bildschirmelementen anhand der Gestaltgesetze unterstützt die richtige Interpretation von Zusammengehörigkeiten. Auch eine Beschränkung auf relevante Information und eine übersichtliche Gliederung sind von großer Bedeutung, da sonst Aufmerksamkeit von den relevanten Informationen abgezogen wird.

Die Umgebung hingegen sollte nicht zu stark von der Arbeit am System ablenken, also Aufmerksamkeit abziehen. Gleichzeitig sollte aber bei einer Unterbrechung, zum Beispiel durch ein Telefongespräch, ein problemloser Wiedereinstieg möglich sein.

Bei der Evaluation wiederum sollte nicht oder nicht nur unter idealen störungsfreien Bedingungen getestet werden. Vielmehr sollten realistische Ablenkungen gezielt eingebaut werden, um reale Fehlerquellen zu erkennen. An dieser Stelle kommen auch arbeitspsychologische Themen ins Spiel, die in Abschnitt 2.2 näher erläutert werden.

2.1.3 Wissensrepräsentation

Grundsätzlich wird zwischen wahrnehmungsbasierter und bedeutungsbezogener Wissensrepräsentation unterschieden. Die *wahrnehmungsbasierte Repräsentation* bezieht sich auf die direkt wahrgenommenen Reize und ihre Repräsentation im Gehirn. Bei der *bedeutungsbezogenen Wissensrepräsentation* wird von der konkreten Wahrnehmung abstrahiert und die Information anhand ihrer Bedeutung betrachtet.

Paivio (1971 und 1986) unterscheidet bei wahrnehmungsbasierten Repräsentationen zwischen der Repräsentation verbaler und der Repräsentation visueller Informationen (*Theorie der dualen Kodierung*). Es hat sich in der bisherigen Forschung gezeigt, dass bildhaftes Material besser behalten werden kann, als verbales. Außerdem kann verbale Information besser behalten werden, wenn man sie mit bildhafter verknüpft. Weiter hat sich gezeigt, dass verbale und visuelle Informationen in verschiedenen Hirnarealen verarbeitet werden.
Wichtig für die Gestaltung grafischer Benutzungsoberflächen sind vor allem die Untersuchungen, nach denen das Gehirn bei der Arbeit mit visueller Information *mentale Bilder* zu verwenden scheint. Ein Beispiel hierfür ist die mentale Rotation eines Körpers (siehe **Abb. 4**). Die Lösung von Testaufgaben, bei denen zwei Objekte verglichen werden sollen, dauert umso länger, je größer der Winkel ist, um den ein Objekt in der Vorstellung für den Vergleich gedreht werden muss.

Auch das Scannen eines Bildes nach einem bestimmten Objekt dauert umso länger, je weiter der Weg zu dem benannten Objekt ist. Der Umgang mit visuellen Vorstellungen scheint also dem Umgang mit realen Objekten zu ähneln. Die visuelle Vorstellung weist dabei weitgehend die gleichen Merkmale wie die visuelle Wahrnehmung auf.

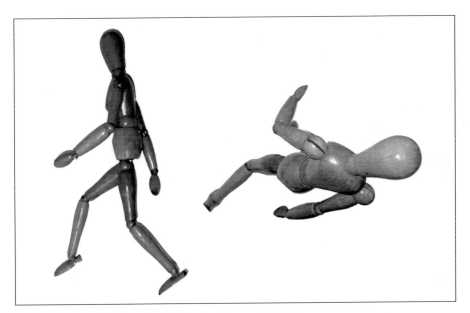

Abbildung 4: Vergleich zweier Objekte durch mentale Rotation.

Die derzeitigen Theorien zu mentalen Vorstellungen gehen von einer hierarchischen Struktur aus. Visuelle Details sind somit innerhalb von größeren Teilen organisiert. Dies kann mitunter zu falschen Einschätzungen führen. Gut zu zeigen ist dies beispielsweise bei mentalen Landkarten. So schätzen viele Personen die Lage von Montreal im Vergleich zu Seattle als weiter nördlich ein, da Montreal in Kanada liegt und Kanada nördlich der USA. Bei dieser Beurteilung hat sich also die hierarchisch höhere Information gegenüber der tatsächlichen geografischen Lage durchgesetzt. Untersuchungen zeigen, dass vergleichbare Einschätzungen bei Orten ohne bekannte Abgrenzung deutlich häufiger korrekt erfolgen.

Bei verbalen Informationen gibt es eine Reihe anderer typischer Merkmale. So können bei seriellen Informationen die Anfangs- und Endelemente leichter ermittelt werden als Elemente in der Mitte. Außerdem erfolgt die Suche entlang der Informationsstruktur. Bei längeren Informationsfolgen findet sich auch bei verbaler Information eine hierarchische Gliederung beispielsweise anhand von Worten und Satzteilen (Anderson, 1996).

Bei bedeutungsbezogenen Wissensrepräsentationen werden unwichtige Details vernachlässigt. So zeigen Untersuchungen, dass Bedeutungen besser behalten werden als Formulierungen. Ebenso werden bei Bildern die bedeutungshaltigen Elemente, d. h. Elemente, die Informationen über die Situation im Bild vermitteln, eher behalten als vergleichsweise unwichtige Details. Um sich Informationen mit geringer Bedeutung zu merken, ist es dementsprechend hilfreich, sie in bedeutungshaltiges Material umzuwandeln (Anderson, 1996).

Diese Erkenntnisse können und sollten also vor allem bei der Informationsdarstellung in Systemen genutzt werden. Vor allem die Verdeutlichung von Informationen durch Abbildungen und ihre Darstellung im Zusammenhang mit ihrem Kontext können die Arbeit mit dem System erleichtern.

2.1.4 Gedächtnis

Der Aufbau und die Arbeitsweise des Gedächtnisses lassen sich kaum bestimmen. Untersuchungen zeigen jedoch bestimmte Merkmale, aus denen entsprechende Strukturen abgeleitet werden können. Auf diese Weise wurden immer wieder Theorien (weiter-) entwickelt. Im Folgenden stellen wir die wichtigsten Theorien kurz vor, um einen kleinen Einblick in die Bedeutung dieses komplexen Themas für die Gestaltung technischer Systeme zu geben.

Das wohl bekannteste Modell ist das *Multi-Speicher-Modell*. In ihm wird zwischen einem sensorischen Speicher, dem Kurz- und dem Langzeitgedächtnis unterschieden. Der sensorische Speicher, der bereits im Abschnitt über Wahrnehmung erwähnt wurde, erfasst als erstes die sensorischen Informationen. Laut Theorie hat er eine sehr hohe Kapazität, aber eine sehr kurze Behaltensdauer. Er kann unterteilt werden in Systeme für die verschiedenen Sinne, wie zum Beispiel den bereits beschriebenen ikonischen Speicher für visuelles und den Echospeicher für auditives Material. Vom sensorischen Speicher gelangen die Informationen in das Kurzzeitgedächtnis, das häufig auch als Arbeitsspeicher bezeichnet wird. Es hat eine begrenzte Kapazität von ca. sieben Einheiten (**chunks**) und eine immer noch eher kurze Behaltensdauer von ca. 15 Sekunden. Sie ist jedoch abhängig von der Informationsmenge. Schließlich sollten die relevanten Informationen im Langzeitgedächtnis landen. Das Langzeitgedächtnis hat eine große Kapazität und eine lange Behaltensdauer. Die Behaltensdauer im Langzeitgedächtnis ist abhängig von der Qualität und der Intensität des Einprägens sowie von den Assoziationen zu anderen Gedächtnisinhalten.

Das Kurzzeitgedächtnis bildet den Ort, in dem die bewusste Verarbeitung von Informationen geschieht. Durch das so genannte Chunking können einzelne Informationseinheiten zu größeren Bedeutungseinheiten zusammengefasst und dadurch die Kapazität vergrößert werden. So können zum Beispiel vier einzelne Zahlen zu einer Jahreszahl zusammengefasst werden.

Das Vergessen von Informationen, die bereits im Langzeitgedächtnis gespeichert sind, wird nicht als Löschen der Information angesehen, sondern als Mangel an Zugriffsmöglichkeiten. Dies erklärt auch, warum eine Vielzahl von Assoziationen mit anderen Gedächtnisinhalten das Erinnern erleichtert.

Das Zusammenspiel der Speicher wird wie folgt beschrieben: Im sensorischen Speicher werden Informationen gefiltert und kategorisiert. Dabei werden die Inhalte mit dem Langzeitgedächtnis verglichen, um Muster im Material zu erkennen. Die kategorisierte Information geht an das Kurzzeitgedächtnis und kann dann bewusst verarbeitet und so in das Langzeitgedächtnis überführt werden (siehe z. B. Preim, 1999; Anderson, 1996).

Das *Konzept der Verarbeitungstiefe*, nach dem nicht die Dauer des Memorierens für die Behaltensleistung entscheidend ist, sondern die Tiefe bzw. Bedeutungshaltigkeit (Verarbeitungstiefe), mit der das Material memoriert wird, spricht gegen die im Multi-Speicher-Modell angenommene strikte Trennung in Kurz- und Langzeitgedächtnis.

Baddeley (1986) geht deshalb von einer zentralen Exekutive aus, die verschiedene Hilfssysteme wie die artikulatorische Schleife oder den räumlich-visuellen Notizblock organisiert. In diesen Hilfssystemen wird Information für die aktuelle Bearbeitung verfügbar gehalten.

Die starke Beschränkung des kurzzeitig memorierten Materials – die so genannte Gedächtnisspanne – kann bei dieser Theorie über die Geschwindigkeit erklärt werden, mit der Informationen memoriert werden können. Dies würde auch die unterschiedliche Behaltensleistungen bei kurzen und langen Wörtern erklären, die sich in Untersuchungen gezeigt haben (Anderson, 1996).

Die *ACT-Theorie* (Adaptive Control of Thought) von Anderson, die im deutschen auch als Theorie der geübten Handlung bekannt ist, ist eine der derzeit einflussreichsten Theorien über die Kognitionsarchitektur. Sie basiert auf empirischen Befunden über Gehirn und Lernen, wie zum Beispiel die Merkdauer unter verschiedenen Voraussetzungen, Lernstrategien oder Probleme beim Lernen. So sind Menschen zum Beispiel beim Lernen mit einem hinreichend guten Ergebnis zufrieden und verwenden lieber Strategien, deren Ergebnisse in etwa vorhersagbar sind.

In den bisher dargestellten Theorien wurde die Behaltensleistung immer über die Dauer des Memorierens und über die Bedeutungshaltigkeit beschrieben. In der ACT-Theorie wird auch die Aktivationshöhe berücksichtigt. Sie gibt Aufschluss über die Geschwindigkeit und die Wahrscheinlichkeit, mit der man sich an Informationen erinnern kann, und ist abhängig von der Zeit seit dem letzten Abruf und der Tiefe des Memorierens. Wenn eine Information abgerufen und damit aktiviert wird, so breitet sich die Aktivation entlang den Assoziationen aus, d. h. auch bei verknüpften Informationen steigt die Aktivationshöhe und damit die Wahrscheinlichkeit einer Erinnerung. Über die Übung eines Gedächtnisinhaltes kann die so genannte Stärke exponentiell erhöht werden. Die Stärke bestimmt die größtmögliche Aktivationshöhe (Anderson, 1996; Preim, 1999).

Wissen wird in der ACT-Theorie in Fakten (*deklaratives Wissen*) und Regeln (*prozedurales Wissen*) unterteilt. Ein Beispiel für deklaratives Wissen ist die Aussage: «Hamburg ist eine Hafenstadt.» Prozedurales Wissen kann wiederum anhand des Autofahrens verdeutlicht werden: «Wenn man abbiegen will, dann muss man blinken.» Wie man daran erkennen kann, bestehen Regeln aus einem Bedingungsteil (wenn …) und einem Aktionsteil (dann …). Die Regeln werden in der ACT-Theorie auch Produktionen genannt.

Fertigkeiten, wie zum Beispiel das Autofahren, bestehen aus einer Menge von Produktionen. Das Erlernen von Fertigkeiten (prozedurales Lernen) spielt sich in mehreren Phasen ab. In der deklarativen oder kognitiven Phase setzt sich der Lernende mit einem Problem auseinander (z. B. anhand von Anweisungen) und bildet mithilfe von Ausprobieren und Wiederholen die notwendigen Produktionen. Bei der Wissenskompilation (assoziative Phase) werden Produktionen miteinander verknüpft und bei Bedarf angepasst. Die Handlung kann durch diese Verknüpfungen nun teilweise automatisch ablaufen und benötigt so weniger bewusste Kontrolle und Aufmerksamkeit. Mit der Zeit wird die Ausführung schneller und produktiver. In der autonomen Phase können die Fertigkeiten schnell und hoch automatisiert durchgeführt werden. Es sind nur noch geringe Korrekturen und Anpassungen notwendig, zum Beispiel bei Anwendung in einem neuen Umfeld.

Oft angewendete Fertigkeiten werden bevorzugt verwendet (Preim, 1999; Anderson, 1996).

Aus der ACT-Theorie lassen sich vor allem Anforderungen zur lernförderlichen Gestaltung von Systemen ableiten. Das Erlernen von Fähigkeiten wird durch explizite Handlungs- und konkrete Lösungshinweise erleichtert. Rückmeldungen über die Ergebnisse von Handlungen verstärken erfolgreiche Produktionen und helfen bei der Modifikation falscher Produktionen. Um den Aufbau von Produktionen zu erleichtern, sollte das System zu einem explorativen Umgang anregen. Nicht zuletzt zeigt die Theorie auch, dass Anfänger und Experten unterschiedliche Anforderungen an ein System haben. Während Anfänger vor allem Hilfestellungen und Explorationsmöglichkeiten mit guten Rückmeldungen brauchen, ist für Experten vor allem ein reibungsloser Ablauf für eine weitgehend automatische Bedienung wichtig. Dementsprechend sollte die Benutzerschnittstelle flexibel und anpassbar sein.

Vor dem Hintergrund der ACT-Theorie lassen sich auch einige Fehlertypen aus der *Fehlertheorie* von Reason (1994) betrachten. Fehler können nach Reason auf den drei Ausführungsebenen von Rasmussen (1983) auftreten: auf der Gewohnheits- oder Fähigkeits-, der Regel- und der Wissensebene (siehe auch Abschnitt 2.2.1).

Fehler auf Gewohnheits- oder Fähigkeitsebene:
- Bei so genannten *Patzern bei doppelter Gefangennahme* ist man gedanklich mit zwei Dingen beschäftigt, die sich gegenseitig behindern. Dazu gehören zum Beispiel *Kontrollversäumnisse*, d. h. Fehler aufgrund unterlassener oder ungenauer Prüfung von Zwischenergebnissen. Dadurch werden Handlungen teilweise zu früh oder zu spät abgebrochen. Geldautomaten geben beispielsweise zuerst die Karte und dann das Geld aus, da die Handlung auf das Geld ausgerichtet und so die Gefahr des Handlungsabbruches nach der Geldausgabe besonders groß ist.
- Bei *Versäumnissen durch Unterbrechung* geht es um das Vergessen von bereits ausgeführter Aktionen, Zwischenergebnissen oder Zielen aufgrund unvorhergesehener Unterbrechungen (etwas fällt herunter, das Telefon klingelt). Diese Fehlerkategorie stellt eine sehr häufige Fehlerursache dar. Deshalb sollte jederzeit der Stand der Handlungen ersichtlich sein. Hilfreich dabei sind zum Beispiel eine History-Funktion oder Assistenten.
- Zu Fehlern durch *abgeschwächte Intentionalität* kommt es bei einer Verzögerung zwischen der Herausbildung der Absicht und dem Zeitpunkt der Ausführung (z. B. geht man mit einer bestimmten Absicht in einen Raum, weiß aber nicht mehr, was man dort tun wollte).
- Bei der so genannten *Wahrnehmungsverzerrung* werden physikalisch, funktional oder topologisch ähnliche Objekte verwechselt. Sie treten vor allem bei stark routinierten Handlungen auf.
- Bei *Interferenzfehlern* werden Aktionen oder ihre Parameter falsch kombiniert, da zwei aktive Pläne sich in die Quere kommen (z. B. Führen eines Telefonats und parallele Begrüßung von Gästen mit «Meier am Apparat»).

Bei diesen Fehlern handelt es sich durchweg um Fehler durch Unaufmerksamkeit. Hinzu kommen auf der Fähigkeitsebene noch Fehler durch Überaufmerksamkeit, d. h. Fehler durch eine bewusste Kontrolle, die aber zu einem falschen Zeitpunkt erfolgt (z. B. in Gedanken wurde eine Tätigkeit ausgeführt, danach wird die Aufmerksamkeit wieder auf diese Handlungskette gelenkt, die Aktion bewusst ausgeführt und damit fälschlicherweise wiederholt).

Fehler auf Regelebene:

- *Fehlanwendungen guter Regeln* liegen vor, wenn die Situation zwar einige Merkmale des Bedingungsteils der angewendeten Regel aufweist, sich gleichzeitig aber Merkmale finden, die eine andere Regel notwendig machen. Dies ist zum Beispiel der Fall, wenn der Akteur zum ersten Mal auf eine Ausnahme von einer Regel stößt. Auch bei Informationsüberlastung kann es zur Anwendung einer zwar im Allgemeinen erfolgreichen, aber in der speziellen Situation unpassenden Regel führen. Weiter werden stärkere Regeln, d. h. Regeln, die in der Vergangenheit häufiger erfolgreich angewendet wurden, auch bei weniger zutreffenden Bedingungen bevorzugt. Dies gilt auch, wenn die Umstände die Anwendung dieser Regel nicht mehr rechtfertigen.

- *Anwendung schlechter Regeln* können dann auftreten, wenn Merkmale einer Situation in dem Bedingungsteil einer Regel gar nicht oder nur unvollständig erfasst wurden. Ebenso handelt es sich um schlechte Regeln, wenn im Handlungsteil unbrauchbare oder wenig empfehlenswerte Aktionen repräsentiert sind. In diesem Fall sind Regeln falsch gelernt und im weiteren Verlauf nicht durch eine geeignete Regel ersetzt worden.

Fehler auf Wissensebene

- *Selektivität:* Die Aufmerksamkeit liegt nicht auf den Merkmalen, die für eine Problemlösung eine Rolle spielen.

- *Beschränkungen im Arbeitsgedächtnis (workspace):* Beim Problemlösen müssen Merkmale der Problemkonfiguration mit bestehenden mentalen Modellen in Verbindung gebracht werden. Die begrenzten Ressourcen für bewusste Informationen (siehe oben) setzen dem Prüfen verschiedener Modelle jedoch Grenzen.

- *Aus den Augen, aus dem Sinn:* Leicht zugängliche Informationen werden stärker berücksichtigt, als weniger gut verfügbare oder nicht sichtbare Informationen.

- *Der Hang zur Bestätigung und übermäßiges Vertrauen:* Wenn eine Situation oder ein Problem mehrere Deutungen zulässt, so wird in der Regel diejenige bevorzugt, die bestehende Hypothesen bestätigt. Auch werden widersprüchliche Anzeichen weniger beachtet und bestehende Pläne deshalb eher beibehalten.

- *Probleme mit Kausalität:* Kausalitätsfragen werden häufig vereinfacht. Ausgehend von Wiederholungen in der Vergangenheit werden mögliche Unregelmäßigkeiten in der Zukunft unterschätzt, d. h. ein in der Vergangenheit häufiger Ausgang eines Ereignisses führt zu einem Anstieg der wahrgenommenen Wahrscheinlichkeit dieses Ausgangs in der Zukunft. Andere mögliche Ausgänge werden zu wenig berücksichtigt.

- *Probleme mit Komplexität:* Komplexe Systeme, insbesondere bei verzögerter Rückmeldung über die Angemessenheit von Reaktionen, können schwer beherrscht werden. Probleme finden sich vor allem im Zusammenhang mit zeitlichen Verläufen von Prozessen, exponentiellen Entwicklungen und kausalen Netzen (vgl. Dörner, 1992).

Fehler auf der Fähigkeitsebene können durch eine entsprechende Systemgestaltung relativ leicht vermieden werden, indem Sicherheitsabfragen eingebaut, Handlungsreihenfolgen entsprechend gestaltet oder Hilfestellungen gegeben werden (History-Funktion, Reihenfolge der Geld- und Kartenausgabe beim Geldautomaten). Auf den andere Ebenen ist dies sehr viel schwieriger. Die Anwendung schlechter oder die Fehlanwendung guter Regeln kann nur schwer verhindert werden. Es ist nur möglich, die Aufmerksamkeit auf relevante Bedingungen zu lenken. Allerdings kann ein System das Erlernen von guten Regeln unterstützen, indem die notwendigen Bedingungen für die Ausführung einer Aktion und die notwendigen Aktionen zur Erreichung eines Ziels transparent gemacht werden. Auch auf Wissensebene kann nur eine Unterstützung gegeben werden, indem wichtige Informationen an den relevanten Stellen angezeigt werden und nicht im Gedächtnis behalten werden müssen. In der Evaluation können Probleme vor dem Hintergrund dieser Handlungsebenen und Fehlertypen interpretiert werden.

Viele Fehler treten bei der automatischen Ausführung von Handlungen auf, also bei Handlungen, auf die wenig Aufmerksamkeit gerichtet wird. An kritischen Stellen in der Interaktion kann es deshalb sinnvoll sein, die Aufmerksamkeit gezielt auf die Handlung zu lenken, um schwerere Fehler zu vermeiden. Dies kann zum Beispiel über Kontrolldialoge erfolgen.

Die Schnittstelle sollte ein konzentriertes Arbeiten unterstützen, damit das Auftreten von Fehlern gering gehalten wird. Dies kann aber nur in Verbindung mit einer geeigneten Gestaltung der Arbeitsaufgabe und des Arbeitsumfeldes optimal gewährleistet werden (siehe Abschnitt 2.2). Außerdem sollten Fehler leicht rückgängig gemacht werden können. Nach Möglichkeit sollte das System typische Fehler automatisch korrigieren oder die Korrektur unterstützen.

Es können aus den Gedächtnismodellen noch weitere Schlussfolgerungen für die Gestaltung des Systems gezogen werden:
Da bedeutungshaltige Information besser behalten wird, ist eine Gruppierung der Informationen nach ihrer Bedeutung sinnvoll. Dies erleichtert die Verknüpfung verschiedener Informationen. Hilfreich ist vor allem eine Gruppierung, wie sie in verwandten und dem Benutzer bekannten Bereichen vorkommt.

Weiter sollte der Umfang von Aspekten, die über eine kürzere Zeit behalten werden müssen, gering gehalten werden. Allerdings hat sich gezeigt, dass ein rigides Festhalten an den propagierten sieben Einheiten nicht immer zweckmäßig ist.

Hilfreich ist auch eine Gestaltung der Menüs hinsichtlich der Assoziativität zu relevanten Inhalten. Anhand der Menüeinträge muss der Nutzer erschließen können, welche Funktionalitäten sich dahinter verbergen, d. h. der Menüeintrag muss als sichtbare Information die Assoziation zu den relevanten Gedächtnisinhalten herstellen. Auch bei Kommandosprachen spielt die Assoziativität eine wichtige Rolle. So müssen die abstrakten Kommandos Rückschlüsse auf die Aktionen zulassen, die durch sie ausgelöst werden.

Es zeigt sich also, dass Behalten und Sich-Erinnern bei einer Vielzahl von Fehlern und Problemen eine Rolle spielen. Deshalb sollte bei der Evaluation ein wesentliches Augenmerk auf Probleme gerichtet werden, die mit dem Behalten und Sich-Erinnern, sowie der Gruppierung von Informationen in Verbindung stehen könnten.

2.1.5 Weitere kognitive Phänomene

Neben diesen Grundlagen der kognitiven Psychologie gibt es noch eine Reihe weiterer kognitiver Aspekte, die im Rahmen des Usability-Engineerings eine Rolle spielen. Darunter fällt das Phänomen, das häufig als *magisches Denken* bezeichnet wird. Die mentalen Modelle eines Menschen sind abhängig von seinen bisherigen Erfahrungen und seiner Vorbildung. Neue mentale Modelle werden so konstruiert, dass sie zu bereits Erlerntem passen, da die Änderung von bestehenden mentalen Modellen schwer fällt. Dadurch kann es bei Schwierigkeiten zu teilweise irrationalen Argumentationen kommen. Eng mit diesem Phänomen zusammen hängt die so genannte *kognitive Dissonanz*. Situationen oder Gedanken, die argumentativ nicht zueinander passen oder unerreichbar sind, werden als unangenehm empfunden. Solche Zustände werden im Allgemeinen vermieden oder abgebaut. Sollte an einer Situation nichts geändert werden können, so kann auch die eigene Begründung für die Situation angepasst werden. Musste man zum Beispiel gezwungenermaßen in ein ländliches Gebiet ziehen, obwohl man lieber in der Großstadt wohnt, so werden möglicherweise die große Ruhe und die Natur begeistert hervorgehoben, um die Situation erträglicher zu gestalten. Auf diese Weise kann auch erklärt werden, warum Menschen mit länger andauernden Situationen meist zufriedener sind.

Auch *Anpassungs- oder Gewöhnungsvorgänge* können in diesem Zusammenhang betrachtet werden. So gewöhnt sich der Nutzer bei längerer Benutzung eines

Systems sowohl an positive als auch an negative Aspekte. Somit ist sich der Nutzer sowohl der besonders positiven, als auch der besonders negativen Eigenschaften eines lange genutzten Systems nicht mehr bewusst. Dies führt dazu, dass neue Systeme häufig eher negativ beurteilt werden, da die Probleme bei der Bedienung ungewohnt und somit auffällig sind, während sie bei den alten nicht mehr auffallen. Selbst praktischere Bedienungsmuster können als schlechter beurteilt werden, wenn sie deutlich von der Gewohnheit abweichen. Eine bessere visuelle Gestaltung wird hingegen leichter erkannt und positiv bewertet (Preim, 1999).

Vor diesem Hintergrund muss die Einführung neuer Systeme betrachtet werden. Lange verwendete Systeme werden meist den neu eingeführten Systemen vorgezogen, unabhängig von den tatsächlichen Verbesserungen. Deshalb muss bei der Einführung sehr genau ermittelt werden, inwieweit Widerstände auf tatsächliche Schwächen des neuen Systems zurückzuführen sind bzw. inwieweit es sich um Widerstände aufgrund der beschriebenen Phänomene handelt. Verstärkt werden können diese Effekte zusätzlich durch firmenpolitische Aspekte. Daran wird deutlich, wie komplex die Aufgabe der Usability-Evaluation ist. Gerade bei Nutzertests reicht es deshalb nicht aus, nur die Beurteilung der Nutzer zu berücksichtigen. Vielmehr muss das tatsächliche Verhalten der Testpersonen interpretiert und mit ihrer Vorerfahrung in Verbindung gesetzt werden, um entsprechende Gewohnheiten einschätzen zu können.

Ein letzter wichtiger Bereich, der der kognitiven Psychologie zugeordnet werden kann und bei der Systemgestaltung eine Rolle spielt, sind *Metaphern*. Laut Brockhaus (1996) sind Metaphern übertragene, bildliche Ausdrücke. Mit ihnen werden somit durch Analogien oder Parallelitäten bestimmte Eigenschaften aus einem Bereich auf einen anderen übertragen. Metaphern werden in der alltäglichen Kommunikation ständig verwendet, zum Beispiel «*ein Thema von verschiedenen Seiten beleuchten*» oder «*es fließt Strom*». Sie «*nutzen die Vertrautheit eines Begriffs in einer Quelldomäne, um ein Konzept in einer unvertrauten und abstrakten Zieldomäne anschaulich zu machen*» (Preim, 1999, S. 165). Diese Übertragung von Vertrautem auf Abstraktes kann gerade bei interaktiven Systemen sehr hilfreich sein. Metaphern können den Lernaufwand bei der Systembenutzung verringern, wenn sie gezielt Erfahrungen des Benutzers aus der realen Welt aufgreifen. Je nach Einsatzfeld können das Aspekte aus dem Alltag, dem beruflichen Kontext oder Ähnlichem sein. Der enge Bezug gibt den Nutzern Aufschluss über die Funktionalität, da sie von den Funktionen des Elements in der realen Welt auf die Funktionalität im System schließen können, und hilft so dem Benutzer, ein mentales Modell zu entwickeln. Sie können auf diese Weise Funktionalitäten im System von sich aus finden und nutzen, ohne auf deren Existenz hingewiesen werden zu müssen. Dabei wird jedoch auch die Schwierigkeit bei der Entwicklung der Metaphern deutlich. Selten gibt es eine vollständige Übereinstimmung zwischen Funktionalitäten in der realen Welt und im System. Metaphern, bei denen zu starke Abweichungen existieren, können dementsprechend auch eher in die Irre führen als helfen. Deshalb müssen die Metaphern besonders sorgfältig ausgewählt und evaluiert werden (siehe z. B. Preim, 1999, Neale & Carroll, 1997).

Die wohl bekanntesten Beispiele für Metaphern bei Computersystemen sind die Desktop- und die Papierkorb-Metapher. Dabei werden auch Unterschiede in der Übereinstimmung mit der realen Welt deutlich: Der virtuelle Papierkorb entspricht relativ exakt dem Papierkorb in der realen Welt. Man kann Dokumente, Ordner usw. hineintun und bei Bedarf irgendwann wieder herausholen. Erst wenn man ihn leert, sind die Dinge darin endgültig verloren (beim Betriebssystem von Apple gab es allerdings lange Zeit eine Abweichung in der Form, dass auch Disketten o. ä. in den Papierkorb geworfen werden mussten, obwohl man sie nur aus dem Laufwerk herausholen wollte). Die Verbindungen zwischen einem realen Schreibtisch und dem Desktop im Computer sind schon etwas abstrakter. Es gibt keinerlei optische Ähnlichkeit, man hat zwar Ordner und Dokumente darauf liegen und es sieht bei verschiedenen Personen unterschiedlich aufgeräumt aus, trotzdem weicht die Nutzung deutlich von der eines echten Schreibtischs ab. So gibt es auf dem Computer-Desktop zum Beispiel keine Schreibgeräte oder Zettel, sondern man muss für das Schreiben erst so abstrakte Dinge wie Programme öffnen (und den Papierkorb hat in der realen Welt wohl auch keiner auf seinem Schreibtisch stehen). Auch kann man Dokumente auf dem virtuellen Desktop vergrößern und verkleinern, und die vorhandenen Ordner haben eine unbegrenzte Kapazität; beides nicht unbedingt Funktionen, die man bei der Übertragung vom normalen Schreibtisch erwarten würde. Trotz dieser Abweichung kommen die meisten Nutzer aber relativ gut mit dieser Übertragung zurecht.

Es gibt jedoch viele Beispiele, bei denen die Grenzen von Metaphern deutlich werden. So hilft zwar die Übertragung der Möglichkeiten der Schreibmaschine auf den Computer bei der ersten Nutzung zur Erstellung von Briefen, und deshalb ist die Tastatur nicht umsonst genauso aufgebaut, wie bei der Schreibmaschine, obwohl es bessere Anordnungen der Tasten geben würde. Gleichzeitig erhöht diese Analogie aber auch die Hürde zur Nutzung von darüber hinausgehenden Funktionalitäten. So kann man Schreibmaschinen nicht automatisch Inhaltsverzeichnisse erstellen lassen. Auch kann man bei ihnen keine Schriften auswählen oder Dokumente durchsuchen lassen. Andererseits kann man an der Schreibmaschine problemlos ein Formular ausfüllen. Versucht dies ein Benutzer nun am Computer, so sieht er sich vor erhebliche Probleme gestellt (Preim, 1999).

Bei der Entwicklung von Metaphern sollte von der beabsichtigten Funktionalität des Systems, die in der Anforderungsanalyse ermittelt wurden, ausgegangen werden. Auf dieser Basis können Gegenstände, Bedienelemente oder Ähnliches aus der realen Welt ausgewählt werden, die diese Funktionalitäten gut ausdrücken. Dabei kann es auch sinnvoll sein, potenzielle Benutzer bei ihrer Arbeit zu beobachten, um entsprechende Analogien zu finden. Eventuell werden dabei auch funktionale Erweiterungsmöglichkeiten für das System entdeckt, wenn das reale Element etwas ermöglicht, das im System bisher nicht vorgesehen war, aber hilfreich wäre (Preim, 1999).

Aufgrund der Schwierigkeit, geeignete Metaphern zu finden, sollte in der Evaluation von Systemen ein besonderes Augenmerk auf sie gelegt werden, um Probleme der Benutzer mit den Metaphern aufzudecken. Eine Möglichkeit dabei ist die Evaluierung mit unterschiedlichen Metaphern, um diese einander gegenüberzustellen.

Weiter Informationen zu Metaphern finden sich zum Beispiel bei Preim (1999), Erickson (1990), Preece et al. (1994), Lakoff und Johnson (1980) und Neale und Carroll (1997).

Die hier dargestellten Aspekte der kognitiven Psychologie sind natürlich bei weitem nicht vollständig. Es gibt noch eine ganze Reihe weiterer Themen, die für die Gestaltung und Evaluation von Mensch-Maschine-Schnittstellen eine Rolle spielen können, so zum Beispiel zum Problemlösen oder zum Sprachverstehen. Bei Systemen für Kinder müssen auch Aspekte der Entwicklung kognitiver Fähigkeiten berücksichtigt werden. Die dargestellten Aspekte reichen jedoch aus, um den Leser für wesentliche kognitive Phänomene zu sensibilisieren. Je nach Einsatzfeld des Systems müssen Teilgebiete vertieft betrachtet werden.

Nicht zuletzt weist menschliches Denken starke individuelle Unterschiede auf. Auch schwanken menschliche Fähigkeiten, beispielsweise durch Müdigkeit, Ängstlichkeit oder Motivation. Deshalb ist es schwierig, kognitive Aspekte für die Evaluation direkt nutzbar zu machen. Wie schon erwähnt müssen die Ergebnisse der Evaluation immer zu Faktoren wie der Vorerfahrungen, den Kenntnissen, aber auch zum sozialen Umfeld und zum betrieblichen Klima ins Verhältnis gesetzt werden.

2.2 Arbeitspsychologische Aspekte

Interaktive technische Systeme sind in der Arbeitswelt nicht unabhängig von der Arbeit selbst zu sehen. Die Arbeitsaufgabe und das Arbeitsumfeld prägen die Gestaltung des Systems, das System wiederum verändert die Arbeit und die Arbeitsaufgabe. Optimale Gebrauchstauglichkeit wird es nur dann geben, wenn technisches System und Arbeit gemeinsam gestaltet werden. Die Gestaltung von interaktiven Benutzungsschnittstellen steht somit im größeren Zusammenhang menschengerechter Arbeitsgestaltung.

Deshalb ist für das Usability-Engineering die Berücksichtigung arbeitspsychologischer Erkenntnisse und Methoden unabdingbar. In diesem Abschnitt sollen die zentralen Aspekte, die im Rahmen des Usability-Engineerings eine Rolle spielen, kurz dargestellt werden.

Entgegen häufiger Praxis reicht es nicht, arbeitsgestalterische Maßnahmen nach der Fertigstellung des Systems zu ergreifen. So schreibt Maaß (1993, S. 195), dass eine *«ganzheitliche, autonome Arbeit mit vielfältigen Anforderungen und Möglichkeiten zu sozialer Interaktion, Lernen und Weiterentwicklung [...] oft nachträglich nicht mehr zu schaffen [ist], wenn bei der Systementwicklung die technische Gestaltung zu sehr im Vordergrund gestanden hat. Deshalb wird empfohlen, möglichst zunächst die Verteilung von Arbeit auf verschiedene Personen(gruppen) zu planen, dann die Bereiche der Rechnerunterstützung festzulegen und erst auf dieser Grundlage die Gestaltung von Funktionalität und Handhabung eines Systems genauer vorzunehmen [...]. Das Vorgehen von außen nach innen bietet die Chance, bewußt (sic!) menschliche Handlungs-, Gestaltungs- und Entscheidungsspielräume zu erhalten bzw. zu gestalten».*

2.2.1 Handlungsregulationstheorie

Die wohl grundlegendste Theorie im Bereich der Arbeitspsychologie ist die Handlungsregulationstheorie. In ihr wird das Planen und Ausführen von Aktivitäten behandelt. Ihr Ziel ist es, die inneren unsichtbaren Prozesse, die die Handlungsausführung bestimmen, zu beschreiben und zu erklären.

Die Handlungsregulationstheorie basiert auf vier Grundannahmen:

1. *Menschliches Handeln ist bewusst und zielgerichtet.*
2. *Menschliches Handeln ist gegenständlich.*
3. *Menschliches Handeln ist in gesellschaftliche Zusammenhänge eingebunden.*
4. *Menschliches Handeln ist als Prozess zu verstehen.*

Nach der Handlungsregulationstheorie wird die Gesamthandlung in einzelne Einheiten untergliedert, innerhalb derer der Bezug zur Umwelt stabil und wiederholbar ist. So ergibt sich eine *hierarchisch-sequentielle Organisation des Handelns*, die auch in unvorhersehbaren Änderungen der Bedingungen noch funktioniert. Diese Untergliederung impliziert, dass auch ein Gesamtziel in Teilziele untergliedert wird. Das Gesamtziel ist stabil, die Teilziele können bei einer Änderung der Bedingungen angepasst werden.

Die Handlungsregulation erfolgt nach der Theorie in Zyklen, bestehend aus den Phasen *Zielbildung, Orientierung, Planung, Ausführung* und *Kontrolle* (Volpert, 1983).

Ferner werden drei Ebenen der Handlungsregulation unterschieden. Bei der *intellektuellen Regulation* (engl.: *knowledge*) handelt es sich um die höchste Ebene der Handlungsregulation. Es geht dabei um vorbereitendes, begleitendes und nachbereitendes Bedenken sowie um die Lenkung und Beherrschung von Prozessen auch bei neuen Anforderungen. Auf der Ebene der *perzeptiv-begriffliche Regulation* (engl.: *rules*) geht es um Handlungsentwürfe wie die Verarbeitung von informativen Signalen sowie um allgemeine Handlungsschemata. Die niedrigste Ebene der Handlungsregulation ist die Ebene der *sensumotorischen Regulation* (engl.: *skills*). Diese Ebene bezeichnet stereotype Handlungsformen wie zum Beispiel die Bewegungskoordination (Rasmussen, 1983; siehe auch Hacker, 1998).

Die Handlungsregulationstheorie bildet somit eine Grundlage für die Analyse und für die Gestaltung von Arbeitsaufgaben und Handlungsketten. Viele arbeitspsychologische Methoden, insbesondere viele Arbeitsanalyseverfahren, bauen auf den Annahmen dieser Theorie auf.

2.2.2 Bewertung von Arbeitstätigkeiten

Hacker und Richter (1980) haben ein differenziertes Modell für die Bewertung von Arbeitstätigkeiten aufgestellt. Es handelt sich um ein hierarchisches Modell mit folgenden Ebenen: *Ausführbarkeit, Schädigungslosigkeit, Beeinträchtigungsfreiheit* und *Persönlichkeitsförderlichkeit*. Bei der Ausführbarkeit geht es darum, dass die Tätigkeit zuverlässig, forderungsgerecht und langfristig ausgeführt werden kann. Die Schädigungslosigkeit bezieht sich auf die längere Ausführung der Tätigkeit, ohne dass Gesundheitsschäden zu erwarten sind. Bei der Beeinträchtigungsfreiheit geht es um Unter- oder Überforderungen, die die Befindlichkeit beeinträchtigen und dadurch zu einer Leistungsminderung führen können. *«Das Kriterium der Persönlichkeitsförderlichkeit geht davon aus, dass die Persönlichkeitsentwicklung des erwachsenen Menschen sich weitgehend in der Auseinandersetzung mit der Arbeitstätigkeit vollzieht.*» (Ulich, 2001, S. 145). Wichtig dabei sind vor allem die Arbeitsinhalte, die Anforderungen und soziale Aspekte der Tätigkeit. Inhaltliche Komplexität und vielfältige Anforderungen fördern die geistige Beweglichkeit, teilautonome Gruppenarbeit fördert die kognitive und soziale Kompetenz, Selbstkontrolle fördert das Selbstkonzept und die Leistungsmotivation (Ulich, 2001).

Die Ebenen von Hacker und Richter stellen einen sehr globalen Betrachtungsrahmen dar. Ein Betrachtungsrahmen, der sehr viel konkretere Hinweise auf eine erstrebenswerte Arbeitsgestaltung gibt und der sich deshalb auch gut für die Bewertung von Arbeitstätigkeiten eignet, findet sich bei Ulich (2001):

- *Ganzheitlichkeit:* Aufgaben sollten planende, ausführende und kontrollierende Elemente enthalten. Dadurch wird die Bedeutung bzw. der Stellenwert der Tätigkeit erkennbar. Der Mitarbeiter erhält aus der Tätigkeit eine Rückmeldung über den Arbeitsfortschritt.

- *Anforderungsvielfalt:* Die Aufgaben sollten unterschiedliche Anforderungen an Körperfunktionen und Sinnesorgane stellen. Dadurch werden der Einsatz unterschiedlicher Fähigkeiten, Kenntnisse und Fertigkeiten gefördert und einseitige Beanspruchungen vermieden.

- *Möglichkeiten der sozialen Interaktion:* Die Aufgaben sollten Kooperation nahe legen oder erfordern. So können zum Beispiel auftretende Schwierigkeiten gemeinsam bewältigt werden.

- *Autonomie:* Die Aufgaben sollten Entscheidungsmöglichkeiten bieten. Dadurch wird die Bereitschaft, Verantwortung zu übernehmen, und das Gefühl des Einflusses gestärkt.

- *Lern- und Entwicklungsmöglichkeiten:* Die Aufgaben sollten insofern problemhaltig sein, als dass vorhandene Qualifikationen eingesetzt und erweitert oder neue erlernt werden müssen. Dies fördert die geistige Flexibilität und die Qualifikation.

- *Zeitelastizität:* Die vorgegebenen Zeiten für die Bewältigung von Teilaufgaben sollten einen gewissen Spielraum enthalten. So entstehen Freiräume für stressfreies Nachdenken und selbstgewählte Interaktionen. Eine unangemessene Arbeitsverdichtung wird vermieden.

- *Sinnhaftigkeit:* Das herzustellende Produkt sollte gesellschaftlich sinnvoll und der Herstellungsprozess ökologisch unbedenklich sein. Dies führt zu einer Identifikation mit dem Produkt und schafft eine Übereinstimmung zwischen individuellen und gesellschaftlichen Interessen.

Rudolph, Schönfelder und Hacker (1987) haben auf der Grundlage der Handlungsregulationstheorie ein Verfahren zur Bewertung geistiger Arbeit entwickelt. Im Tätigkeitsbewertungssystem für geistige Arbeit (TBS-GA) werden verschiedene Faktoren unterschieden:

- *Organisatorische und technische Bedingungen, die die (Un-) Vollständigkeit von Tätigkeiten determinieren:* Vielfalt, Variabilität, Automatisierbarkeit, Durchschaubarkeit, Vorhersehbarkeit, Beeinflussbarkeit und körperliche Abwechslung.

- *Kooperations- und Kommunikationserfordernisse:* Umfang, Enge und Unterstützung der Kooperation, formelle und informelle Kommunikation, Kommunikation mit Kunden, Informationsaustausch.

- *Verantwortung:* Inhalt, Umfang, Kollektivität.

- *Erforderliche geistige Leistung:* Ausführung, Informationsaufnahme und -verarbeitung, Kurzzeitgedächtnis.

- *Qualifikations- und Lernerfordernisse:* Vorbildung, Qualifikationsmaßnahmen, weitere Lernerfordernisse.

Im Jahre 1995 wurde das System von Hacker, Fritsche, Richter und Iwanowa weiter verfeinert und in eine objektive und eine subjektive Variante unterteilt (Ulich, 2001).

Die Bewertung von Arbeitstätigkeiten spielt an zwei Stellen im Usability-Engineering eine Rolle. So können bestehende Arbeitstätigkeiten bewertet werden, um Verbesserungsmöglichkeiten in der Entwicklung zu berücksichtigen, es sollten aber auch die Arbeitstätigkeiten, die aus dem technischen System resultieren vor diesem Hintergrund bewertet werden.

2.2.3 Gestaltung von Arbeitstätigkeiten

Nach Leontjew (1979) muss zwischen Tätigkeiten, Handlungen und Operationen unterschieden werden. *Tätigkeiten* werden durch bestimmte Motive initiiert und bestehen aus ein oder mehreren Handlungen. *Handlungen* sind Prozesse, die bestimmten Zielen untergeordnet sind, und bestehen wiederum aus Operationen. *Operationen* schließlich sind unmittelbar abhängig von den Bedingungen zur Erlangung eines Zieles. Gleiche Handlungen können unterschiedlichen Tätigkeiten und somit unterschiedlichen Motiven zugeordnet sein. Dies muss bei der Analyse von Handlungen berücksichtigt werden. So spielt es nach Frieling und

Sonntag (1999) zum Beispiel eine Rolle, ob die Handlung «Fahrt von A nach B» zum Transport eines Arzneimittels, als Ausflug oder als Polizeieinsatz dient. Sie betonen auch, dass dieser Aspekt gerade bei der Untersuchung von Mensch-Maschine-Systemen zu wenig berücksichtigt wird.

Den Ebenen bei Leontjew können nach Rauterberg (1995) verschiedene Dimensionen des Tätigkeitsspielraumes von Ulich (1984, 1988) zugeordnet werden. Der *Handlungsspielraum* beschreibt die verschiedenen Möglichkeiten eine Operation auszuführen (Verfahrenswahl, Mitteleinsatz, zeitliche Organisation) und bestimmt somit das Ausmaß an Flexibilität. Der *Gestaltungsspielraum* bezeichnet die Möglichkeit, das Vorgehen nach eigenen Zielsetzungen zu gestalten. Damit beschreibt der Gestaltungsspielraum die Variabilität von Teiltätigkeiten und Teilhandlungen. Beim *Entscheidungsspielraum* schließlich geht es um die Entscheidungskompetenzen zur Festlegung oder Abgrenzung von Tätigkeiten; er beschreibt damit die Autonomie (Ulich, 2001).

Einfach ausgedrückt ergibt sich daraus für die Arbeitsgestaltung, dass die handelnde Person den größtmöglichen Einfluss auf ihre Arbeit haben sollte.

Häufig verläuft Arbeitsgestaltung als nachträglicher Anpassungsprozess, d. h. eine bestimmte Änderung wird eingeführt und dann Stück für Stück weiterentwickelt. Dies nennt man *korrektive Arbeitsgestaltung* und ist auch heute noch bei der Einführung von Software zu beobachten. Letztendlich bedeutet dies jedoch, dass ergonomische und psychologische, aber auch sicherheitstechnische oder rechtliche Anforderungen in der Entwicklung nicht ausreichend berücksichtigt wurden. Auch ist diese nachträgliche Anpassung immer mit erhöhten Kosten verbunden. Dies wird bei *präventiver Arbeitsgestaltung* vermieden, indem arbeitswissenschaftliche Konzepte schon bei der Entwicklung berücksichtigt werden. Bei einer Gestaltung nach Kriterien der Persönlichkeitsförderlichkeit spricht man jedoch von *prospektiver Arbeitsgestaltung*. Hier werden also nicht nur Beeinträchtigungen vermieden, sondern Entwicklungsmöglichkeiten, beispielsweise über Handlungs- und Gestaltungsspielräume, geschaffen. Dazu können zum Beispiel adaptierbare Benutzungsschnittstellen oder das Angebot verschiedener Dialogformen beitragen (Ulich, 2001).

Gerade bei der Mensch-Maschine-Interaktion muss das Arbeitssystem, als *soziotechnisches System* betrachtet werden. Das *technische Teilsystem* beschreibt die Betriebsmittel, die technologischen und die räumlichen Bedingungen, während das *soziale Teilsystem* die Organisationsmitglieder, die individuellen Bedürfnisse und Qualifikationen sowie gruppenspezifische Bedürfnisse umfasst. Unterschieden werden kann zwischen *Primäraufgaben*, für die das System geschaffen wurde, und *Sekundäraufgaben*. Sie dienen der Regulation und der Systemerhaltung (Wartung,

Schulung, Koordination usw.). Gerade bei hohem Technikeinsatz gewinnen bei der Gestaltung die Sekundäraufgaben an Bedeutung, d. h. eine bloße Betrachtung der reinen Arbeitsaufgaben reicht nicht aus. Der soziotechnische Systemansatz verlangt eine gleichzeitige Optimierung beider Teilsysteme. Weitere wichtige Aspekte des Ansatzes sind die Schaffung relativ unabhängiger Organisationseinheiten, um auf Schwankungen und Störungen schnell reagieren zu können, Aufgabenzusammenhänge innerhalb der Einheit, um die Gesamtaufgabe zu verdeutlichen und Kommunikation und gegenseitige Unterstützung zu fördern, sowie die Einheit von Produkt und Organisation, d. h. das Arbeitsergebnis muss qualitativ und quantitativ der jeweiligen Einheit zugeordnet werden können, um eine Identifizierung mit dem «eigenen» Produkt zu ermöglichen (Ulich, 2001).

Bereits im Abschnitt über die Bewertung von Arbeitstätigkeiten wurden die Kriterien der Aufgabengestaltung von Ulich dargestellt: Ganzheitlichkeit, Anforderungsvielfalt, Möglichkeiten der sozialen Interaktion, Autonomie, Lern- und Entwicklungsmöglichkeiten, Zeitelastizität und Sinnhaftigkeit. Sie sind aus verschiedenen Ansätzen zur Förderung der Aufgabenorientierung und der intrinsische Motivation zusammengestellt.

Das Merkmal der Ganzheitlichkeit bildet bei der Aufgabengestaltung sicherlich das zentrale übergeordnete Merkmal, dem sich die anderen Merkmale unterordnen. Nur die Sinnhaftigkeit ist unabhängig davon und kann bei normalen Arbeitsgestaltungsprojekten kaum beeinflusst werden. Die Ganzheitlichkeit spiegelt sich in den beiden Gestaltungsansätzen der *horizontalen Aufgabenerweiterung* (jobenlargement) und der *vertikalen Aufgabenerweiterung* (job-enrichement) wider. Erst durch die vertikale Aufgabenerweiterung werden jedoch regulatorische und ausführende Tätigkeiten zusammengefasst; sie trägt somit zur persönlichkeitsförderlichen Arbeitsgestaltung bei. Ganzheitlichkeit kann dann als erreicht angesehen werden, wenn es sich um eine so genannte vollständige Aufgabe handelt (Hellpach, 1922, zit. nach Ulich, 2001). Sie umfasst das selbstständige Setzen von Zielen, die selbstständige Handlungsvorbereitung (Planung), die Auswahl der Mittel und Interaktionen für die Zielerreichung, die Ausführung mit Feedback und Handlungskorrektur sowie die Kontrolle mit Überprüfung der Zielerreichung (vgl. Abschnitt 2.2.1).

Am Konzept der Ganzheitlichkeit zeigt sich besonders deutlich, dass die Entwicklung eines technischen Systems unabhängig von Arbeitsgestaltungsmaßnahmen kein optimales Ergebnis erzielen kann (mit Ausnahme des sicherlich seltenen Falles, dass ganzheitliche Aufgaben vorliegen, die durch das neue System nicht grundsätzlich verändert werden). Trotzdem kann der Software-Entwickler einen eigenen Beitrag zur Entwicklung von vollständigen Aufgaben liefern. So bedeutet die Möglichkeit der Wahl der Mittel zur Zielerreichung für die Gestaltung der Mensch-Maschine-Interaktion, dass alternative Wege zur Erledigung einer Aufgabe vorgesehen werden müssen. Bei der Gestaltung der Benutzeroberfläche darf also nicht nur der Weg, den der Entwickler selber bevorzugt, verfolgt, sondern es müssen Alternativen geschaffen werden, die alle geeignet und zweckmäßig sind, um das jeweilige Ziel zu erreichen. Dies ist gerade auch vor dem Hintergrund interindividueller Unterschiede bedeutsam (Ulich, 2001). Auch ausreichend Feedback und Möglichkeiten zur Handlungskorrektur kann der Entwickler unabhängig von weiteren Maßnahmen umsetzen. Allerdings muss dabei die Passung zur gesamten Arbeitstätigkeit, zu Kooperationserfordernissen sowie zu Bedingungen des Arbeitsumfeldes (wie z. B. Lärm oder Ablenkungen) sichergestellt werden. Die Integration von Zielsetzung und Planung sowie die Überprüfung der Zielerreichung erfordern hingegen eine ganzheitliche Gestaltung der Arbeitsaufgaben über das technische System hinaus.

2.2.4 Konzepte für den Einsatz neuer Technologien

Moderne Informations- und Kommunikationstechnologien bieten im Gegensatz zu vielen anderen Technologien flexible Möglichkeiten der Arbeitsgestaltung. Es ist sowohl eine Zentralisierung als auch eine Dezentralisierung möglich, Arbeit kann stark unterteilt aber auch integriert werden (Ulich, 2001). Dementsprechend bieten sie sowohl Chancen als auch Gefahren für eine persönlichkeitsförderliche Arbeitsgestaltung. Deutlich wird dadurch jedoch, wie wichtig eine ganzheitliche Betrachtung des soziotechnischen Systems bei der Entwicklung entsprechender Software ist.

Dies ist das Ziel des arbeitsorientierten Gestaltungskonzeptes, das dem technikorientierten Ansatz gegenübergestellt werden kann. In **Tabelle 1** werden die beiden Konzepte am Beispiel der industriellen Produktion dargestellt, sie können aber gleichermaßen bei der Gestaltung von Systemen in anderen beruflichen Anwendungsfeldern verwendet werden.

Als grundlegender Bestandteil der Gestaltung kann die Funktionsteilung zwischen Mensch und Maschine angesehen werden. Sie entscheidet darüber, ob die bisher beschriebenen Kriterien der Arbeitsgestaltung zum Tragen kommen oder nicht. Erste Ansätze dazu finden sich bereits in den 1950er Jahren in den so genannten MABA-MABA-Listen («Men are better at ... – machines are better at ...») von Fitts (1951). Bei Grote (1994) findet sich eine Heuristik für die partizipative Entwicklung und Bewertung von entsprechenden Gestaltungsoptionen. Bei diesem Vorgehen werden die Funktionen schrittweise mit Nutzern erfasst und aufgelistet

Tabelle 1: Vergleich unterschiedlicher Konzepte für die Gestaltung rechnergestützter Arbeitstätigkeiten (nach Ulich, 2001).

	technikorientierte Gestaltung	arbeitsorientierte Gestaltung
Mensch-Maschine-Funktionsteilung	Operateure übernehmen nicht automatisierte Resttätigkeiten	Operateure übernehmen ganzheitliche Aufgaben
Allokation der Kontrolle im Mensch-Maschine-System	zentrale Kontrolle; Aufgabenausführung durch Rechnervorgaben festgelegt; Keine Handlungs- und Gestaltungsspielräume	lokale Kontrolle; Aufgabenausführung nach Vorgaben der Operateure innerhalb definierter Spielräume
Allokation der Steuerung	zentralisierte Steuerung durch vorgelagerte Bereiche	dezentralisierte Steuerung im Fertigungsbereich
Informationszugang	uneingeschränkter Zugang über Systemzustände nur auf der Steuerungsebene	Information über Systemzustände vor Ort jederzeit abrufbar
Zuordnung von Regulation und Verantwortung	Regulation der Arbeit durch Spezialisten (Programmierer, Einrichter)	Regulation der Arbeit durch Operateure mit ganzheitlicher Verantwortung

sowie nach diversen Kategorien klassifiziert, verteilt und die Verteilung schließlich diskutiert. Neben einer festgelegten Mensch-Maschine-Funktionsteilung ist aber auch eine dynamische Funktionsteilung denkbar.

2.2.5 Gestaltung von Mensch-Rechner-Dialogen

Die beschriebenen Aspekte lassen sich nun auf die benutzerorientierte Dialoggestaltung übertragen (siehe **Abb. 5** auf S. 72).

Es zeigt sich dabei, dass es sich bei den Themen der Arbeitspsychologie und insbesondere der Arbeitsgestaltung nicht nur um lose Anknüpfungspunkte zum Usability-Engineering handelt, sondern dass die Arbeitsgestaltung die Systemgestaltung ganz wesentlich mitbestimmt. Ulich (2001) spricht auch von Software-Entwicklung als Aufgabengestaltung. Dies spiegelt auch wider, dass die Softwaregestaltung sich nicht nur auf die Bildschirmoberfläche beschränken darf, wie es in der Software-Ergonomie lange verfolgt wurde.

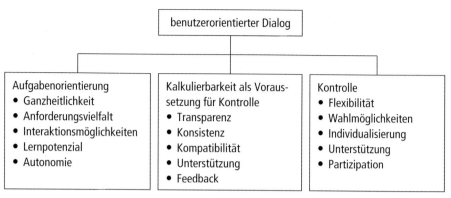

Abbildung 5: Merkmale benutzerorientierter Dialoggestaltung (aus: Ulich, 2001).

Ulich schreibt weiter, dass die in den Normen angeführte, aber nur vage beschriebene, Aufgabenangemessenheit nicht unbedingt die Humankriterien erfüllen muss. Er spricht sich dementsprechend für eine präzisere Auffassung aus, nach der eine adäquate Unterstützung nur gegeben ist, wenn die arbeitspsychologischen Kriterien der Aufgabengestaltung erfüllt werden.

2.2.6 Qualifizierung

Persönlichkeitsförderliche Arbeitsgestaltung ist untrennbar mit Maßnahmen vorauslaufender oder begleitender Qualifizierung verbunden. Untersuchungen zeigen, dass intellektuelle Prozesse wie Vorrausschauen, Planen und Organisieren maßgeblich die Arbeitsleistung beeinflussen (siehe z. B. Illing, 1960; Quaas, 1965). Demnach ist Qualifizierung nicht nur aus psychologischer, sondern auch aus betriebswirtschaftlicher Perspektive ein notwendiges Thema.

Bisherige Untersuchungen sprechen vor allem für eine Qualifizierung durch Vermittlung kognitiver Regulationsgrundlagen (siehe dazu z. B. Ulich, 2001; Hacker, 1992). Qualifizierung kann aber auch durch Arbeitsgestaltung erfolgen. Gerade die Entwicklung von Kompetenzen und Erfahrungen ist nur bei arbeitsimmanenter Qualifizierung möglich (siehe z. B. Frei, Duell & Baitsch, 1984; Baitsch, 1985). Diese Möglichkeiten müssen aber bei der Gestaltung der Arbeit explizit berücksichtigt werden, damit genügend Spielraum zur Verfügung steht.

Grundlage jeder gezielten Personalentwicklungsmaßnahme, und damit auch der Qualifizierung, sind die *Bedarfsanalysen*. So werden in Aufgabenanalysen die Anforderungen an die Mitarbeiter, in Personalanalysen die bestehenden Qualifikationen und Entwicklungspotenziale und in Organisationsanalysen die Organisationsziele und zukünftigen Entwicklungen und daraus resultierende Anforderungen an die Qualifikation ermittelt. Gerade für die Aufgabenanalysen können wieder Arbeitsanalyseverfahren eingesetzt werden. Weiter kommen Leistungsbeurteilungen (Erfassung von Eigenschaften, Fähigkeiten, Kenntnisse, Verhalten und Ergebnis), Personalauswahlverfahren, Potenzialanalysen (z. B. biografische Verfahren, Arbeitsproben, Simulation oder Erfassung psychologischer Konstrukte) und Zukunftsprognosen (Zukunftsszenarien, Delphi-Methode, Open Space-Veranstaltungen, Personaldiagnostik usw.) zum Einsatz (Rosenstiel, 2003; Schuler, 2001).

Man unterscheidet grundsätzlich in Personalentwicklungsmaßnahmen «*on the job*», also während oder bei der Arbeit, «*off the job*», also außerhalb des Betriebs, und «*near the job*». Zu den Maßnahmen «on the job» gehören zum Beispiel Qualitätszirkel, Projektgruppen oder Mitarbeitergespräche; «off the job» finden herkömmliche Trainings und Weiterbildungsmaßnahmen statt. «Near the job»-Maßnahmen finden zwar im Betrieb statt, jedoch abseits des normalen Arbeitsplatzes (Neuberger, 1991; Rosenstiel, 2003).

Ein häufiges Problem bei Qualifizierungsmaßnahmen ist der Transfer in die Praxis. Gerade bei «off the job»-Maßnahmen besteht häufig das Problem, dass die Inhalte zwar verstanden und während des Trainings auch angewandt oder reproduziert werden können, zurück in der normalen Arbeitsumgebung verschwindet das Gelernte aber häufig in der Versenkung. Abgeschwächt werden kann dieses Phänomen zum Beispiel durch praxisnahe Fallbeispiele, durch eine Umsetzungsbegleitung oder durch Nachschulungen. Bei «on the job»-Maßnahmen ist dieses Problem deutlich geringer (Holling & Liepmann, 2004; Rosenstiel, 2003).

Im Rahmen der Technikentwicklung und -einführung können Maßnahmen aus allen drei Kategorien hilfreich eingesetzt werden. So kann durch den Einbezug in die Gestaltung bereits frühzeitig eine Qualifizierung erreicht werden. Dies kann durch Mitarbeitergespräche, Projektgruppen und Workshops erfolgen und wäre dementsprechend «on the job» oder «near the job» durchzuführen. Die klassischen Software-Schulungen im Rahmen der Einführung wären dann Maßnahmen, die auch «off the job» durchgeführt werden können. Allerdings muss im Anschluss entsprechender Freiraum geschaffen werden, um das Gelernte zu vertiefen oder zu üben. So werden auch hier «on the job»-Maßnahmen zum Tragen kommen.

2.2.7 Wirkung von Arbeit

Die Arbeit hat als einer der das Leben und die sozialen Kontakte bestimmenden Aspekte natürlich Auswirkungen auf die Persönlichkeitsentwicklung. Dabei spielen der Inhalt der Arbeit, die resultierenden Anforderungen, aber auch die gesellschaftliche Bewertung eine Rolle. Wichtige Stichworte sind Aktivität und Kompetenz, Zeitstrukturierung, Kooperation und Kontakt, soziale Anerkennung und persönliche Identität (Ulich, 2001). Dieser Aspekt zeigt deutlich die Bedeutung und Auswirkung der Arbeitsgestaltung.

Neben einer positiven Wirkung der Arbeit gibt es auch belastende und beanspruchende Aspekte.

Belastungen sind nach Rohmert und Rutenfranz (1975) objektive Größen und Faktoren, die von außen auf den Menschen einwirken, während *Beanspruchungen* deren Wirkungen im und auf den Menschen beschreiben. Die Beziehungen zwischen den beiden Aspekten werden durch Vermittlungs- und Rückkopplungsprozesse beeinflusst. Beanspruchungen können untergliedert werden in physiologische, psychische und verhaltensmäßige Beanspruchungen. Kurzfristige Reaktionen sind zum Beispiel Blutdruck- oder Adrenalinsteigerung, Anspannung, Frustration, Leistungsschwankungen, Fehler, Konflikte oder Streit. Mittel- bis langfristig kann es zu psychosomatischen Beschwerden oder Erkrankungen, zu Unzufriedenheit oder Resignation, aber auch zu Alkohol- oder Tablettenkonsum und Fehlzeiten kommen (Kaufmann, Pornschlegel & Udris, 1982). Reaktionen auf Belastungen sind jedoch interindividuell unterschiedlich.

Ermüdung ist eine reversible Minderung der Leistungsfähigkeit eines Teils oder des ganzen Organismus aufgrund einer Tätigkeit. Damit verlangt Ermüdung Möglichkeiten der Erholung. Neben einer konkreten Einplanung von regelmäßigen Pausen (wobei häufigere kurze Pausen effektiver sind als wenige lange), können auch über die Gestaltung der Arbeit Erholungsphasen geschaffen werden, indem Tätigkeiten, die mehr oder weniger ermüden entsprechend gemischt werden (Ulich, 2001).

Monotonie tritt besonders durch eine starke Arbeitsteilung auf. Dies ist zurückzuführen auf reizarme Situationen mit längeren, sich wiederholenden und gleichartigen Tätigkeiten. Abhilfe können motorische oder erlebnismäßige Nebentätigkeiten schaffen (Ulich, 2001; Bartenwerfer, 1957). Monotonie kann leicht zu Ermüdungserscheinungen führen.

Ein zentrales Thema ist auch *Stress* bei der Arbeit. Es gibt eine Vielzahl von Stresskonzepten, die nur teilweise übereinstimmen. So werden teilweise nur negative

Beanspruchungen und Beanspruchungsfolgen als Stress bezeichnet (siehe z. B. Udris & Frese, 1988). Andere Konzepte beziehen auch Stress durch Herausforderungen mit ein (siehe z. B. Lazarus & Launier, 1981).

Im transaktionalen Stressmodell (Lazarus & Launier, 1981) wird Stress als Prozess gesehen. Den Ausgangspunkt von Stress bilden personale oder situative Stressoren bzw. Belastungen (z. B. Zeitdruck, arbeitsorganisatorische Probleme). Diese werden individuell bewertet. So können sie beispielsweise sowohl als Herausforderung als auch als Bedrohung wahrgenommen werden. Abhängig von den jeweiligen Bewältigungsstrategien (Coping) wird mit den Stressoren unterschiedlich umgegangen, und es kommt schließlich zu Stressfolgen. Dabei kann es sich um somatische oder kognitiv-emotionale Folgen sowie um Folgen auf der Verhaltensebene handeln (z. B. Depressivität, Alkoholkonsum, Fehler und Unfälle). Der Umgang mit Stress ist neben den Bewältigungsstrategien auch abhängig von individuellen oder situativen Ressourcen (z. B. Handlungsspielraum, soziale Unterstützung, Kompetenzen), die sich auf alle Elemente des Prozesses auswirken können. Damit entsteht Stress im Spannungsfeld von Anforderungen und Möglichkeiten der Situation sowie somatischen, kognitiven, emotionalen und motivationalen Handlungsvoraussetzungen der Person (Bamberg, Busch & Ducki, 2003).

Auch diese Auswirkungen der Arbeit müssen bei der Gestaltung neuer Technologien sowie der daraus resultierenden Arbeit, aber auch bei Einführungsprozessen beachtet werden.

Realistischerweise ist der Einfluss auf viele Stressoren bzw. Belastungen im Rahmen der Technikgestaltung nicht allzu hoch. So wird kaum Spielraum bestehen, den Zeitdruck gering zu halten, da die Einführung neuer Technologien nicht selten Rationalisierung und Produktivitätssteigerung zum Ziel hat. Trotzdem kann gerade eine sorgfältige Gestaltung der Arbeitsprozesse im Rahmen der Techniknutzung zu einer Reduzierung von stressauslösenden Situationen führen. Deutliche Einflussmöglichkeiten bestehen im Rahmen der Ressourcen. So können Handlungsspielräume geschaffen oder erhalten und durch Raum für Interaktionen zwischen Mitarbeitern die Möglichkeiten der sozialen Unterstützung erhöht werden (siehe z. B. Abschnitt 5.4.4). Im Rahmen der Einführung können durch geeignete Schulungsmaßnahmen außerdem die Kompetenzen der Mitarbeiter erhöht und damit ein besserer Umgang mit fordernden Situationen ermöglicht werden.

In diesem Rahmen bildet auch der Einbezug der Mitarbeiter bei Arbeits- und Systemgestaltung sowie bei der Einführung neuer Technologien eine wichtige Grundlage.

2.2.8 Arbeitsanalyse

Bisher wurden im Wesentlichen gestaltungsrelevante arbeitspsychologische Themen angesprochen. Bevor jedoch ein neues System entworfen und die betroffene Arbeit neu gestaltet werden kann, muss der Ist-Stand erfasst und beurteilt und ein anzustrebender Soll-Zustand entwickelt werden. Zur Erfassung des Ist-Standes können so genannte Arbeitsanalyseverfahren hilfreich sein.

Im Folgenden sollen zwei Analyseverfahren vorgestellt werden, die eine besondere Ausrichtung auf den Einsatz bzw. die Gestaltung von technischen Systemen beinhalten: die kontrastive Aufgabenanalyse (KABA) für den Bereich Büro und Verwaltung sowie die komplementäre Analyse und Gestaltung von Produktionsaufgaben in soziotechnischen Systemen (KOMPASS) für den Produktionsbereich. Es gibt jedoch weitere Verfahren, die im Rahmen des Usability-Engineerings genutzt werden können. Ein detaillierter Überblick über Arbeitsanalyseverfahren findet sich zum Beispiel im *Handbuch psychologischer Arbeitsanalyseverfahren* von Dunckel (1999 a).

Kontrastive Aufgabenanalyse (KABA)

Im Gegensatz zu den meisten anderen Arbeitsanalyseverfahren ist die Kontrastive Aufgabenanalyse nicht für die Produktion, sondern speziell für die arbeitspsychologische Analyse, Bewertung und Gestaltung von Arbeitsaufgaben im Bereich Büro und Verwaltung entwickelt worden. Die Analyse und Bewertung erfolgt anhand von neun Humankriterien. Insbesondere wird auch der Einsatz von Informations- und Kommunikationstechnologien berücksichtigt.

Das Verfahren richtet sich unter anderem auch an Softwaregestalter. Sie sollen mithilfe des Verfahrens bestehende und geplante Arbeitsaufgaben nach Humankriterien beurteilen und Gestaltungshinweise formulieren können. Die Kontrastive Aufgabenanalyse soll also bei der Entscheidung über die Aufgabenteilung zwischen Informations- und Kommunikationstechnologien und Menschen unterstützen. Es stellt sich damit die Frage, welche Aufgaben durch Technologien übernommen werden, welche technologieunterstützt erfolgen und welche weiterhin komplett vom Menschen bearbeitet werden sollten. Das Ziel ist die Nutzung und Unterstützung der menschlichen Stärken. Es geht also um Analyse und Gestaltung von Arbeitsorganisation und um Fragen der Technikfolgeabschätzung. Außerdem werden Fragen des Gesundheitsschutzes berücksichtigt (Dunckel, 1999 b; Ulich, 2001).

Der organisatorische Rahmen wird über Expertengespräche mit unterschiedlichen Betriebsangehörigen (Vorgesetzte, Interessenvertreter, Organisatoren u. a.) erhoben und durch eine Dokumentenanalyse ergänzt (EDV-Sollkonzepte, Organigramme, Datenflussdiagramme, Stellenbeschreibungen usw). Danach werden die Arbeitsaufgaben an allen typischen Arbeitsplätzen einer organisatorischen Einheit über bedingungsbezogene Beobachtungsinterviews analysiert. Die Beobachtung erfolgt nicht ganztägig, sondern wird immer wieder unterbrochen, um die Notizen zu sichten und die Arbeitsaufgaben abzugrenzen. Im nächsten Analyseabschnitt können diese Zusammenfassungen dann besprochen und offene Fragen geklärt werden.

Die Analyse wird nicht offen geführt, sondern für jeden Analyseabschnitt gibt der KABA-Leitfaden entsprechende Arbeitsblätter vor (Dunckel, 1999b).

Komplementäre Analyse und Gestaltung von Produktionsaufgaben in soziotechnischen Systemen (KOMPASS)

Grote et al. (1999) vertreten den Standpunkt, dass die Flexibilität, die von heutigen Produktionsbetrieben gefordert wird, nur über qualifizierte und motivierte Mitarbeiter erreicht werden kann. Weiter sehen sie die Mensch-Maschine-Funktionsteilung neben den aufbau- und ablauforganisatorischen Bedingungen als einen grundlegenden Faktor, der die Aufgaben und darüber die Motivation beeinflusst.

Die KOMPASS-Methode soll eine systematische Entscheidungsgrundlage für diese Mensch-Maschine-Funktionsteilung liefern, um Arbeitsaufgaben zu schaffen, die die Qualifikationen der Menschen nutzen und sie über eine herausfordernde Arbeitstätigkeit motivieren. Gleichzeitig sollen aber auch die Vorzüge maschinel-ler Bearbeitungsprozesse berücksichtigt und genutzt werden. Außerdem soll die Methode dafür sorgen, dass der Mensch von der Maschine auch die Informationen bekommt, die er zur Bewältigung der Arbeitsaufgabe und zur Beherrschung und Überwachung der Technik benötigt. Auf diese Weise soll auch ein effizienterer und sicherer Produktionsprozess entstehen (Grote et al., 1999; Ulich, 2001).

Zielgruppe der Methode sind Praktiker aus der Industrie, Arbeitswissenschaftler und Berater, denen eine arbeitspsychologische Unterstützung bei der Neukonzeption oder Modifikation automatisierter Produktionsanlagen gegeben werden soll. Dabei beinhaltet die Methode auch die Integration der Mitarbeiter in den Gestaltungsprozess.

In der Methode werden drei Analyse- und Gestaltungsebenen unterschieden: Mensch-Maschine-System, individuelle Arbeitstätigkeit und soziotechnisches System.

Beim *Mensch-Maschine-System* geht es um die Interaktion zwischen dem Menschen und einem oder mehreren technischen Systemen. Die Analyse und Bewertung erfolgt anhand von Kriterien wie Prozesstransparenz, Wahlmöglichkeiten

(Zeit, Ort, Vorgehen), Entscheidungsgewalt und Veränderbarkeit der Funktionsteilung.

Bei der *individuellen Arbeitstätigkeit* geht es um alle vom betrachteten Menschen zu erledigenden Aufgaben unabhängig davon, ob sie eine Interaktion mit technischen Systemen erfordern. Die Bewertung erfolgt weitgehend anhand der oben beschriebenen Kriterien für die Arbeitsgestaltung, wie zum Beispiel Ganzheitlichkeit, Lern- und Entwicklungsmöglichkeiten oder Anforderungsvielfalt.

Beim *soziotechnischen System* geht es schließlich um die Betrachtung organisatorischer Einheiten, die mehrere Menschen und meistens auch ein oder mehrere Mensch-Maschine-Systeme umfassen. Dabei spielen Kriterien wie die Vollständigkeit von Aufgabe und Arbeitssystem, die Unabhängigkeit des Arbeitssystems, die Regulationsmöglichkeiten oder die Autonomie eine Rolle (Grote et al., 1999).

Die Methode besteht aus einem Leitfaden für die Analyse und Bewertung bestehender Systeme und einer zweiteiligen Gestaltungsheuristik zur Diskussion und Festlegung der Designphilosophie sowie zur Um- und Neugestaltung von Systemen. Diese drei Teile können in verschiedenen Kombinationen verwendet werden. So reicht für kleinere Korrekturen der Einsatz des Leitfadens. Bei größeren Umgestaltungen oder Neuentwicklungen müssen hingegen alle drei Teile eingesetzt werden. Wenn zu Beginn eines Automatisierungsvorhabens kein konkretes Arbeitssystem vorhanden ist, dessen Analyse für die Gestaltung Informationen liefern könnte, werden nur die beiden Heuristik-Teile eingesetzt.

Das *Leitfaden-Modul* setzt sich aus halbstrukturierten Interviews mit Vorgesetzten und Beobachtungsinterviews mit Operateuren der Systeme zusammen. Für die Beobachtungsinterviews gibt es vorgegebene Bögen mit den möglichen Standardfunktionen, die dann im Interview verfeinert und angepasst werden können.

Bei den beiden *Gestaltungsmodulen* geht es nicht darum, konkrete Gestaltungsregeln oder standardisierte Handlungsanweisungen vorzugeben, sondern um die Förderung der Kreativität der Beteiligten und eine Erweiterung der Perspektive auf arbeitspsychologische Konzepte. Die Problemlösung und Entscheidungsfindung erfolgt in Gruppen aus Vertretern betroffener Unternehmensbereiche (z. B. Konstruktion, Produktionsplanung, Arbeitsvorbereitung, Fertigung) und unterschiedlicher Hierarchieebenen (Grote et al., 1999).

Auch wenn es durchaus sinnvoll erscheint, Arbeitsanalyseverfahren in den Entwicklungsprozess zu integrieren, wird dies in der Praxis wegen des hohen zeitlichen Aufwandes nicht immer realisierbar bzw. finanzierbar sein. Man kann jedoch das Vorgehen bei den Arbeitsanalyseverfahren verallgemeinern und in überarbeiteter Form zur Grundlage der Analysephase machen. Folgende wesentliche Schritte lassen sich dabei identifizieren:

- Erhebung des Ist-Zustandes
- Analyse der Schwachstellen und Probleme
- Erhebung der subjektiven Einschätzungen der Mitarbeiter
- Betrachtung der Umgebungseinflüsse und
- Ableitung von Gestaltungsvorschlägen.

Außerdem sind einige Methoden, die in vielen Arbeitsanalyseverfahren genutzt werden, auch ohne das gesamte Verfahren hilfreich und nutzbar. Abhängig vom jeweiligen Einsatzfeld des zu entwickelnden Sytsems können demnach die Verfahren gesichtet und in den entsprechenden Teilen für das Projekt nutzbar gemacht werden.

3 Usability-Engineering

Eine optimale Gebrauchstauglichkeit kann nur dann gewährleistet werden, wenn entsprechende Kriterien von Anfang an bei der Entwicklung neuer Systeme berücksichtigt werden. Deshalb handelt es sich beim Usability-Engineering um einen parallel zur klassischen Software-Entwicklung laufenden Prozess, der auch eng mit diesem verzahnt sein sollte. Auf diese Weise wird eine enge Kooperation zwischen Software-Entwicklern, Designern und Usability-Professionals notwendig. Wie in den vorigen Kapiteln deutlich wurde, sind ferner das Einbeziehen von kognitions- und arbeitspsychologischem Wissen sowie eine Zusammenarbeit mit Personal- und Organisationsentwicklern empfehlenswert. Darüber hinaus müssen auch die späteren Nutzer oder Vertreter der Zielgruppe sinnvoll integriert werden, um deren Anforderungen zu erfassen und die Aufgaben, Erfordernisse und Schwierigkeiten der Praxis ausreichend zu berücksichtigen.

In allen Modellen zum Usability-Engineering wird ein iteratives Vorgehen propagiert. Da auch in der klassischen Software-Entwicklung das ursprünglich rein sequentielle Vorgehen («Wasserfallmodell»; vgl. Abschnitt 3.2) in den Hintergrund tritt und durch iterative Vorgehensweisen ersetzt wird, ist eine Verknüpfung beider Prozesse inzwischen durchaus zu erreichen. In diesem Kapitel sollen zuerst verschiedene Modelle des Usability-Engineerings vorgestellt und daraus ein gemeinsames Vorgehen abgeleitet werden. Im Anschluss werden wesentliche Modelle der Systementwicklung kurz vorgestellt und die Anknüpfungspunkte zum Usability-Engineering erläutert. Zum Schluss sollen einige besonders relevante Aspekte wie Partizipation und interkulturelle Aspekte weiter vertieft werden.

3.1 Phasen des Usability-Engineerings

In der Einleitung wurde bereits deutlich gemacht, dass es sich beim Usability-Engineering um einen Prozess handelt, der die Entwicklung eines Systems von Beginn an begleitet. Somit lassen sich grob folgende Schritte unterscheiden:

- Analyse der Arbeit und des Arbeitsumfeldes
- Analyse der Benutzergruppen
- Bestimmung von Anforderungen
- Entscheidung über Funktionalität und Ableitung eines Handlungs- und Bedienkonzeptes
- entwicklungsbegleitende Evaluation und Verbesserung des Systems
- Einführung und Schulung
- Weiterentwicklung.

Diese grundlegende Unterteilung lässt sich weiter ausdifferenzieren und in Prozessmodelle fassen. Wir werden im Folgenden zwei solche Modelle vorstellen und anhand der Gemeinsamkeiten eine einfache Visualisierung der Phasen des Usability-Engineerings ableiten, auf die wir uns im Weiteren stützen werden. Auf diese Weise werden zentrale Aspekte des Vorgehens schon in der visuellen Darstellung deutlich.

3.1.1 Prozessmodell der DaimlerChrysler-Forschung

In diesem Modell werden fünf wesentliche Entwicklungsphasen unterschieden: Projektmanagement, Anforderungsanalyse, User-Interface-Entwurf, Evaluation und Tests sowie Überleitung in die Nutzung.

Das *Projektmanagement* macht nach diesem Modell etwa 10 % des Gesamtaufwandes aus. In dieser Phase geht es um eine Kosten-Nutzen-Analyse, um die Angebotserstellung, um Rollenverteilung und Planung der Arbeitspakete, Termine u. ä. sowie um die Planung der Nutzerpartizipation.

In der Phase der *Anforderungsanalyse*, die mit 40 % den größten Anteil im Prozess umfasst, werden vorhandene Systeme im Einsatzfeld des zu entwickelnden Systems analysiert. Es werden die Profile der potenziellen Nutzer und der Kontext für das zu entwickelnde System ermittelt. Auf dieser Basis können Hard- und Software ausgewählt und die Usability-Ziele festgelegt werden. Schließlich muss in dieser Phase auch festgelegt werden, auf welche Weise die Prozesse durch das neue System verändert werden sollen oder müssen.

Im *User-Interface-Entwurf* (ca. 30 % des Entwicklungsprozesses) werden auf Basis eines konzeptuellen User-Interface-Modells zuerst einfache Entwürfe (z. B. Zeichnungen), später auch elektronische Prototypen entwickelt und in iterativen Walkthroughs und Usability-Tests überprüft. Es wird ein Styleguide entwickelt und schließlich ein Detailentwurf ausgearbeitet.

In der vorletzten Phase (etwa 10 % des Gesamtprozesses), geht es um die *Evaluation* des eigentlichen Systems, in das die Interface-Entwürfe eingearbeitet wurden. Diese Phase dient damit der Unterstützung bzw. Optimierung der eigentlichen Systementwicklung.

Die letzte Phase organisiert schließlich die *Einführung* des Systems, denn es muss vorrangig vom Kunden abgenommen werden. In diese Phase fallen auch die Erstellung von Bedienungsanleitungen sowie die Entwicklung und Durchführung geeigneter Schulungen. Schließlich können nach dem erfolgten Einsatz auch Rückmeldungen der tatsächlichen Endbenutzer eingeholt und für zukünftige Weiterentwicklungen genutzt werden (Wandke et al., 2001).

Dieses Modell ist eines der wenigen, die das Projektmanagement als eigene Phase aufführen. Dies begründen Wandke et al. damit, dass Entwickler in Befragungen vor allem organisatorische Probleme im Prozess anführten (siehe auch Oed, Wetzenstein & Becker, 2001). Positiv hervorzuheben ist in dem Modell auch die Betonung der Anforderungsanalyse, in die ein Großteil der Aktivitäten fließen muss. Gleichzeitig wird der Einführung aber nur ein sehr kleiner Anteil am Gesamtprojekt eingeräumt.

Die rein lineare visuelle Darstellung der Abläufe (siehe z. B. Wandke et al., 2001) unterschlägt leider die Bedeutung des iterativen Vorgehens im Usability-Engineering, auch wenn dieses Vorgehen durchaus ein wesentlicher Bestandteil des Modells ist.

3.1.2 Der Usability-Engineering Lifecycle

Mayhew (1999) unterscheidet in ihrem Modell drei wesentliche Phasen: die Anforderungsanalyse (Requirements Analysis), die Entwicklung und Evaluation (Design, Testing, Development) und die Installation.

Die *Anforderungsanalyse* ist im Wesentlichen identisch mit dem Modell der DaimlerChrysler-Forschung. Es werden Nutzerprofile bestimmt, die Aufgaben analysiert, Hard- und Softwaremöglichkeiten ermittelt sowie Designprinzipien aufgestellt und daraus die Usability-Ziele abgeleitet.

Die *Entwicklungsphase* besteht aus drei Levels. Im ersten Level wird zuerst einmal die Arbeit neu gestaltet und ein konzeptuelles Modell des neuen Systems erstellt. Dieses Modell wird in (Papier-) Modellen umgesetzt und evaluiert. Dieser Level wird solange wiederholt, bis die wesentlichen Probleme im Ist-Stand behoben sind. Im zweiten Level werden dann die Standards des Screen-Designs festgelegt, in Prototypen umgesetzt und evaluiert. Auch hier findet sich ein zyklisches Vorgehen bis zum Erreichen einer befriedigenden Lösung. Im dritten Level wird die eigentliche Benutzungsschnittstelle detailliert ausgearbeitet und abermals evaluiert. Wurde ein geeignetes Ergebnis erzielt, erfolgt noch einmal die Überprüfung, ob auch alle Anforderungen und Funktionalitäten vorhanden sind. An dieser Stelle kann ein Rückschritt in die Anforderungsanalyse notwendig sein und somit der gesamte Prozess noch einmal durchlaufen werden.

Ist das System fertig entwickelt, so wird es in der dritten Phase, der *Installation*, installiert und die Rückmeldungen der tatsächlichen Nutzer erhoben. Aus ihnen können sich Weiterentwicklungen oder Ergänzungen ergeben.

Im Gegensatz zum ersten Modell liegt bei Mayhew eine sehr starke Betonung auf einem iterativen Vorgehen. Es gibt sowohl Rückkopplungen innerhalb der Entwicklungsphase als auch zwischen Entwicklung und Anforderungsanalyse. Trotzdem vermittelt die Visualisierung des Modells (siehe Mayhew, 1999) – und in diesem Punkt ist es dem ersten Modell unterlegen – den Eindruck, dass die Entwicklung deutlich wichtiger und ausführlicher ist als die Anforderungsanalyse (auch wenn es sich ebenso wie bei der Iteration im ersten Modell eher um ein Problem der visuellen Darstellung handelt). Aus arbeitspsychologischer Sicht kann vor allem hervorgehoben werden, dass die Entwicklungsphase mit einer Neugestaltung der Arbeit beginnt, die Systemgestaltung also Teil der Arbeitsgestaltung ist und nicht die Arbeitsveränderungen ausschließlich als Folge neuer technischer Systeme betrachtet werden.

Bei beiden Modellen fällt auf, dass die Einführung eine eher untergeordnete Rolle spielt. Es werden zwar nach der Einführung noch Rückmeldungen erfasst und integriert, im Wesentlichen herrscht aber die Ansicht, dass Entwicklung und Betrieb deutlich getrennt sind. Unsere Erfahrungen zeigen jedoch, dass eine vollständige Berücksichtigung der Anforderungen und eine Überprüfung sämtlicher Auswirkungen vor dem eigentlichen Einsatz nicht möglich sind. Auch stellt sich eine Umgestaltung der Arbeit als ein längerer Prozess dar. Deshalb wird es meist eine Pilotphase geben, bei der die Umgestaltungen der Arbeit und der Einsatz des neuen Systems erprobt werden können.

3.1.3 Prozessmodell «Usability-Engineering»

Für ein eigenes Prozessmodell des Usability-Engineerings ergeben sich aus der Analyse der bestehenden Modelle und den eigenen Erfahrungen folgende Anforderungen:

- deutliche Betonung der Analysephase
- Umgestaltung der Arbeit als Grundlage für die Systemgestaltung
- starke Wechselwirkungen zwischen den Phasen bzw. stark iteratives Vorgehen
- ausführliche Evaluation von Beginn an und auch nach der ersten Einführung
- sofern möglich, Überlappung bzw. Iterationen von Entwicklung und Einführung
- Einführung als wichtige Phase des Prozesses.

Diese Anforderungen haben wir in unser Prozessmodell des Usability-Engineerings einfließen lassen. Dies ist in **Abbildung 6** dargestellt:

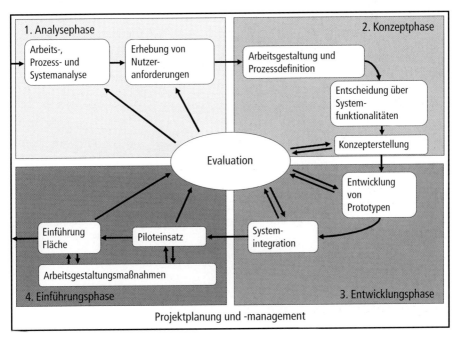

Abbildung 6: Prozessmodell «Usability-Engineering» von Sarodnick und Brau.

Wir unterscheiden vier wesentliche Phasen des Usability-Engineerings: die Analyse der bestehenden Arbeit, Prozesse und Systeme, die Konzeption des neuen Systems und der Veränderungen von Prozess und Arbeit, die Entwicklungsphase und die Einführung. Zwischen den Phasen gibt es eine enge Rückkopplung, die durch die prozessbegleitende Evaluation gesteuert wird, d. h. in fast allen Schritten des Usability-Engineerings werden Evaluationsmaßnahmen durchgeführt. Je nach Ergebnis ist ein Rücksprung in eine frühere Phase möglich. Wenn während einer Evaluation in der Einführungsphase gravierende Usability-Probleme deutlich werden, ist ein Rücksprung in die Entwicklung oder sogar die Konzeption möglich, um die erforderlichen Änderungen in das System zu integrieren. Parallel zum gesamten Prozess laufen die Projektplanung und das Projektmanagement als übergeordnete Aufgaben. In ihnen werden zum Beispiel auch die Nutzerbeteiligung und die Formung des multidisziplinären Entwicklungsteams geplant (vgl. Abschnitt 1.4.5 zur DIN EN ISO 13407).

Wie bereits in der Einleitung erwähnt, wird dem Usability-Engineering bei der Entwicklung technischer Systeme in der Praxis nicht immer ein sehr hoher Stellenwert eingeräumt, obwohl es gute Gründe für ein entsprechendes Vorgehen gibt (siehe Kasten «Argumente für das Usability-Engineering»). Häufig wird nur eine abschließende Evaluation des Systems vorgesehen. Das hier dargestellte Phasenmodell geht von Bedingungen aus, unter denen ausreichend zeitliche und finanzielle Ressourcen für ein gründliches Vorgehen vorhanden sind. In Abschnitt 5.1.4 werden Möglichkeiten dargestellt, wie auch unter schwierigeren Bedingungen brauchbare Ergebnisse erzielt werden können.

Argumente für das Usability-Engineering (nach Kalbach, 2003)

- *Erfolgssicherheit:* Eine frühzeitige Berücksichtigung von Usability-Aspekten ermöglicht das Ausräumen einer deutlich größeren Zahl von Benutzungsproblemen. In der Designphase ist die Beseitigung zehnmal günstiger als in der Entwicklungsphase.

- *Zeitersparnis:* In der Entwicklung wird Zeit eingespart, da die Entscheidung zwischen Alternativen erleichtert wird, und nur erfolgreiche Funktionalitäten weiterentwickelt werden. In der Nutzung wird durch eine erhöhte Effizienz ebenfalls Zeit eingespart.

- *Kostenersparnis:* Wie oben beschrieben, ist die frühzeitige Beseitigung von Problemen deutlich günstiger. Auch während der Einführung können durch Reduktion des Schulungsaufwands Kosten gespart werden.

- *Steigerung der Umsätze:* Gebrauchstauglichkeit ist inzwischen ein wesentliches Kaufargument, da die Funktionalität bei den meisten Produkten mehr als ausreichend ist. Daher kann sich der Umsatz durch ein nachweislich gebrauchstaugliches Produkt deutlich erhöhen. Mangelnde Gebrauchstauglichkeit ist inzwischen sogar ein deutlicher Wettbewerbsnachteil. Auch bei E-Commerce-Anwendungen kann, wie unterschiedliche Studien zeigen, der Umsatz durch Gebrauchstauglichkeit deutlich gesteigert werden (Tedeschi, 2002; Nielsen, 1999).
- *Entwicklung neuer Ideen:* Entwickler und Designer haben häufig eine einseitige Sichtweise. Ein Hinzuziehen der Anwender und ein interdisziplinärer Austausch können neue Ideen hervorbringen.
- *Stressreduktion und Spaß:* Gebrauchstauglichkeit vermindert die Probleme und Ärgernisse bei der Arbeit. So wird Stress reduziert. Auch durch «joy of use» kann die Einstellung des Nutzers gegenüber dem Produkt deutlich verbessert werden (Hassenzahl et al., 2001; siehe Kasten «Joy of use» in diesem Abschnitt, S. 92).

1. Analysephase

Nach Geis und Hartwig (1998) sind 60 % der Probleme bei der Benutzung auf eine unzureichende Anpassung der Schnittstelle an die Aufgabe zurückzuführen. Deshalb ist eine sorgfältige Analyse zu Beginn des Projekts unerlässlich. In diesem frühen Stadium werden die Rahmenbedingungen für das zu entwickelnde System erfasst und die Anforderungen abgeleitet. Relevant sind dabei die zu erledigenden Aufgaben, die Bedingungen, unter der die Aufgaben zu erledigen sind, die Arbeitsprozesse und die eingesetzten Systeme.

Röse (2003) hat für die Analyse folgende wesentliche Fragestellungen zusammengestellt:

- *Welche Arbeitsaufgaben fallen in dem Einsatzbereich an?*
- *Wie häufig fallen die einzelnen Aufgaben an?*
- *Wie werden die Aufgaben bearbeitet?*
- *Welche Zeitvorgaben gibt es für die Aufgaben?*
- *Welches Wissen wird für die Aufgaben benötigt?*
- *Wie sind die Aufgaben miteinander verknüpft?*
- *Welche Ausnahmen oder Komplikationen sind denkbar?*

- *Welche Personen arbeiten in dem Bereich (Ausbildung, Erfahrungen, Kulturkreis usw.)?*
- *Wie arbeiten diese Personen zusammen?*
- *Welche Hard- und Software wird derzeit eingesetzt?*
- *Welche Umgebungsbedingungen herrschen (Lärm, Beleuchtung, Schmutz usw.)?*

Eine wesentliche Aufgabe der Analyse ist vor allem auch die Identifizierung von Schwächen, aber auch Stärken im Ist-Zustand. Ein wesentliches Ziel der Systementwicklung sollte dabei sein, möglichst viele der vorhandenen Schwächen zu beseitigen, ohne die Stärken im Ist-Stand negativ zu beeinflussen.

Schließlich müssen die Anforderungen der späteren Nutzer erhoben werden, da diese die Probleme und Anforderungen in der Praxis besonders gut kennen und ihr Wissen und ihre Ideen somit ein wichtiges Potenzial für die Verbesserung der Arbeitsabläufe darstellen.

In der Analysephase können zahlreiche Methoden eingesetzt werden (siehe Kasten «Methoden für die Aufgabenanalyse»). Meist wird eine Kombination mehrerer Methoden sinnvoll bzw. nötig sein. Die bereits beschriebenen Arbeitsanalyseverfahren (siehe Abschnitt 2.2.8) stellen Bündelungen dieser Methoden dar, die auf spezielle Fragestellungen zugeschnitten sind. Je nach Kontext, zeitlichem Rahmen und Budget können oder sollten sie eingesetzt werden, andernfalls müssen eigenständig, für die jeweilige Situation geeignete Methoden ausgewählt bzw. zusammengestellt werden. Weitere Informationen zu Methoden und Vorgehensweisen finden sich z. B. bei Natt och Dag und Madsen (2000) oder Macaulay (1996).

Methoden für die Aufgabenanalyse (nach Röse, 2003):

1. *Informationsanalyse:* Informationen zu Nutzern, Funktionalitäten, Aufgaben, Kontext. Auswertung aller zur Verfügung stehenden Dokumente (Schulungsunterlagen, Betriebsanleitungen usw.). Sie dient vor allem als Vorbereitung der weiteren Analyse.

    - Vorteile: allgemeiner Überblick, Vorstrukturierung
    - Nachteile: Vollständigkeit der Dokumente/Informationen sehr unwahrscheinlich

2. *Teilnehmende oder anonyme Beobachtung:*

   - Vorteile: tatsächliches Verhalten in realer Situation, objektive Momentaufnahme
   - Nachteile: Nachfragen verändern die Abläufe meist nur Erfassung der Standardabläufe, nur Analyse des Ist-Zustandes

3. *Interview:* Interviews bieten große Flexibilität. Allerdings ist eine gewisse Verbalisierungsfähigkeit der Nutzer nötig. Hilfreich ist deshalb häufig eine Durchführung direkt am Arbeitsplatz, da schwierige Aspekte so direkt vorgeführt werden können. In Interviews können auch Aufgaben und Teilaufgaben sowie die Handlungsabläufe ermittelt werden.

   - Vorteile: intensives Nachfragen und Klären von Details, Erfassung von Handlungsstrukturen und -intentionen sowie flexibles Eingehen auf den Nutzer möglich
   - Nachteile: sehr zeitintensiv, Eingriff in den Arbeitsprozess, keine statistisch verwertbaren Daten

4. *Fragebogen:*

   - Vorteile: objektive und statistisch vergleichbare Daten, anonyme oder Online-Befragungen möglich
   - Nachteile: hoher Vorbereitungsaufwand, viele Nutzer notwendig; nur bereits bekannte Informationen können abgefragt werden.

5. *Strukturlegetechniken:* Ermittlung einer handlungsorientierten Struktur, Erfassung nutzerspezifischer Begriffsdefinitionen und Handlungsmodelle.

   - Vorteile: Erfassung der mentalen Modelle und interindividuellen Unterschiede, Vergleichbarkeit der Ergebnisse
   - Nachteile: Zeitaufwändig, kein dynamischer Handlungsablauf erfassbar.

6. *Fokusgruppen bzw. themenspezifische Gruppendiskussion:* frühes Sammeln von Nutzungsproblemen und Diskussion von Zwischenergebnissen.

   - Vorteile: Überprüfung der ermittelten Ergebnisse, Raum für Problemdiskussion, Ideenfindung im Team
   - Nachteile: vorstrukturierte Ergebnisse sind notwendig; Datenmaterial kann die Diskussionsbreite einschränken.

Die Erhebung von Anforderungen der späteren Nutzer bildet eine wichtige Grundlage zur Erstellung des Konzepts und zur Entwicklung von Prototypen. Gleichzeitig sind Anforderungen aber nicht statisch und immer bewusst bzw. verbalisierbar. Deshalb werden im Laufe des Entwicklungsprozesses neue Anforderungen auftreten oder bestehende Anforderungen verfeinert werden. In den Evaluationsmaßnahmen sollte dieser Problematik besondere Beachtung geschenkt werden. Meist kann aus Äußerungen von zukünftigen Nutzern auf entsprechende Änderungen in den Anforderungen geschlossen werden. Sollte in diesen Sitzungen die Erweiterung der Anforderungen nicht ausreichend erhoben werden können, so ist eine Wiederholung von Analysemaßnahmen notwendig, um die veränderten Bedingungen ausreichend zu berücksichtigen. Aus dieser Beschreibung wird deutlich, dass die Phasen nicht streng voneinander getrennt sind, sondern ein flexibler Wechsel erfolgt, angestoßen durch Evaluationsmaßnahmen.

2. Konzeptphase

In der Konzeptphase müssen die Erkenntnisse der Analyse in einen Rahmen für das neue System gegossen werden. Der erste Schritt, die Arbeitsgestaltung und Prozessdefinition, ist erst einmal unabhängig vom zu entwickelnden System. Dabei geht es noch nicht um die Umsetzung der Arbeitsgestaltungsmaßnahmen – diese sollte im Rahmen der Einführungsphase erfolgen – sondern um die Konzeption der Veränderungen. Auf Basis der ermittelten Stärken und Schwächen müssen notwendige Veränderungen in den Arbeitsaufgaben, in den Arbeitsprozessen und in den Rahmenbedingungen der Arbeit konzipiert werden (siehe Kasten «Aufgabengestaltung»). Dazu gehört unbedingt auch die Berücksichtigung von technischen Innovationen, die eine neuartige Gestaltung der Arbeit möglich machen.

Im nächsten Schritt, der sehr eng mit der Arbeitsgestaltung verknüpft ist, muss entschieden werden, welche Funktionalitäten das neue System benötigt. An dieser Stelle muss also auch über die Verteilung der Aufgaben auf Mensch und Maschine entschieden werden.

Auf der Grundlage dieser beiden Schritte wird ein Konzept des neuen Systems entwickelt und evaluiert. Je nach Ergebnis der Evaluation kann eine Anpassung des Konzepts oder aber auch ein Rücksprung in die Analyse notwendig werden, um bisher nicht betrachtete Probleme näher zu analysieren.

Aufgabengestaltung

Gerade bei Systemen, die für die Arbeitswelt entwickelt werden, wird schnell deutlich, dass die Arbeitsaufgaben die Gestaltung des Systems maßgeblich prägen. Andererseits verändert ein neues System auch die Arbeit und die Arbeitsaufgaben, da letztere bisher ohne technische Unterstützung oder mit einem anderen System erledigt wurden. Deshalb ist die Entwicklung eines neuen Systems immer auch mit einer Aufgabengestaltung verbunden. Grundlegende Kriterien für die Aufgabengestaltung wie Ganzheitlichkeit, Anforderungsvielfalt oder ähnliches wurden bereits bei den arbeitspsychologischen Aspekten dargestellt. Unabhängig von diesen übergeordneten «Gütekriterien» gibt es aber eine Reihe von inhaltlichen Aspekten und Rahmenbedingungen, die eine Rolle spielen. Zu allererst sind die Arbeitsaufgaben und ihre Häufigkeiten vor der Einführung des neuen Systems von besonderer Bedeutung. Sie bilden die Grundlage für die Neugestaltung, da die Arbeitsergebnisse, von gewissen Modifikationen abgesehen, auch mit dem neuen System erreicht werden müssen. Außerdem kann bei einer weitgehenden Orientierung an den bestehenden Abläufen der erforderliche Lernaufwand gering gehalten werden. Weiterhin spielt bei der Aufgabengestaltung die Nutzergruppe eine Rolle. So können sich durch die Systemunterstützung die Rollen verändern. Gruppen, die nach der Umgestaltung bestimmte Aufgaben bearbeiten müssen, haben möglicherweise ein anderes Vorwissen oder andere Begrifflichkeiten als die vorherige Benutzergruppe. Solche Faktoren müssen in die Aufgabengestaltung mit einbezogen werden. Auch der Arbeitskontext und die Einbettung der Aufgaben, die mit dem System bearbeitet werden, in den übrigen Ablauf müssen betrachtet werden: Welche Ablenkungen und Störungen gibt es? Wann liegen welche Informationen vor bzw. wann muss welches Ergebnis vorliegen? Wie sehen die Abhängigkeiten zu anderen Aufgaben aus? Häufig sind die Aufgaben mit Kommunikations- oder Kooperationserfordernissen verbunden, für die geeignete Möglichkeiten in die Software integriert werden könnten, sodass auch bei diesen Aufgaben Umgestaltungsbedarf entstehen kann.

Grundlegende Informationen über die bestehenden Aufgaben können z. B. über teilnehmende Beobachtungen, Interviews oder mit Hilfe von Struktur-Legetechniken (z. B Instrument zur Vorgangsanalyse, IVA) gewonnen werden. Wie bereits beschrieben, gibt es für ausgewählte Bereiche auch spezielle Arbeitsanalyseverfahren, die entsprechende Informationen liefern können.

Die Gestaltung der Aufgaben bestimmt maßgeblich die Erstellung des Bedienkonzeptes. So sollten die Funktionalitäten anhand ihrer Auftrittsreihenfolge angeordnet werden. Außerdem geht aus den Aufgabenbeschreibungen hervor, wann welche Informationen benötigt werden, bzw. wann welche Informationen vorliegen und eingegeben werden können. Über regelmäßige Evaluationen, wie sie in Kapitel 4 beschrieben wird, können Entwürfe überprüft und weiterentwickelt werden.

Gerade in der Konzeptphase ist eine Beteiligung von Mitarbeitern aus den betroffenen Bereichen sehr wichtig, da hier grundlegende Weichenstellungen für die Veränderung der Arbeit getroffen werden (siehe auch Abschnitt 3.3.3). Ferner erscheint in dieser Phase die interdisziplinäre Zusammenarbeit zwischen Usability-Experten, Arbeitsgestaltern und Organisationsentwicklern von besonderer Bedeutung. Beyer und Holtzblatt (1998) haben mit dem «contextual design» ein Vorgehen entwickelt, das diese Anforderungen berücksichtigt. In ihm werden Konzepte für das System interdisziplinär und partizipativ auf der Grundlage einer Analyse der Arbeit entwickelt und evaluiert. Dabei liegt ein starker Fokus auf der Umgestaltung der Arbeit, wo dies notwendig erscheint.

3. Entwicklungsphase
In der Entwicklungsphase wird das entwickelte Konzept umgesetzt. Hier erfolgt also die eigentliche Erstellung des Systems. In der Regel werden zuerst Prototypen entwickelt und diese evaluiert (siehe auch Kasten «Prototypen im Usability-Engineering» in Abschnitt 4.4.1). Zeigt sich bei der Evaluation die Erfüllung der Usability-Kriterien, so werden die verschiedenen Prototypen im eigentlichen System umgesetzt. Im Unterschied zu den Prototypen spielt in diesem auch die Performance auf der im späteren Einsatz vorhandenen Hardware eine Rolle. Selbstverständlich sollte auch dieses integrierte System durch Evaluationsmaßnahmen überprüft werden.

Sollten die Usability-Kriterien in den Evaluationsmaßnahmen allerdings nicht erfüllt werden, so ist zunächst zu klären, ob es sich um reine Benutzungsprobleme handelt oder ob konzeptuelle Schwächen oder Lücken in den erhobenen Anforderungen existieren. Je nach Ursache kann ein erneuter Einstieg in die Konzept- oder sogar in die Analysephase notwendig sein.

Ging es in der konzeptuellen Phase noch hauptsächlich um Funktionalität und Aufgabengestaltung, so kommen in der Entwicklungsphase vermehrt auch ästhetische und spielerische Aspekte zum Tragen. Es geht also nicht nur darum, wie gut der Nutzer durch das System bei der Aufgabenerledigung unterstützt wird, sondern auch, wie viel Freude er dabei empfindet (siehe Kasten «Joy of use»). Nur wenn diese in hinreichendem Maße vorliegt, kann eine größtmögliche Zufriedenheit mit dem System erreicht werden.

«Joy of use»

Das Kriterium der Zufriedenheit zeigt, dass es im Feld der Usability nicht nur um objektive Kriterien gehen kann, deshalb greift das deutsche Wort Gebrauchstauglichkeit vielleicht etwas zu kurz. Auch wenn sich Zufriedenheit in der Norm DIN EN ISO 9241 auf die Erledigung der Aufgabe bezieht, spielen hier ebenso z. B. ästhetische Gesichtspunkte eine Rolle. So schreiben Lindgaard und Dudek (2003), dass Zufriedenheit durch eine optimale Kombination aus ansprechendem Design und Gebrauchstauglichkeit erreicht wird. Inzwischen hat sich das Konzept «joy of use» oder «fun of use» als Erweiterung der Usability etabliert (siehe z. B. Hassenzahl et al., 2000; Carroll & Thomas, 1988; Igbaria, Schiffmann & Wieckowski, 1994). Allerdings sind «ease of use» und «fun of use» nach Carroll und Thomas (1988) zwei Konzepte, die sich zumindest teilweise widersprechen. Eine problemlose Benutzung kann meist dadurch erreicht werden, dass das System möglichst einfach gestaltet wird. Gleichzeitig besteht dadurch jedoch die Gefahr, dass es auf diese Weise wenig herausfordernd und abwechslungsreich erscheint, wodurch die Freude gering bleibt. Hassenzahl et al. (2000) konnten in ihrer Untersuchung diese Zusammenhänge auch statistisch bestätigen.

Damit gehen die Anforderungen für eine hedonisch orientierte Software zumindest teilweise in eine ähnliche Richtung wie die Anforderungen aus der Arbeitspsychologie zu ganzheitlichen Aufgaben, Entscheidungsspielräumen und zur Kompetenzförderlichkeit (siehe Abschnitt 2.1.2). Ein System, das den Nutzer nicht fordert, wird ihn schnell langweilen. Zusätzlich spielen allerdings auch Design-Aspekte, also der Grad von Ästhetik, eine Rolle.

Davis et al. (1992) zeigen, dass der Spaß oder die Freude eher ein ergänzender Faktor bei der Beurteilung eines Systems sind, d. h. nur wenn das System ein gewisses Maß an Nützlichkeit erreicht, kommt der Faktor der Freude ins Spiel und beeinflusst die Gesamtbeurteilung des Systems. Ein unnützes technisches System kann im Kontext der Aufgabenerfüllung auch durch einen hohen Spaßfaktor kaum eine gute Beurteilung erreichen.

Igbaria, Schiffmann und Wieckowski (1994) haben dennoch festgestellt, dass auch im Arbeitskontext der Spaß eine bedeutende Rolle spielt. Über einen hohen Spaßfaktor wird die Zeit, die der Nutzer mit dem System verbringt, erhöht. Auf diese Weise erhalten die Nutzer einen besseren Einblick in das System und können produktiver mit ihm umgehen.

Hassenzahl et al. (2000) heben jedoch hervor, dass Faktoren wie Überraschung und Neuigkeit, die die hedonische Qualität steigern, im Konflikt stehen mit der Forderung nach Konsistenz und Effizienz. Sie plädieren deshalb insbesondere bei «consumer products» für einen weniger konservativen Umgang mit den Usability-Prinzipien. Insgesamt wird man je nach Situation und Einsatzbereich eine Abwägung zwischen den verschiedenen Faktoren und Prinzipien treffen müssen. Hassenzahl (2003) schlägt sogar vor, dass die Gestalter von Anwendersoftware sich an Computerspielen orientieren oder zumindest von deren Gestaltung lernen sollten. So wird bei Computerspielen das Lernen meist in das Spiel integriert. Man lernt die Funktionsprinzipien und Benutzungskonzepte während des Spielens und muss sich nicht durch Handbücher oder trockene Anleitungen quälen. Information wird somit praktisch nebenbei vermittelt, unterstützt durch eine ausgeklügelte und ansprechende grafische Gestaltung. Kleine oder größere Herausforderungen, oft orientiert an den aktuellen Leistungsständen des Nutzers, motivieren zum Weitermachen und liefern wichtige Erfolgserlebnisse. Computerspiele können sich auf dem Markt nur durchsetzen, wenn sie Spaß machen, motivieren und dabei leicht zu benutzen sind. Anwendersoftware hingegen legitimiert sich fast ausschließlich über die Funktionalität. Trotzdem kann die Arbeit über eine entsprechende Gestaltung gefördert und ein spielerisches Erlernen ermöglicht werden.

Die Zusammenarbeit zwischen Usability-Experten und Software-Entwicklern steht somit zwar im Mittelpunkt dieser Phase, genauso spielen aber Grafik-Designer eine wichtige Rolle. Abhängig von den eingesetzten Evaluationsverfahren werden selbstverständlich auch Nutzer mit einbezogen; gerade zur Bestimmung der Zufriedenheit ist dies außerordentlich bedeutsam.

Preim (1999) hat einige Leitprinzipien für die Entwicklung von interaktiven Systemen aufgestellt (siehe Kasten «Entwurfsprinzipien»), die die Systementwickler dazu anhalten sollen, die Belange der Nutzer bei der Entwicklung angemessen zu berücksichtigen. In ihnen finden sich die zentralen Aspekte der oben dargestellten psychologischen Grundlagen wieder. Die Berücksichtigung dieser Prinzipien durch die Systementwickler kann aber allenfalls als Unterstützung des interdisziplinären Vorgehens angesehen werden, indem sie das Verständnis für die Empfehlungen der Usability-Experten fördern. Eine Zusammenarbeit mit Usability-Experten sowie eine gründliche Analyse- und Konzeptphase kann dadurch natürlich nicht ersetzt werden.

Entwurfsprinzipien (nach Preim, 1999)

1. Informiere dich über potenzielle Benutzer und ihre Aufgaben.
2. Hilf Benutzern, ein mentales Modell zu entwickeln.
3. Sprich die Sprache des Benutzers.

4. Mach Systemzustände sichtbar und unterscheidbar.
5. Verdeutliche die jeweils möglichen Aktionen.
6. Strukturiere die Benutzungsschnittstelle.
7. Stelle eine erkennbare Rückkopplung sicher.
8. Gestalte die Schnittstelle adaptierbar.
9. Kombiniere visuelle Interaktion mit sprachbasierter Interaktion.
10. Vermeide, dass Benutzer sich zu viele Dinge merken müssen.
11. Ermögliche es, Aktionen abzubrechen und rückgängig zu machen.
12. Erleichtere es, Fehler zu erkennen, zu diagnostizieren und zu beheben.
13. Vermeide es, den Benutzer zu überraschen.
14. Beachte die wichtigsten Bedienhandlungen besonders.
15. Erkläre die Bedienung des Programms durch Beispiele und weniger durch Formalismen.

4. Einführungsphase

Die Einführung des neuen Systems wird in der Regel nicht sofort flächendeckend erfolgen, sondern zuerst in einem ausgewählten Bereich mit wenigen Nutzern erprobt. Parallel zur Einführung des Systems müssen die in der Konzeptphase entworfenen Veränderungen in der Arbeit geplant und umgesetzt werden. Diese sind zwar im eigentlichen Sinne nicht Teil des Usability-Engineerings, aufgrund der engen Verzahnung von Systementwicklung und Arbeitsgestaltung haben wir die Arbeitsgestaltungsmaßnahmen jedoch mit in das Phasenmodell aufgenommen. Dazu können organisatorische Aspekte (wie Änderung der Abläufe und Strukturen), Aspekte der Arbeit selbst (wie z. B. Arbeitsinhalte, Arbeitsmittel und Arbeitsumgebung), aber auch Personalangelegenheiten (Änderungen der Personalplanung, Personalauswahl und Schulung aufgrund neuer Anforderungen) eine Rolle spielen (siehe dazu die Abschnitte 1.3 und 2.2).

Parallel zur Erprobung des Systems in der Pilotphase sollten wieder Evaluationsmaßnahmen erfolgen. Bei erforderlichen Änderungen ist ein erneutes Eintreten in die Entwicklungsphase notwendig. Bei erfolgreicher Pilotphase kann die flächendeckende Einführung – wieder begleitet von Evaluationsmaßnahmen – erfolgen.

Wesentlicher Teil der Einführungsphase, sowohl im Piloteinsatz als auch bei der flächendeckenden Einführung, sind hinlängliche Schulungen der Nutzer im Einsatz des neuen Systems sowie begleitende Veränderungen, sofern Bedarf besteht.

In der Einführungsphase sind mögliche Sorgen der Mitarbeiter zu berücksichtigen. Dazu gehören beispielsweise Unterbrechung der Routine, Entwertung der Qualifikation, Statusverlust, Doppelbelastung während der Einführung, Neulernen, Verlust von Freiräumen oder sogar die Angst vor dem Arbeitsplatzverlust. Mögliche Folgen der Ängste sind Passivität, Reaktanz (Verweigerung von Hilfe, Widerstand usw.) oder Überkonformität. Bei einer mangelnden Berücksichtigung dieser Sorgen können auch bei einem gut gestalteten System Akzeptanzprobleme entstehen (z. B. Brau & Schulze, 2004 a).

Evaluation
Bei der Beschreibung der Phasen ist bereits deutlich geworden, dass die Evaluation im Usability-Engineering einen zentralen Platz einnimmt. Sie stellt somit keine eigene Phase dar, sondern ist eine begleitende Aktivität. Schon zu einem frühen Zeitpunkt, wenn erste Konzeptentwürfe vorliegen, sollten erste Evaluationsschleifen im Prozess erfolgen. Es ist jedoch sinnvoll, die Nutzer schon vor den Tests mit einzubeziehen, beispielsweise bei der Mitgestaltung der Funktionalität und der Mensch-Maschine-Funktionsteilung (vgl. Abschnitt 3.3). So können von Anfang an Überraschungen in den Evaluationsergebnissen verhindert werden. Nutzer liefern zwar nur selten fertig durchdachte Ideen oder Designvorschläge, ihre Ideen und Kommentare sind aber dennoch unabdingbar für eine geeignete Anpassung an das Arbeitsfeld.

Ein wesentlicher Themenkomplex der Evaluation, der auch in der Literatur zum Thema Usability-Evaluation immer wieder beschrieben wird, ist die Interaktion des Nutzers mit dem System. Genauso sollte die Integration in das Umfeld und die Interaktion mit anderen Systemen betrachtet werden. Nicht zuletzt muss in der Evaluation ebenso die Zufriedenheit späterer Nutzer mit dem System überprüft werden.

Es gibt zahlreiche Evaluationsmethoden, die in unterschiedlichen Phasen zum Einsatz kommen können. Eine Auswahl der bekanntesten und einflussreichsten Methoden wird in Kapitel 4 vorgestellt.

Projektplanung und -management
Wie oben bereits beschrieben, sind wesentliche Probleme im Usability-Engineering auf organisatorische Aspekte zurückzuführen. Insbesondere die Zusammenarbeit vieler unterschiedlicher Disziplinen und die enge Verzahnung mit System-

entwicklung und Arbeitsgestaltung machen eine gute Planung und eine laufende Kontrolle der Aktivitäten notwendig.

So muss zusätzlich zu den bekannten Projektmanagementtätigkeiten (Angebotserstellung, Rollenverteilung, Planung der Arbeitspakete, Termine usw.) ein multidisziplinäres Entwicklungsteam anhand der speziellen Anforderungen des jeweiligen Einsatzkontextes zusammengestellt und die Nutzerbeteiligung geplant werden.

Bei technischen Systemen, die für oder innerhalb einer spezifischen Organisation entwickelt werden, ist auch die frühzeitige und umfassende Information der späteren Nutzer wichtig, um gezielt auf eine möglichst hohe Akzeptanz des Systems bei den späteren Mitarbeitern hinzuarbeiten (s. auch Abschnitt 3.3). Durch die Partizipation sind zwar einige Mitarbeiter in die Entwicklung einbezogen, aber die bislang nicht beteiligten dürfen nicht vergessen werden.

So sollten erste Informationen am besten schon vor der Ist-Analyse gegeben werden. Die Informationen müssen dabei aufgabenbezogen, konkret und an den Kenntnissen der Mitarbeiter orientiert sein. Auch sollte auf die Befürchtungen der Mitarbeiter eingegangen werden, ohne dass durch falsche Versprechungen die Glaubwürdigkeit riskiert wird. Ebenso müssen eventuell negative Effekte für die Mitarbeiter frühzeitig ehrlich angesprochen werden.

Die Beteiligung von Mitarbeitern sollte sich nach Möglichkeit nicht nur auf die Gestaltung des Systems und die Evaluation beschränken, sondern auch Entscheidungen über die Einführung und den Einführungsprozess beinhalten.

Bei frei verfügbaren Systemen, beispielsweise bei Textverarbeitungsprogrammen, Handys oder Videorekordern, ist eine umfassende Einbeziehung aller späteren Nutzer natürlich kaum möglich. Hier muss ein Einbezug einer repräsentativen Auswahl möglicher Nutzer in den Entwicklungsprozess ausreichen.

3.2 Integration des Usability-Engineerings in die Systementwicklung

Der wesentliche Prozess bei der Erstellung eines neuen technischen Systems ist die Systementwicklung, die vor allem die Domäne von Informatikern und Ingenieuren ist. In diesen technisch orientierten Disziplinen sind Modelle für die Systementwicklung erstellt worden. Parallel dazu wurden die Modelle des Usability-Engineerings zur Sicherstellung der Gebrauchstauglichkeit entwickelt. Wie in den bisherigen Ausführungen deutlich wurde, sind die Bestimmung der Funktionalität und deren Umsetzung in ein System jedoch nicht unabhängig von der Gebrauchstauglichkeit. Im Usability-Engineering wird nicht nur eine grafische Oberfläche entwickelt, die einfach über das System «gestülpt» wird. Vielmehr bestimmen die Ergebnisse und Erkenntnisse schon die Funktionalität maßgeblich mit. Außerdem ist eine reine Konfrontation der Entwickler mit den Ergebnissen aus der Usability-Evaluation häufig schwierig, da die wirkliche Bedeutung oder das Gewicht der Ergebnisse oftmals nur unzureichend vermittelt werden können (vgl. Abschnitt 5.1.5). Deshalb sollte eine enge Verknüpfung beider Engineering-Prozesse angestrebt werden. Im Idealfall werden Systementwicklung und Usability-Engineering nicht als zwei getrennte Abläufe, sondern als gemeinsamer Prozess gelebt.

Auf die Bedeutung der Integration benutzerorientierter Maßnahmen im Systementwicklungsprozess wird, wie bereits in Abschnitt 1.4.5 beschrieben, in der DIN EN ISO 13407 hingewiesen. Dafür müssen systemtechnische Entwicklungsmodelle berücksichtigt oder erstellt werden, die eine Beteiligung der Nutzer und ein iteratives Vorgehen vorsehen wie beispielsweise das Prototypen-Modell (siehe Pomberger & Blaschek, 1996; Balzert, 1998). Auf der anderen Seite gibt es auch in den Modellen des Usability-Engineerings kaum Verknüpfungen zu denen der Software-Entwicklung (Mayhew, 1999). Ansätze in dieser Richtung zeigen sich unter anderem bei Hix und Hartson (1993) und Mayhew (1999). Eine systematische Integration findet sich auch hier jedoch nicht und wird von Mayhew beim derzeitigen Forschungsstand auch als nicht durchführbar erachtet. Lose Anknüpfungspunkte lassen sich dennoch in der Nutzung der erhobenen Nutzerprofile und der Ergebnisse der Aufgabenanalyse oder in der Entwicklung der Aufgabenbearbeitung mit dem technischen System entdecken. Diese Überlappungen und Verknüpfungen sprechen langfristig für ein integriertes Entwicklungsmodell. Dies kann auch zu einem besseren gemeinsamen Verständnis von Entwicklern und Usability-Professionals führen. Solange kein geeignetes Modell besteht, sollten sich Entwickler und Usability-Professionals frühzeitig zusammensetzen und die Vorgehensweisen und die Zusammenarbeit anhand der jeweiligen Erfordernisse der Disziplinen entwickeln. Im Folgenden werden wesentliche Modelle der Systementwicklung vorgestellt und ihre Eignung für eine Verknüpfung mit dem Usability-Engineering diskutiert.

Lange Zeit war in der Software-Entwicklung das *Wasserfallmodell* vorherrschend. Das Wasserfallmodell verläuft streng sequenziell in Phasen. Diese Phasen sind voneinander getrennt und bauen aufeinander auf. In der ersten Phase werden die Anforderungen an das System bestimmt. Danach wird das Systemkonzept erstellt. Dieses Konzept wird in der Programmierung umgesetzt und schließlich auf Fehler getestet. Die letzte Phase ist der Betrieb und die Instandhaltung nach der Einführung. Der deutliche Vorteil dieses Modells ist die klare Struktur, die insbesondere das Projektmanagement vereinfacht. Es sind jedoch weder parallele Aktivitäten noch Nutzerbeteiligung vorgesehen. So werden Änderungen in den Anforderungen nicht erfasst und eine nachträgliche Konzeptanpassung ist nicht möglich (Natt och Dag & Madsen, 2000; Rosson & Carroll, 2002).

Im Gegensatz dazu wird im *Prototyping* ein Vorgehen verfolgt, in dem es feste Rückkopplungsschleifen gibt. Zuerst werden der grobe Rahmen skizziert und erste Anforderungen erhoben. Diese Anforderungen werden in einem Prototypen realisiert und evaluiert. In einer ersten Rückkopplungsschleife können die Anforderungen angepasst werden. Schließlich kann das System genau spezifiziert und entwickelt werden. Auch während der Systementwicklung gibt es wieder eine Evaluationsphase, deren Ergebnisse in die weitere Entwicklung einfließen. Die Vorteile dieses Modells liegen darin, dass die Anforderungen mit Hilfe des Prototyps abgesichert und ergänzt werden können. Unterstützt wird die Absicherung der Anforderungen dadurch, dass das Vorgehen den Einbezug der Nutzer erlaubt. Andererseits kann im Prototypen nur ein Ausschnitt der Funktionalitäten umgesetzt und überprüft werden. Außerdem erwarten die einbezogenen Nutzer nach der Evaluation des Prototyps meist sehr schnell eine Endversion, sodass es leicht zu Unzufriedenheit kommen kann (Natt och Dag & Madsen, 2000; Rosson & Carroll, 2002). Wie oben beschrieben, wird in der Entwicklungsphase des Usability-Engineerings mit Prototypen gearbeitet. Das Prototyping ist demnach bereits weitgehend im Usability-Engineering integriert (siehe auch Kasten «Prototypen im Usability-Engineering» in Abschnitt 4.4.1).

Bei der *inkrementellen Entwicklung* wird das System Stück für Stück entwickelt. Jeder Teil wird für sich entworfen, umgesetzt und überprüft, bevor er in das Gesamtsystem integriert wird. Für diese Integration muss zu Beginn des Projekts die Systemarchitektur genau festgelegt werden. Am Ende wird das gesamte System evaluiert, bei Bedarf werden einzelne Teile überarbeitet oder weitere Teile hinzugefügt. Das schrittweise Vorgehen ermöglicht eine kontinuierliche und sehr frühe Überprüfung auch durch Nutzer, sodass Anpassungen problemlos vorgenommen werden können. Gleichzeitig setzt die Architektur, die zu Beginn festgelegt werden muss, den Änderungsmöglichkeiten gewisse Grenzen. Gerade bei großen Projekten kann zu Beginn schwer abgeschätzt werden, ob die Architektur für alle eventuell nötigen Anforderungen geeignet ist (Natt och Dag & Madsen, 2000; Rosson & Carroll, 2002). Da sich immer wieder zeigt, dass Anforderungen der Nutzer nicht zu Beginn eines Projektes vollständig erhoben werden können, sondern im Laufe des Projektes erst bewusst werden oder durch den Einblick in technische Möglichkeiten entstehen, ist eine benutzergerechte Entwicklung beim inkrementellen Vorgehen eher schwierig. Auch wird die starke Aufgliederung in einzelne Teile der eher ganzheitlich orientierten Aufgaben- und Arbeitsgestaltung nicht gerecht.

Im *Spiralmodell* schließlich werden verschiedene Phasen immer wieder durchlaufen, wobei das System immer weiter entwickelt und detailliert wird. Im Gegensatz zur inkrementellen Entwicklung wird es dafür aber nicht in kleine, weitgehend voneinander unabhängige Teile zerlegt. Auf Basis der ersten Anforderungen wird nach einer Risikoanalyse ein erster Prototyp entwickelt, der in der Evaluation weitere Anforderungen ergibt. Auch diese fließen nach einer erneuten Risikoanalyse in den Prototypen ein. So werden Schritt für Schritt die Funktionalität und das Design verfeinert und vervollständigt, bis ein operativ einsetzbarer Prototyp erreicht ist. Dieser wird dann im endgültigen System umgesetzt, getestet und eingeführt. Vorteil des Spiralmodells ist vor allem die hohe Flexibilität (Natt och Dag & Madsen, 2000; Rosson & Carroll, 2002; weitere Details finden sich z. B. bei Jones, 1990; McDermid, 1993; Sommerville, 1996). Das iterative Vorgehen, bei dem das System basierend auf der Evaluation verfeinert und weiterentwickelt wird, legt eine Verknüpfung mit dem Usability-Engineering nahe.

Das einzige Modell, das bereits einige Aspekte des Usability-Engineerings konkret in den Prozess integriert, ist das Modell STEPS, die *Softwaretechnik für evolutionäre, partizipative Systementwicklung* (Floyd et al., 1989). In diesem Ansatz wird davon ausgegangen, dass während des ersten Entwurfs die Gestaltungsanforderungen nie hinreichend bekannt sind. Deshalb wird das System über mehrere Versionen schrittweise weiter entwickelt. Anforderungen können teilweise sogar erst während der Nutzung präzise formuliert werden. Es gibt somit keine vollständige Anforderungsdefinition. Während des Entwurfprozesses müssen demnach die Anforderungslisten ergänzt, die Prototypen verbessert und die Entwurfsentscheidungen bewertet werden. Das STEPS-Modell baut somit auf dem Ansatz des Spiralmodells auf, geht aber in der Prozessorientierung noch deutlich über dieses hinaus. Die Anforderungsermittlung sollte nach diesem Modell aufgabenbezogen erfolgen, auch ist der Entwurf von Dialogschnittstellen als explizite Aufgabe in der Software-Entwicklung formuliert. Da im STEPS-Modell die Entwicklung nicht mit dem Einsatz beim Anwender abgeschlossen ist, sondern die Entwicklung anhand der realen Arbeitserfahrungen weitergeht, können auch subtilere Probleme entdeckt werden, als in den vergleichsweise kurzen Evaluationsphasen während der normalen Entwicklung. Eventuell auftretende Unzulänglichkeiten müssen jedoch nicht zwingend auf das System zurückzuführen, sondern können auch organisatorischer Art sein.

In der Aufgabenorientierung und der ständigen Überprüfung mit Nutzern sind starke Parallelen zum Usability-Engineering zu finden. Auch organisatorische Probleme werden angesprochen. Eine Erweiterung dieses Modells und eine Kopplung mit Modellen des Usability-Engineerings scheinen zum jetzigen Zeitpunkt für einen integrierten Entwicklungsprozess am erfolgversprechendsten zu sein.

Auch wenn sich in einem Projekt in der Praxis aufgrund der Rahmenbedingungen eine wirkliche Integration nicht immer realisieren lässt – nach Preim (1999) sind in der Praxis immer noch viele Entwicklungsprozesse nach dem Wasserfallmodell organisiert – gibt es eine Reihe von Schritten, in denen eine Verknüpfung beider Engineering-Prozesse möglich ist. Im Mittelpunkt steht dabei wohl die Anforderungsermittlung. Hier kann das Usability-Engineering die zentrale Rolle übernehmen. Ausgehend von der Analyse der Arbeit und der Arbeitsaufgaben können die nötigen Funktionalitäten abgeleitet werden. Aus der Ist-Arbeitsweise ergeben sich Hinweise für die Handlungs- und Bedienkonzepte der Benutzerschnittstelle. Beim Wasserfallmodell haben sich die Verbindungsmöglichkeiten damit schon erschöpft. Bei anderen Vorgehensweisen lassen sich jedoch mehr oder weniger intensiv Evaluationsmaßnahmen mit und ohne Nutzer realisieren. Die Einführungsphase ist zwar prinzipiell unabhängig von der Systementwicklung, bei partizipativen Vorgehensweisen ist jedoch ein fließender Übergang von der Gestaltung zur Einführung möglich. Während der Entwicklung kann schon der Grundstein für eine erfolgreiche Einführung gelegt und so die Akzeptanz gefördert werden.

3.3 Partizipation

Eine erfolgreiche Umsetzung der Usability basiert unter anderem auf einer angemessenen Einbeziehung der Anwender. In diesem Abschnitt sollen die Gründe für eine Nutzerpartizipation und Möglichkeiten zu deren Umsetzung dargestellt werden. Die Ausführungen sollen veranschaulichen, dass die Nutzerbeteiligung zielgerichtet und maßvoll einzusetzen ist, wenn sie zum gewünschten Erfolg führen soll.

3.3.1 Grundlegendes zur Partizipation

Partizipation von Mitarbeitern in Unternehmen hat in Deutschland eine lange Tradition. Festgeschrieben im Betriebsverfassungsgesetz (BVG, 2001) findet sie ihren Ausdruck u. a. in der Existenz von Gewerkschaften und Betriebsräten. Während bei dieser Form der Mitarbeiterbeteiligung eher die Machtverhältnisse und gegenseitige Kontrolle von Arbeitgeber und Arbeitnehmern im Mittelpunkt stehen, adressiert die Partizipation im Usability-Engineering-Prozess eine andere Intention. Mit ihr soll eine Systemgestaltung ermöglicht werden, die einen zweckmäßigen und wirksamen Einsatz von technischen Systemen in einem vorgesehenen Anwendungskontext erlaubt. Dieser ist allerdings nur dann gewährleistet, wenn das System für die jeweiligen Gegebenheiten der Einsatzumgebung optimiert wird.

Brödner, Hamburg und Kirli (1997) beschreiben zwei maßgebliche Probleme einer Systemgestaltung, die sich einseitig auf die technologische Umsetzung bezieht und die Nutzer und den Nutzungskontext nicht integriert (expertokratischer Ansatz): Zum einen handelt es sich um eine Entkopplung von Entwicklungs- und Verwendungskontext: Auch sehr detaillierte Arbeitsanalysen sind nicht in der Lage sicherzustellen, dass die Systeme im Arbeitsprozess tatsächlich effektiv und effizient nutzbar sind, da die Systeme als Arbeitsmittel bestehende Prozesse in einer Weise verändern, die vorab nicht vollständig durchschaubar ist. Zum anderen besteht zwischen Entwicklern und Anwendern ein Verhältnis von wechselseitiger symmetrischer Ignoranz: «*Entwickler verfügen zwar über technische Kompetenz, verstehen aber wenig vom Arbeitsprozess, für den sie technische Arbeitsmittel entwerfen sollen. Umgekehrt sind Nutzer zwar Experten ihrer Arbeitsaufgaben und -prozesse, vermögen aber kaum die technischen Möglichkeiten der Gestaltung ausreichend einzuschätzen.*» (Brödner et al., 1997, S. 3). Spinas (1987) bestätigt, dass wissenschaftliche Erkenntnisse und Designerfahrung alleine keine hinreichende Voraussetzung für eine benutzerorientierte Systementwicklung darstellen.

Misserfolge sind häufig auch darauf zurückzuführen, dass die Systeme an die formalen Arbeitsprozesse angepasst, jedoch die zahlreichen informellen Prozesse, die häufig eher die Regel als die Ausnahme und gerade in kritischen Situationen unabdingbar sind, vernachlässigt werden. Durch die Beteiligung der Nutzer in der Definition von Anforderungen an die zu entwickelnden Systeme kann auch undokumentiertes Wissen über Prozessabläufe mit in die Gestaltung der Systeme integriert werden.

Dennoch wurde die Beteiligung von Nutzern lange Zeit als nahezu romantische Idee abgetan. Gottschalch (1994) zeigt eine Reihe von Gründen seiner eigenen anfänglichen Skepsis gegenüber einer Nutzerbeteiligung auf: So hätten die Entwickler einen zu großen Informationsvorsprung gegenüber den Benutzern, die zudem professionell nicht hinlänglich qualifiziert seien und damit bei einer direkten Beteiligung mit abstrakten Informationen überhäuft würden. Erschwerend komme die räumliche Trennung von Entwicklungsort und Nutzerarbeitsplätzen hinzu. Eine indirekte Beteiligung an der Gestaltung durch die betriebliche Mitbestimmung und an Optimierungsmaßnahmen nach der Systemimplementierung sei außerdem ausreichend. Weiterhin hätten viele große Partizipationsprojekte in der Vergangenheit den Charakter von Pseudopartizipationen gehabt, die «nur» der Förderung der Akzeptanz diene. Tatsächlich würden hier lediglich bereits gefällte Entscheidungen des Managements nachvollzogen. Doch «*da die Prozeduren in primär kognitiv zu charakterisierender Tätigkeit heute sehr komplex geworden sind, können die Arbeitsprozesse nicht mehr mit tayloristischen Methoden der Verhaltensbeobachtung und -analyse standardisiert und maschinisiert werden; man ist auf die interessierte Beteiligung der künftigen Benutzer angewiesen, [...] man beteiligt also, weil man muss [...]»* (Gottschalch, 1994, S. 115 f.).

Diese Gedanken finden sich in der DIN EN ISO 13407 (1999; vgl. Abschnitt 1.4.5) wieder. Sie fordert explizit die Beteiligung der Benutzer im Entwicklungsprozess eines interaktiven Systems als wertvolle Wissensquelle über den Nutzungskontext und die Arbeitsaufgaben. Weiterhin helfe die Partizipation bei der Abschätzung, wie spätere Benutzer voraussichtlich mit dem zukünftigen System arbeiten werden. In der gleichen Norm wird auch die Formierung eines multidisziplinären Entwicklungsteams (auch: «*Kernteam*») gefordert. Ein solches Kernteam soll in seiner Zusammensetzung verschiedene Rollen widerspiegeln, die auf Entwicklungs- wie auch auf Nutzungsseite maßgeblich sind, damit ausreichend viele Aspekte berücksichtigt werden können, um bei der Gestaltung zu geeigneten Kompromissen zu kommen. Weil sowohl Endnutzer, Vertreter der Organisation (u. a. Management), Usability-Professionals als auch Screendesigner und Programmierer zusammenarbeiten, werden die jeweiligen Fertigkeiten und Anforderungen dieser Gruppen gebündelt. Dieses geballte und ganzheitliche Know-how kann dann genutzt werden, um aufgaben- und prozessangemessene sowie gebrauchstaugliche Systeme zu entwickeln, die Organisationsziele zu verwirklichen helfen und zugleich mit angemessenem Aufwand technisch realisierbar bleiben. Die DIN EN ISO 13407 bemerkt dazu, dass diese Teams nicht groß zu sein brauchen und auch nur temporär für den Zweck der Systemgestaltung gebildet werden.

3.3.2 Nutzen der Partizipation

Inzwischen liegt eine Vielzahl an Veröffentlichungen über die Nützlichkeit einer partizipativen Systemgestaltung vor, die fast ausnahmslos über positive Effekte hinsichtlich der Akzeptanz, Gebrauchstauglichkeit und Anwendungshäufigkeit der Systeme berichten (z. B. Barki & Hartwig, 1991; McKeen & Guimaraes, 1997). Doch es gibt auch kritische empirische Befunde, wie die von Heinbokel, Sonnentag, Frese, Stolte und Brodbeck (1996), die aufzeigen, dass ungeeignete Maßnahmen zur Nutzerbeteiligung zu problematischen Projektverläufen führen können, z. B. geringere Teameffektivität und -flexibilität und letzten Endes weniger Innovationen. **Abbildung 7** auf S. 104 gibt die Ergebnisse einer Metaanalyse von Kujala (2003) über bestehende Literatur zu den Auswirkungen der Nutzereinbeziehung während der frühen Systemgestaltung wieder.

Die frühe Einbeziehung der Nutzer in den Gestaltungsprozess hat als solche generell positive Auswirkungen auf die Nutzerzufriedenheit. Der Hauptnutzen ergibt

Abbildung 7: Auswirkungen der Nutzereinbeziehung während der frühen Systemgestaltung (übersetzt nach Kujala, 2003).

sich jedoch aus Faktoren, die der erzielten generellen Verbesserung der Qualität der Anforderungsanalyse entspringen. Die partizipativ entwickelten Systeme passen insgesamt besser zu den Bedürfnissen der Nutzer und weisen eine höhere Gebrauchstauglichkeit auf. Hinsichtlich der Systemqualität ergibt sich in den berücksichtigten Studien allerdings ein inhomogenes Feld. Je nach Projekt führte die Beteiligung zu weniger oder mehr Gestaltungsiterationen, wurden Entscheidungen schneller oder langsamer gefällt, verzögerte oder verkürzte sich die Projektlaufzeit, stiegen oder fielen die Projektkosten. Dieser Befund wird durch das Fragezeichen in Abbildung 7 symbolisiert. Hier scheint ein gekonntes Partizipationsmanagement der Schlüssel zum Erfolg zu sein. Die Art der Auswirkungen auf die Produktentwicklung und das Ausmaß der Qualitätssteigerung in der Anforderungsumsetzung haben einen direkten Einfluss auf die Qualität des Systems, die sich wiederum auf die Zufriedenheit der Nutzer und damit auf ihre Bereitschaft, das System zu akzeptieren (Akzeptanz), auswirkt. Zusätzlich zeigen Brau und Schulze (2004a) auf, dass Partizipation an Gestaltungsprozessen den Widerstand (Reaktanz) gegen die Einführung neuer Technologien verringern kann.

3.3.3 Gestaltung und Methoden der Partizipation

Die Mitarbeit von Nutzern im Gestaltungsprozess kann verschiedene Formen annehmen, und nicht jede Form ist für jede Entwicklungsstufe geeignet. Auch stellen sich verschiedenste Anforderungen an den Partizipationsprozess und an die beteiligten Nutzer. So weisen Greifenstein, Jansen und Kißler (1990) darauf hin, dass die beteiligten Personen über eine grundlegende Partizipationskompetenz verfügen müssen. Ein beteiligter Nutzer muss zunächst überhaupt über einen Willen zur aktiven Beteiligung verfügen. Er benötigt weiterhin fachliche, innovatorische und soziale Kompetenzen zur Einbringung und Durchsetzung eigener Ideen und Anforderungen im Entwicklungsumfeld. Für aktive Partizipation können daher Qualifizierungsmaßnahmen hinsichtlich Grundlagen der EDV- und Software-Ergonomie, Kommunikation und Kooperation sowie Kreativitätstechniken notwendig sein.

Ortlieb und Holz auf der Heide (1993) geben Fragestellungen an, die vor der Partizipation anhand des jeweiligen Entwicklungskontexts abgewogen und entschieden werden sollten:

- «*Wer wird beteiligt?*»
  Nutzer oder Nutzervertreter, die über hinreichend Wissen über die Anwendungsdomäne verfügen und von den Nutzern anerkannt werden.

- «*Wie wird beteiligt?*»
  - **passive Mitwirkung:** Mitglieder des Entwicklungsteams erheben die Meinungen der Benutzer und berücksichtigen sie nach eigener Einschätzung bei der Gestaltung (z. B. bei Usability-Tests oder Fragebögen).
  - **aktive Mitentscheidung:** Die Benutzer treffen gemeinsam mit Verantwortlichen Entscheidungen bezüglich des Systementwurfs (z. B. bei Entscheidungen über Funktionsumfänge).
  - **aktive Partizipation:** Die Benutzer können direkt gestaltend tätig werden (z. B. Workshops in frühen Gestaltungsphasen).

- «*Wann wird beteiligt?*»
  Während des gesamten Entwicklungsprozesses (z. B. im Kernteam) oder nur zu ausgewählten Zeitpunkten (z. B. Validierung der Umsetzung von Nutzeranforderungen).

- «*Woran wird beteiligt?*»
  Beispielsweise Definition und Gestaltung der Funktionen und der Schnittstelle, Gestaltung des Arbeitsumfelds und der Prozesse etc.

Tendenziell sind alle Methoden, die subjektive Urteile von betroffenen Nutzern erheben, geeignet, um sie für die partizipative Systemgestaltung einzusetzen. Sie im Einzelnen zu besprechen, würde den Rahmen dieses kurzen Überblicks sprengen. **Tabelle 2** auf S. 106 spiegelt lediglich ein kleines Spektrum möglicher Verfahren wider und zeigt in Anlehnung an die Fragen von Ortlieb und Holz auf der Heide (1993) mögliche Einsatzgebiete auf.

Tabelle 2: Methoden der partizipativen Systemgestaltung.

Methode	Was?	Wer?	Wie?	Wann?	Woran?
Teilnehmende Beobachtung	Beobachter begleitet die Nutzer im Einsatzfeld und erhebt Daten durch eine Mischung aus Beobachtung und Befragung.	Nutzer	passive Mitwirkung	frühe Anforderungsanalyse	Erhebung und z. B. Analyse Ist-Prozesse aus Nutzersicht
Zukunftswerkstätten	Nutzergruppe erarbeitet unter Moderation Utopien über mögliche zukünftige Arbeitsszenarien und überlegt, was realistisch umsetzbar wäre.	Nutzer oder Nutzervertreter	aktive Partizipation	Anforderungsanalyse	z. B. Festlegung des Funktionsumfangs
Fragebogen	Nutzer geben subjektive Meinung zu definierten Fragestellungen ab.	Nutzer oder Nutzervertreter	passive Mitwirkung	Stichproben zu spezifischen Anlässen	z. B. Usability (vgl. Abschnitt 4.4)
Interviews	Je nach Interviewart geben Nutzer ihre Meinung ab bzw. formulieren Anforderungen oder Kritik.	Nutzer oder Nutzervertreter	passive Mitwirkung	Stichproben zu spezifischen Anlässen	z. B. Usability, Arbeitsprozesse
Fokusgruppen	Prototypen oder Anwendungsszenarien werden vorgestellt und hinsichtlich ihrer Eignung in der Gruppe diskutiert.	Nutzer oder Nutzervertreter	aktive Mitentscheidung	Stichproben zu spezifischen Anlässen	z. B. Bestätigung von Funktionsumfang und -gestaltung
Workshops	Spezifische Arbeitsaufgaben im Kontext der Gestaltung werden durch gemischte Teams bearbeitet und verbindliche Entscheidungen getroffen und dokumentiert.	Nutzer oder Nutzervertreter	aktive Partizipation	Stichproben zu spezifischen Anlässen	z. B. Sollprozessdefinition, Gestaltung einzelner Funktionen
Kernteam	Nutzer arbeiten aktiv in einem interdisziplinären Entwicklungsteam an der Systemgestaltung mit.	Nutzer oder Nutzervertreter	aktive Partizipation	gesamter Entwicklungsprozess	z. B. Funktionsumfang und -gestaltung

Methode	Was?	Wer?	Wie?	Wann?	Woran?
Soziotechnischer Walkthrough (vgl. Abschnitt 4.3.2.)	Prototypen oder Anwendungsszenarien werden vorgestellt und hinsichtlich ihrer Auswirkungen auf den gesamten Anwendungskontext diskutiert und ggf. redefiniert.	Nutzer oder Nutzervertreter	aktive Partizipation	Stichproben zu spezifischen Anlässen	z. B. organisatorische Strukturen und Prozesse verbunden mit Systemdesign
Pilotphase	Reife Systemversionen werden unter Realbedingungen eine längere Zeit getestet und ggf. Hinweise zur Optimierung gegeben.	Nutzer	aktive Mitentscheidung	Zeitraum im späten Entwicklungsprozess	z. B. Funktions- und Prozessredefinition

3.4 Interkulturelle Usability-Evaluation

Die Deutschen sind ein reisefreudiges Volk. Urlaubssaison für Urlaubssaison strömen unsere Mitbürger und natürlich auch wir selbst in alle Winkel dieser Welt, sei es nun nach New York, Rio, Tokio oder Morgenröthe-Rautenkranz. Dabei erkennen wir (hoffentlich), dass sich die Menschen dort von uns unterscheiden, dass sie anders leben und sprechen. Das Beispiel der genannten Kleinstadt im Erzgebirge nahe der Grenze zu Tschechien mag im Kontext der aufgeführten Weltstädte zunächst ein wenig amüsant erscheinen. Dennoch sollte man beachten, dass sich die Lebenswelt eines Einwohners dort grundlegend von der eines Berliners oder Müncheners unterscheidet. Sprache, Religion, allgemeine Lebensbedingungen und viele andere Faktoren bestimmen das, was man im Allgemeinen Kultur nennt. Auch Berufe, Firmen oder Unternehmensbereiche können eigene Arbeitskulturen entwickeln. So unterscheidet sich die Arbeitskultur von Mitarbeitern im Bergbau unter Tage deutlich von der eines Aufsichtsratsmitglieds in einem Bankkonzern. Es stellt sich die Frage, wie man diese verschiedenen Kulturen berücksichtigen kann, wenn die Gebrauchstauglichkeit eines Systems bewertet werden soll.

Bei einer sehr eingeschränkten Zielgruppe mit homogener Zusammensetzung ist die Berücksichtigung der Kulturen noch relativ leicht umzusetzen. Die Anforderungen an das System, die sich aus kulturellen Hintergründen der Zielgruppe ergeben, werden vor Ort mittels Befragungen und Beobachtungen analysiert und die Erkenntnisse mit in das Lastenheft einbezogen. Schwieriger wird es, wenn inhomogene Gruppen ein System nutzen oder die Zielgruppe nicht definierbar ist. Ein Office-Programmpaket kann beispielsweise theoretisch für jeden Systemnutzer weltweit interessant sein. Hier ist es fast unmöglich, wirklich allen kulturellen Ansprüchen gerecht zu werden.

Hinweise zur interkulturellen Gestaltung von Schnittstellen

In Anlehnung an Mandel (1997) werden nachfolgend als Anregung eine Reihe von Punkten aufgeführt, die bei der Gestaltung von grafischen Schnittstellen international vertriebener Systeme hinsichtlich eines interkulturellen Einflusses zu beachten sind:

- Großschreibung
- Schriftsätze
- Informationssortierung
- Währungsformate
- Verwendung von Farben
- Eingabeaufforderungen («Prompts»)
- geeignete F-Tastenbelegung
- Textlänge
- Humor

- Tabellenbeschriftungen
- Zeitformate
- grammatische Person und Ansprache
- Gestaltung von Icons
- Verwendung von Symbolen
- Formate für Telefonnummern
- abstrakte Tastaturkombinationen («strg+alt+entf» für An-/Abmeldedialog)
- Abkürzungen
- bidirektionale Sprache

- Datumsformate
- beschreibende Texte
- Navigation über den ersten Buchstaben von Befehlen
- Numerische Formate
- Formate für Papiergrößen
- Formate für Trennungszeichen
- Buchstaben als Abkürzungen zum Aufruf von Funktionen («alt+d» für Dateimenü)
- Akronyme
- Maßangabeformate

Nielsen (1996) unterscheidet drei Ebenen des interkulturellen Einflusses auf die Nutzungsschnittstellen:

1. Das System sollte grundsätzlich fähig sein, die Muttersprache, Schriftsätze und Notationen (z. B. Währungssymbole) des Nutzers zu unterstützen.

2. Die Schnittstelle und Dokumentation sollten auf eine Weise übersetzt werden, die für Nutzer verständlich, gebräuchlich und nützlich ist.

3. Ein System sollte die Charakteristiken des Nutzers treffen. Dies sollte weitergehen, als bloß zu vermeiden, dass Icons befremdlich oder gar anstößig wirken könnten. Das System sollte insgesamt die Art und Weise des täglichen Lebens und der täglichen Kommunikation in verschiedenen Ländern übernehmen können.

Auch wenn die Forderungen der Ebene sehr allgemein klingen und fast selbstverständlich anmuten mögen, gibt es in international vertriebenen Systemen immer wieder unvorhergesehene Usability-Probleme aus dem interkulturellen Kontext. Nielsen (1996) gibt ein sehr anschauliches Beispiel aus dem Bildschirmspiel «Give the Dog a Bone» für Kleinkinder (vgl. **Abb. 8**):

Abbildung 8: Beispiel für ein interkulturelles Usability Problem (nach Nielsen, 1996).

Der Hund fragt die kleinen Nutzer nach Dingen, die er gerne von ihnen hätte. Europäisch geprägte Kinder werden auf die Frage nach einem Ball zumeist leider unzutreffend auf den Keks weisen (linke Seite, vor der Hütte) und kaum verstehen, was sie falsch gemacht haben. Sie sind aufgrund ihrer Erfahrungen gewohnt, ausschließlich vollständig runde Objekte als Ball zu erkennen, nicht aber ovale (Football; links neben dem Hund). Es kann vermutet werden, dass auch ihre Eltern zum Teil spontan die falsche Antwort geben würden, wenn sie den amerikanischen Sportarten nicht sehr zugetan sind. Hier hätten die Designer für den europäischen Markt eine gesonderte Bildgestaltung beispielsweise mit einem Fußball wählen müssen, um zumindest die zweite Ebene nach Nielsen (1996) zu erreichen.

3.4.1 Einfluss einer interkulturellen Testumgebung auf das Ergebnis von Usability-Evaluationen

Es gibt eine Reihe von Hinweisen aus der wissenschaftlichen Literatur darüber, wie kulturelle Einflussfaktoren sich während der Testdurchführung auf die Evaluationsergebnisse auswirken. Alle uns bekannten Studien heben den positiven Einfluss einer nach der jeweiligen Kultur optimierten Evaluationsumgebung für Studien mit Nutzerbeteiligung hervor. Stellvertretend sei hier eine Studie von Vatrapu (2002) genannt, die sich auf strukturierte Interviews als Methode der Usability-Evaluation bezieht. Zwei unabhängige Gruppen indischer Nutzer wurden durch Interviewer des indischen bzw. des angloamerikanischen Kulturkreises befragt. Die Teilnehmer mit dem indischen Interviewer deckten im Schnitt 11 Probleme auf (Minimum 5; Maximum 11), Teilnehmer mit dem angloamerikanischen Interviewer fanden hingegen im Schnitt nur 8 (Minimum 3; Maximum 8). Statistische Analysen weisen einen signifikanten Unterschied zwischen den Gruppen nach (Vatrapu, 2002).

Hinsichtlich Evaluationsverfahren mit Expertenbeteiligung und formalanalytischer Erhebungsmethoden ergibt sich ein nicht ganz so einheitliches Bild. Hier wirken verschiedene Variablen moderierend, z. B.:

- Wie stark ist der tatsächliche Einfluss der Kultur auf die Wahrnehmung des Systems?
- In welchem Ausmaß wirkt das neue System verändernd auf traditionelle Vorgehensweisen innerhalb der Zielkultur?
- Wie stark unterscheidet sich die Zielkultur von der des Evaluators?

3.4 Interkulturelle Usability-Evaluation

- Welche Komponenten eines Systems werden durch die Evaluation fokussiert? Sollen die Experten «harte» Kriterien der Bildschirmaufteilung abtesten, scheint sich der kulturelle Einfluss weniger stark auszuwirken, als wenn auch weniger formalisierbare Systemaspekte evaluiert werden wie die Qualität von Metaphern.

Rolf Molich (in Roshak & Spool, 2003) übernimmt die Rolle des Advocatus Diaboli und zählt aus einer gespielt ignoranten Sicht Punkte auf, die man umsetzen sollte, um garantiert einen Misserfolg bei der Gestaltung und der Evaluation von technischen Systemen im Kontext interkultureller Nutzung zu erleben (übersetzt nach Roshak & Spool, 2003, S. 2):

1. Verschwende nicht deine Zeit auf Arbeit an internationaler Usability. Der Rest der Welt wird schon mit dem System leben können.
2. Sorge dafür, keine messbaren Kriterien für die Qualität deiner Arbeit zu haben. Wenn du keine messbaren Kriterien hast, wird alles – einschließlich nichts – in Ordnung gehen. Das hilft dir dabei, deine Kosten gering zu halten.
3. Spare, indem du deine eigenen Mitarbeiter zum Testen ins Ausland schickst. Stelle sicher, dass sie die dort gesprochene Sprache nicht verstehen. Führe die Tests immer in deiner eigenen Sprache durch, damit du verstehst, was los ist. Beispielsweise sollten US-amerikanische Tester immer Englisch verwenden, wenn sie in Frankreich testen.
4. Wenn du Leute im Ausland hast, lass sie die Arbeit für dich machen. Normalerweise eignen sich Verkäufer am besten dafür.
5. Wenn du mit einem Partner vor Ort zusammenarbeiten musst, wähle den Partner ausschließlich anhand von Preisen und Bildern vom Teststudio aus.
6. Führe wann immer möglich Tests ohne persönliche Teilnahme eines Beobachters durch. Nenn es «Remote Usability Testing.» Das klingt gut und hilft dir dabei, Kosten einzusparen.
7. Verschwende keine Zeit daran, dich mit dem Land bekannt zu machen, in dem du Usability-Arbeiten vornehmen willst. US-amerikanische Tester sollten beispielsweise immer ihre eigenen Haartrockner mitnehmen, wenn sie nach Europa gehen.
8. Halte immer Jerry Weinbergs weise Worte im Gedächtnis: «*Wenn du dich nicht um Qualität kümmerst, kannst du alle anderen Anforderungen erfüllen.*»

Bezüglich des sechsten Punktes mögen einige Hinweise notwendig sein. Das so genannte «Remote Usability Testing» (RUT) bedeutet, dass die Nutzertests in

Abwesenheit des Versuchsleiters durchgeführt werden. Die Instruktionen werden dabei nur schriftlich oder über das Telefon gegeben. Die Aktivitäten des Nutzers werden entweder per Internet live übertragen oder als Mitschnitt eines Screenrecorders nachträglich dem Versuchsleiter übermittelt (vgl. Abschnitt 4.4.6). Die Meinungen zu diesem Ansatz gehen auseinander. Nielsen (1996) gesteht zwar zu, dass bei diesem Vorgehen nur in eingeschränktem Maße visuelle Daten erhoben werden können, führt aber aus, dass auf diese probate Weise Reisekosten eingespart werden können. Molich (in Roshak & Spool, 2003) vertritt überspitzt dargestellt eher die Position, dass das RUT eine Möglichkeit darstellt, keine wirklich interkulturelle Usability-Evaluation machen zu müssen. Man sollte sich bei der Bewertung dieses Vorgehens verdeutlichen, dass das RUT eine Arbeit im Ausland teilweise überhaupt erst möglich macht. Grundsätzlich aber bringt eine Beteiligung des Evaluators vor Ort durch die direkte Kommunikation und Beobachtung reichere Ergebnisse hervor.

4 Methoden der Usability-Evaluation

Wie schon mehrfach angeklungen ist, ist die Evaluation neben der Anforderungsermittlung und der Erstellung von Bedienkonzepten das zentrale Element des Usability-Engineerings. In diesem Kapitel sollen nach einer Darstellung der grundlegenden Klassifikation der Methoden und allgemeinen Grundlagen die wesentlichen im Bereich des Usability-Engineerings angewendeten Evaluationsmethoden vorgestellt werden. Zum Abschluss des Kapitels folgen bestehende Untersuchungsergebnisse zur Güte und zu Einsatzfeldern der Methoden. Im anschließenden praktischen Teil werden ausgewählte Methoden noch einmal anhand von Fallbeispielen erläutert.

Die Methoden der Usability-Evaluation können grob in zwei Gruppen eingeteilt werden: empirische und analytische Methoden. Bei empirischen Methoden werden die Informationen über Befragung und Beobachtung der tatsächlichen Nutzer gewonnen, wohingegen bei den analytischen Methoden die Beurteilung von Usability-Experten vorgenommen wird, die versuchen, sich in die Situation der Nutzer zu versetzen. Dabei erfolgt die Beurteilung anhand von Richtlinien, gleichzeitig spielt aber natürlich auch die Erfahrung der Beurteiler und ihr Wissen über die Anwendungsdomäne eine entscheidende Rolle.

Empirische Daten müssen interpretiert werden. So muss zuerst die Wichtigkeit der aufgetretenen Usability-Probleme bestimmt werden. Außerdem ist zu klären, auf welche Weise die entdeckten Probleme am besten behoben werden können. Auch hier spielt die Erfahrung der interpretierenden Personen eine Rolle. Analytische Methoden können häufig bei der Interpretation von empirischen Daten hilfreich sein. Neben der Interpretationshilfe können analytische Methoden vor allem in frühen Phasen unabhängig von empirischen Methoden gut eingesetzt werden, da auch frühe Konzepte ohne Prototypen evaluiert werden können. Diese

Ergebnisse können dann in späteren Phasen durch empirische Evaluationen abgesichert werden (Heuer, 2003; Rosson & Carroll, 2002).

Teilweise finden sich auch andere Bezeichnungen für die Methodengruppen, so sprechen Gediga und Hamborg (2002) von deskriptiven und prädiktiven Methoden. Allerdings sind diese Unterteilungen weitgehend mit den geschilderten identisch.

Zu den empirischen Methoden gehören vor allem die Usability-Tests sowie die Fragebogenverfahren. Die bekanntesten analytischen Methoden sind die heuristische Evaluation und der Cognitive Walktrough.

Ursprünglich wurden Evaluationsmethoden in der Usability vor allem gegen Ende des Entwicklungsprozesses eingesetzt, um die Qualität des fertigen Systems zu überprüfen (summative Evaluation). Heute werden die Methoden aber vor allem auch zur entwicklungsbegleitenden Bewertung und zur Informationssammlung verwendet (formative Evaluation). Summative Evaluation führt häufig eher zu einer globalen Bewertung, ohne dass konkrete konstruktive Anhaltspunkte für eine Verbesserung ermittelt werden. Formative Evaluation soll hingegen konkrete Verbesserungsmöglichkeiten aufzeigen. Die erhobenen Daten können unterteilt werden in objektive, also beobachtete oder gemessene, und subjektive Daten, die die Meinung der Nutzer oder der Experten wiedergeben (Hix & Hartson, 1993; Gediga & Hamborg, 2002).

Die meisten Tests oder Methoden setzen ein gewisses Maß an erfolgter Realisierung voraus. Es müssen zumindest erste Entwürfe auf Papier oder im Computer bestehen, teilweise kann aber auch erst mit ersten funktionsfähigen Prototypen vernünftig evaluiert werden. Die Voraussetzungen der verschiedenen Methoden bestimmen auch maßgeblich ihren Einsatz im Entwicklungsprozess. So können kognitive Verfahren wie die Walktroughs mit wesentlich weniger weit entwickelten Entwürfen durchgeführt werden als Usability-Tests.

Virzi et al. (1996) haben in Untersuchungen herausgefunden, dass die Anzahl der gefundenen Benutzbarkeitsprobleme nicht davon abhängt, ob Tests mit Papierskizzen oder realen Systemen durchgeführt werden.

Prototypen können nach ihrer horizontalen oder vertikalen Entwicklung klassifiziert werden. Bei horizontalen Prototypen ist zwar die gesamte Bandbreite der Funktionalitäten schon vorhanden, sie sind jedoch noch nicht detailliert ausgearbeitet. So kann beispielsweise die Oberfläche komplett vorhanden sein, ohne dass sich jedoch echte Funktionalitäten dahinter verbergen. Beim vertikalen Prototypen ist hingegen nur ein kleiner Teil der Funktionalitäten bereits vorhanden, diese sind jedoch weitgehend fertig gestellt, sodass diese Teilbereiche realistisch getestet werden können. Eine komplette Erprobung des Systems durch spätere

Nutzer ist aufgrund der eingeschränkten Funktionalität jedoch noch nicht möglich. Für die Evaluation können beispielhafte Wege durch den Prototypen in Form von Anwendungsszenarien beschrieben werden, sodass die Funktionalitäten in ihrer Breite oder Tiefe nur soweit abgebildet werden müssen, wie das entsprechende Szenario es erfordert (Preim, 1999; siehe auch Rosson & Carroll, 2002).

Die Evaluation eines Systems kann nur dann erfolgen, wenn entsprechende Evaluationsziele und -kriterien oder Fragestellungen aufgestellt wurden, an denen die Systeme gemessen oder die Probleme interpretiert werden können.

Eine erste grobe Unterteilung findet sich bei Gediga und Hamborg (2002):

1. «*Which is better?*» Hier werden zwei oder mehr Systeme oder Designvarianten hinsichtlich bestimmter Kriterien verglichen.
2. «*How good?*» Bei dieser Fragestellung geht es um die Ausprägung bestimmter Systemeigenschaften. Diese Fragestellung spielt eher am Ende des Entwicklungsprozesses eine Rolle. Auch hierfür sind Kriterien nötig, anhand derer die Ausprägung bestimmt werden kann.
3. «*Why bad?*» Dies ist die klassische Fragestellung für die formative Evaluation. Hierbei sollen Schwachstellen aufgedeckt werden, die als Ausgangspunkt für die weitere Gestaltung dienen.

Die ISO-Normen geben einen Rahmen für detaillierte Bewertungskriterien vor. Sie sind allerdings nicht so konkret, dass sie selbst als Bewertungskriterien genutzt werden können. Abhängig von den in den Normen angesprochenen Aspekten, wie Nutzungskontext, Aufgaben, organisationaler Kontext oder Zufriedenheit, müssen projektspezifisch Kriterien entwickelt werden. In der Praxis wird dies häufig nicht explizit durchgeführt, sondern beruht auf den Erfahrungen der Evaluatoren (Gediga & Hamborg, 2002). Evaluationsziele können konkrete Maße für die Effizienz sein, zum Beispiel die Zeit, die für das Ausfüllen eines Formulars benötigt wird, sie können aber auch einfach im Aufdecken der Usability-Probleme bestehen (Burmester, 2003).

Burmester (2003) beschreibt die wesentlichen Schritte der Vorbereitung von Evaluationsmaßnahmen. So müssen zuerst die Evaluationsziele bzw. -kriterien festgelegt werden. Die Evaluationsziele sollten im gesamten Projektteam ermittelt werden, da sich Designer beispielsweise mehr auf Gestaltungsaspekte konzentrieren, Entwickler hingegen eher auf technische Aspekte. Die Nutzungskontextanalyse erfasst den Kontext, in dem das System verwendet wird. Hier muss geklärt werden, aus welchen Nutzergruppen Testpersonen herangezogen, welche Umgebungsfaktoren berücksichtigt werden müssen und welche Aufgaben bearbeitet werden sollten. Bei einem idealtypischen Prozess des Usability-Engineerings wurden diese Faktoren jedoch bereits in den frühen Phasen der Aufgabenanalyse und Anforderungsermittlung erhoben. Auch muss abgesichert werden, dass der Prototyp die gewünschten Funktionen in ausreichender Tiefe bietet und nicht die Auswahl anhand der entwickelten Features getroffen werden muss.

Nicht zuletzt muss geklärt werden, wer die Evaluation durchführt. Die meisten Verfahren setzen Qualifikationen für die Durchführung voraus. So sollten gerade analytische Methoden nur von Experten sowohl im Bereich der Usability als auch in der Domäne durchgeführt werden. Auch empirische Verfahren setzen bestimmte Qualifikationen voraus, beispielsweise wann Hilfestellung gegeben werden sollte und welche Aspekte protokolliert werden müssen. Schließlich sind auch für statistische Auswertungen entsprechende Kenntnisse notwendig.

4.1 Gestaltungsrichtlinien/Design-Guidelines

Die Herausgabe von Richtlinien zur Gestaltung (engl.: *design guidelines*) von Schnittstellen interaktiver Systeme bildet gewissermaßen den Ursprung der Usability-Evaluation. Nachfolgend wird ein Überblick über Gestaltungsrichtlinien, ihre Entstehung und Abgrenzung gegeben, bevor zwei der bekanntesten Gestaltungsrichtlinien vorgestellt werden. Eine Kritik des Ansatzes schließt den Punkt ab.

4.1.1 Hintergrund

Mit der zunehmenden Zahl von Nutzern technischer Systeme stellte sich für die Entwickler der späten sechziger und frühen siebziger Jahre verstärkt die Frage, wie sie nutzergerechte Systeme gestalten könnten. Am Anfang der wissenschaftlichen Veröffentlichung zur Mensch-Computer-Interaktion standen lediglich ungebündelte Fallberichte aus einzelnen Entwicklungsvorhaben, sodass ein einheitlicher und fundierter Erkenntnisstand noch nicht dokumentiert war. Penniman (1979) fasste zusammen, was immer mehr Stimmen aus Wirtschaft und Forschung forderten: Zumindest einstweilige Regelsammlungen basierend auf vorhandener Literatur seien notwendig, bis das anwachsende Wissen über die Gestaltung elaborierte Richtlinien ermöglichen würde.

Beauftragt vom Office of Naval Research (ONR) begannen Ramsey, Atwood und Kirshbaum (1978) erstmals damit, systematisch eine umfangreiche Bibliografie aus bestehender Literatur zu diesem Themengebiet zusammenzustellen. In der Mehrzahl handelte es sich dabei allerdings um Veröffentlichungen, die Applikationen und ihr Design beschrieben, aber keine konkreten Hinweise zur Systemgestaltung gaben. Die ONR-Bibliografie umfasste insgesamt 564 Einträge, doch nur 17 davon stellten tatsächlich Gestaltungsanweisungen für Systemaspekte dar. Dennoch war dieses Vorgehen ein Anstoß für die Entwicklung einer Reihe von Gestaltungsrichtlinien in den nachfolgenden Jahren.

Der Gestaltungskontext umfasste zu dieser Zeit hauptsächlich hoch technisierte Domänen, wie Flugzeugcockpits und industrielle Leitstände. Frühe Design-Guidelines fokussierten damit vorrangig einen Technologiebereich, der nicht am Endkonsumenten orientiert war, da die Zielnutzer zumeist aus qualifiziertem Personal großer Organisationen bestanden. Doch mit dem immer stärkeren Vordringen von Computern in den nicht-technischen Dienstleistungsbereich und in die Privathaushalte wurden neue Anforderungen an die Systemgestaltung gestellt.

Insbesondere die enorm heranwachsende Gemeinde der Screendesigner suchte und fand ab der Mitte der neunziger Jahre im Sog des Internet- und Handy-Siegeszugs verbindliche neue Gestaltungsrichtlinien, herausgegeben beispielsweise von der Yale University, von Sun Microsystems oder von der Library of Congress. Viele dieser Designer griffen allzu bereitwillig und unkritisch zu den vorhandenen Richtlinien, und somit wuchsen auch deren Missinterpretation und ungenügende Umsetzung. Diskrepanzen und Widersprüche in den Gestaltungsrichtlinien wurden bald häufiger Streitpunkt in der ebenfalls boomenden Gemeinde der Usability-Professionals (z. B. Spool, 2002).

4.1.2 Was sind Gestaltungsrichtlinien?

> «Gestaltungsrichtlinien sollten mehr sein als die oberflächlich erdachte Meinung einer einzelnen Person, aber sie sind keine starren Standards, welche die Grundlage eines Vertrags oder eines Rechtsstreits darstellen könnten. Gestaltungsrichtlinien sind keine umfassende akademische Theorie, die einen starken Vorhersagewert hat. Eher sollten sie in dem Sinne verordnend sein, dass sie Vorgehensweisen mit sinnvollen DOs und DON'Ts vorschreiben.»
> (übersetzt nach Ben Shneiderman (1987), In: Koyani, Bailey & Nall 2001, S. III)

Gestaltungsrichtlinien bestehen aus einer Liste von Prinzipien, die zu gebrauchstauglichen Systemen führen sollen, wenn man sie bei der Gestaltung eines Systems befolgt. Die Prinzipien können dabei relativ breit gestreut sein (z. B. «*Begriffe sind konsistent zu nutzen*») oder auf sehr spezifische Details eingehen (z. B. «*Listeneinträge der dritten Menüebene sind mit kreisförmigen Markierungen anzudeuten, die auf 70 % der Textgröße skaliert sind*»). Sie geben damit für die Entwickler klare Gestaltungsanforderungen vor und befähigen Kunden bzw. Usability-Experten zur objektiven Bewertung von Schnittstellen. Eine besondere Form der Gestaltungsrichtlinien stellen Expertenleitfäden oder Checklisten dar, die systematisch von Usability-Experten durchgearbeitet werden können. Sie quantifizieren das Vorhandensein bzw. die Ausprägung der Umsetzung der geforderten Designprinzipien. Ein Vorgehen anhand der Gestaltungsrichtlinien, wie sie hier verstanden werden sollen, hat hingegen einen qualitativen Charakter. Weitere Ausführungen zu Expertenleitfäden finden sich in Abschnitt 4.2.2.

Allgemein können fünf Kategorien von Gestaltungsrichtlinien unterschieden werden (Bastien & Scapin, 1995; Vanderdoncxt, 1999):

1. *Gestaltungsregeln:* Lose und unstrukturierte Ansammlungen von einzelnen detaillierten Anweisungen, die keiner weiteren Interpretation bedürfen (z. B. *«Menüs sollten einen optischen Eindruck über die Struktur einer Webseite geben.»*)

2. *Ergonomische Algorithmen:* Sie fassen einzelne Gestaltungsanforderungen in einer systematischen Prozedur zusammen, die beschreibt, wie man unter bestimmten Bedingungen eine Gestaltung vorzunehmen hat. Beispielsweise eine Beschreibung, wie in wissenschaftlichen Veröffentlichungen die verschiedenen Textarten korrekt zu zitieren sind.

3. *Styleguides:* Sie bestehen aus einem Satz von sehr konkreten Richtlinien und/oder Spezifikationen mit dem Ziel der Vereinheitlichung von Systemen eines bestimmten Typs oder Herstellers. Sie beschreiben ein grundsätzliches Layout-Rahmenmodell, in das die Inhalte eingefügt werden. (z. B. *«Hauptüberschriften sind immer in der Schriftart Arial, Punkt 16, Fett zu gestalten. Ihr Abstand vom linken Bildrand beträgt 120 Bildpunkte.»*)

4. *Standards:* Sie entsprechen den Anforderungen der in Abschnitt 1.4 aufgeführten Normen, z. B. DIN EN ISO 9241-10 (1997).

5. *Richtlinien-Sammlungen:* Sie umfassen in inhaltliche Kategorien gebündelte Gestaltungsanforderungen, die für sehr viele Formen von Benutzungsschnittstellen geeignet sind. Jede Anforderung ist als Aussage dargelegt und zum Teil mit Beispielen angereichert.

Im Folgenden werden wir uns auf Richtlinien-Sammlungen beziehen. Der Einfachheit halber werden wir sie von jetzt an schlicht als *«Guidelines»* bezeichnen. Guidelines können entweder *analytisch* oder *empirisch* entwickelt werden. Analytisch heißt in diesem Zusammenhang, dass vom allgemeinen Konsens von Gestaltungsexperten, der aus Befragungen ermittelt wird, auf allgemeine Gestaltungsprinzipien geschlossen wird. Die Verifikation der Prinzipien ergibt sich damit aus einer generellen Akzeptanz durch die Gemeinde der Usability-Professionals. Empirisch ist ein Vorgehen, wenn aus spezifischen Experimenten der Grundlagenforschung direkt einzelne Gestaltungsrichtlinien abgeleitet werden. Die Verifikation ergibt sich aus der Wiederholbarkeit der Experimente.

Russell, Durling, Griffiths und Crum (1997) unterscheiden zwischen generischen und empathischen Guidelines. Generische Guidelines sind breit anwendbar, geben aber kaum Hinweise über ihre Umsetzung in konkreten Designsituationen, z. B. «*Reduziere die kognitive Belastung des Nutzers wo immer möglich*». Empathische Guidelines sind hier hingegen spezifischer, z. B. «*Reduziere die kognitive Belastung des Nutzers, indem ähnliche Informationen in Listen angeordnet werden*». Sie geben allerdings zumeist lediglich Hinweise, wie etwas grundsätzlich umzusetzen wäre, ohne Information, ob dies in einem spezifischen Kontext unbedingt genauso gilt. Interpretationsbedarf gibt es demnach für beide Arten von Richtlinien.

4.1.3 Vorgehen während einer Evaluation

Guidelines eignen sich grundsätzlich sowohl für formative als auch für summative Evaluationsvorhaben. Ein oder mehrere Evaluatoren nehmen die Liste der Gestaltungsrichtlinien und überprüfen die Umsetzung der Anforderungen. Eine einheitliche Art der Problemdokumentation während einer Evaluation gibt es dabei im Allgemeinen nicht. Es empfiehlt sich daher, im Vorfeld genau zu überlegen, welche Art der Information man durch die Evaluation erhalten möchte. Dies hilft dabei, geeignete Guidelines auszuwählen und Antwortformate für sie zu überlegen.

Auf der Grundlage eines Experiments zur Anwendung von Guidelines zur Gestaltung von Menü-Schnittstellen (De Souza & Bevan, 1990) schlagen wir folgendes allgemeines Vorgehen zur Anwendung von Guidelines während einer Evaluation vor:

1. Revision der Guidelines

Dieser Teil dient der Vorbereitung der Teile der Evaluation. Um sicherzustellen, dass die Evaluatoren hinreichendes Wissen über die Guidelines haben, werden sie ihnen zum Durchlesen vorgelegt. Dabei können Detailfragen bezüglich der Inhalte besprochen werden. Bei umfangreichen Guidelines sollten diese schon im Vorfeld den Evaluatoren zur Verfügung gestellt werden. Hier dient diese «Aufwärmphase» eher zur Besprechung von unklaren Punkten.

2. Bekanntmachen mit der Ausgangsoberfläche

Das System wird präsentiert. Inhalte, Funktionen werden verdeutlicht und Anweisungen für die Nutzung gegeben.

3. Anwendung der Guidelines
Evaluatoren identifizieren Probleme anhand von Guidelines im Allgemeinen iterativ und eher zufällig als strukturiert. Es besteht dabei die grundsätzliche Neigung, die Guidelines zwischendurch aus der Hand zu legen und anhand eigenen Wissens zu evaluieren, anstatt strikt den Abfolgevorgaben zu folgen. Die identifizierten Probleme werden dadurch erst nach der Evaluation in den Guidelines verortet, sodass die Guidelines häufig nicht die gewünschte Beachtung finden. Daher empfiehlt es sich, die Evaluation in zwei Teile zu trennen:

- Teil 1: Hauptsächlich exploratives Vorgehen. Die Guidelines unterstützen die Experten als allgemeine Prinzipien der Usability, ähnlich wie die Heuristiken der Heuristischen Evaluation (vgl. Abschnitt 4.3.1). Durch Techniken des lauten Denkens werden diese Überlegungen transparent und können ausgewertet werden.

- Teil 2: Auf der Grundlage der Vorüberlegungen werden die Guidelines systematisch durchgegangen und weitere Probleme identifiziert. Sowohl die zuvor aufgedeckten Probleme als auch die neu identifizierten werden den Guidelines zugeordnet und dokumentiert.

4.1.4 Zwei prominente Beispiele für Guidelines

1. Guidelines for Designing User Interface Software (Smith & Mosier, 1986):
Dieses Frühwerk, das im Auftrag der MITRE-Corporation entstand, kann auch heute noch zu weiten Teilen als aktuell bezeichnet werden. Die in ihm aufgeführten 944 analytisch entwickelten Guidelines sind in sechs funktionale Abschnitte der Nutzer-System-Interaktion eingeteilt. **Tabelle 3** zeigt eine Übersicht dieser Gruppen mit der Anzahl der ihnen zugeordneten Richtlinien. Die Beispiele geben Kurztitel für konkrete Richtlinien innerhalb der Gruppen wieder.

Innerhalb jedes Abschnitts sind die Richtlinien in bestimmte Funktionen gruppiert, die jeweils durch eine Kennziffer markiert werden. Die funktionellen Abschnitte beginnen mit einer einführenden Beschreibung von allgemeinen Gestaltungsfragen, um das Geltungsgebiet der folgenden Richtlinien zu erläutern. Abschließend werden kurze Definitionen der verschiedenen Schnittstellenfunktionen, die in diesem Abschnitt zusammengefasst sind, sowie eine Inhaltsangabe dargestellt.

Die eigentlichen Richtlinien sind sequenziell unter jeder Funktion angeführt. Ein Kurztitel soll dabei helfen, das genaue Thema der einzelnen Richtlinie zu identifizieren, wie in **Abbildung 9** ersichtlich ist. Viele Richtlinien werden durch Beispiele

4.1 Gestaltungsrichtlinien

Tabelle 3: Funktionelle Gruppen der Guidelines nach Smith und Mosier (1986).

Funktionelle Gruppe	Items	Beispiel
1. Dateneingabe	199	Feedback über die Komplettierung von Dateneingaben
2. Datendarstellung	298	einfache Satzstrukturen
3. Kontrolle über Befehlsabfolgen	184	flexible Kontrolle über die Befehlsabfolgen
4. Nutzerführung	110	aufgabenorientierte Fehlermeldungen
5. Datenübertragung (E-Mail)	83	automatische Überprüfung von Adressen
6. Datensicherheit	70	flexible Backups zur Fehlerkorrektur

1.0 DATA ENTRY: General
1.0/24 Prompting Data Entry

Provide prompting for the required formats and acceptable values for data entries.
Example:
```
(Good)  | Vehicle type: __ |
        | c = Car          |
        | t = Truck        |
        | b = Bus          |
(Bad)   | Vehicle type: __ |
```
Exception: Prompting may not be needed by skilled users and indeed may hinder rather than help their performance in situations where display output is slow (as with Teletype displays); for such users prompting might be provided as an optional aid.
Comment: Prompting is particularly needed for coded data entries. Menu selection may be appropriate for that purpose, because menu selection does not require the user to remember codes but merely to choose among displayed alternatives. Other methods of prompting include labeling data fields, such as
```
            | Vehicle type (c/t/b): __ |
```
and/or providing optional guidance displays.
Reference:
   Gade Fields Maisano Marshall Alderman 1981
   Seibel 1972
See also: 1.4/5 4.4/7 3.1.3

Abbildung 9: Beispiel für eine Richtlinie aus den Guidelines nach Smith & Mosier (1986).

und weitere Kommentare illustriert, die eine korrekte Interpretation erleichtern sollen. Kreuzvermerke weisen auf miteinander verbundene Richtlinien hin – auch über Grenzen der einzelnen funktionellen Abschnitte hinweg. Die Guidelines enden mit einem Glossar, einer Referenzliste, einer Aufstellung aller Kurztitel und schließlich einem thematischen Index.

2. Research-based Webdesign- und Usability-Guidelines (Koyani et al., 2001)
Motivation der Entwicklung dieser vom amerikanischen National Cancer Institute (NCI) veröffentlichten Webdesign- und Usability-Guidelines war der Wunsch, Designern eine Hilfestellung auf der Basis aktueller Forschungsergebnisse an die Hand zu geben. Die 185 Items der empirisch entwickelten Guidelines sind in 17 Kapitel aufgeteilt. In ihnen werden nicht nur Themen der Gestaltung, sondern u. a. auch des Gestaltungsprozesses, der Evaluation und der behindertengerechten Darstellung von Webseiten thematisiert. Die Guidelines wenden sich damit explizit sowohl an Designer, an Usability-Experten sowie an Projektmanager und Wissenschaftler. **Tabelle 4** gibt die 17 Kapitel dieser Guidelines wieder und nennt je ein Beispiel für eine Richtlinie.

Tabelle 4: Die 17 Kapitel der Webdesign- & Usability-Guidelines (nach Koyani et al., 2001)

Kapitel	Items	Beispiel
1. Gestaltungsprozess und Evaluation	13	«Verstehe und erfülle Nutzererwartungen!»
2. Optimierung des Erfahrungsaufbaus der Nutzer	14	«Vereinheitliche Aufgabenabfolgen!»
3. Zugänglichkeit (Accessibility)	14	«Verwende niemals nur Farbe als Informationsmedium!»
4. Hardware und Software	5	«Beachte Unterschiede zwischen Browsern!»
5. Homepage	9	«Kommuniziere das Anliegen der Webseite!»
6. Seitenlayout	10	«Platziere wichtige Items konsistent!»
7. Navigation	10	«Differenziere und gruppiere Elemente zur Navigation!»
8. Scrolling und Paging	5	«Eliminiere horizontales Scrollen!»
9. Überschriften, Titel und Benennung	8	«Verwende einmalige und beschreibende Überschriften!»
10. Links	14	«Verwende konsistente Hinweise auf Links!»
11. Textdarstellung	7	«Verwende Schwarz auf einfachen, hochkontrastiven Hintergründen!»

Kapitel	Items	Beispiel
12. Listen	8	«Stelle zusammenhängende Items in Listen dar!»
13. Screenbasierte Kontrollobjekte (Widgets)	25	«Unterscheide Muss- und optionale Felder in Formularen!»
14. Grafiken, Bilder und Multimedia	15	«Verwende einfache Hintergrundbilder!»
15. Web-Inhalte	11	«Begrenze die Anzahl von Wörtern und Sätzen!»
16. Organisation der Inhalte	9	«Unterstütze das Durchscannen von Texten!»
17. Suche	8	«Unterscheide nicht zwischen klein und groß geschriebenen Sucheingaben!»

Die Beschreibung der im Internet kostenlos als PDF-Datei herunterladbaren Guidelines folgt immer dem Schema, wie es in **Abbildung 10** auf S. 124 dargestellt wird. Dem Titel schließt sich die eigentliche Richtlinie an, die kommentiert und gegebenenfalls mit Beispielgrafiken illustriert wird. Die Quellen der empirischen Grundlagen werden angegeben. Eine Besonderheit stellen die Angaben zur Einschätzung der relativen Wichtigkeit der Richtlinie für den Erfolg von Webprojekten und der Stärke der Evidenz der Quellen dar. In diesem Fall handelt es sich um eine mittelmäßig wichtige Richtlinie, die empirisch aber relativ gut belegt wurde.

4.1.5 Kritik

Obwohl die Anwendung von Guidelines durchaus nützlich ist, gibt es auch eine Reihe von Kritikpunkten. Evaluationen anhand von Guidelines sind auch heute noch sehr beliebt, vielleicht, weil sie relativ einfach angewendet werden können und einen hohen Erkenntnisgrad versprechen. Aber mehr und mehr setzt sich die Erkenntnis durch, dass die Gebrauchstauglichkeit von Systemen zwar bis zu einem bestimmten Grad aus den meist starren Richtlinien der Guidelines abgeleitet werden kann, letztendlich aber der Nutzungskontext und die Zielgruppe über die tatsächliche Qualität der Schnittstelle entscheiden müssen.

Weiterhin stellt sich immer die Frage nach der Qualität der Guidelines und ihrer Eignung für das jeweilige Evaluationsvorhaben. Es sind vielerlei Prinzipien für eine gebrauchstaugliche Systemgestaltung im Internet zu finden, und noch

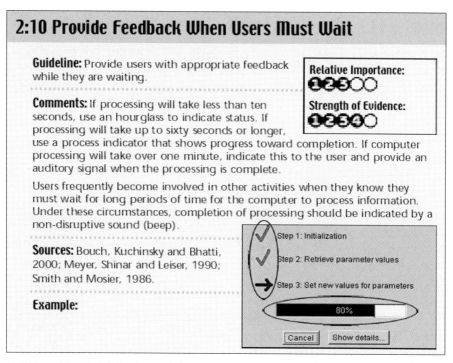

Abbildung 10: Beispiel für eine Richtlinie nach Koyani et al. (2001).

mehr Unternehmen der Consultant-Branche werben mit ihren «*wissenschaftlich fundierten*» Guidelines. Doch über deren Herkunft ist häufig wenig zu erfahren, und vom Aufbau her stellen sie oft kaum mehr als Gestaltungsregeln dar. Vorsicht sollte immer dann walten, wenn Standard-Checklisten aus nur 20 oder 30 Items zu spezifischen Detailfragen als für alle Systeme geeignet angepriesen werden. Eine hinreichende Usability-Evaluation anhand von Guidelines ist eine relativ aufwändige Angelegenheit, die immer nur unter Berücksichtigung der Domäne, der Nutzer und des Nutzungskontextes sinnvoll ist.

4.2 Formal-analytische Verfahren

Die Klasse von Evaluationsmethoden, die nun vorgesellt werden soll, bedient sich eines analytischen und formalen Ansatzes. In der Literatur entweder als «analytische» oder «formale» Methoden aufgeführt, sollen sie hier als formal-analytische Verfahren bezeichnet werden. Sie können grob unterschieden werden in «aufgabenanalytische Verfahren» und «Expertenleitfäden». Usability-Experten analysieren und beschreiben mit ihnen Benutzungsschnittstellen anhand von festgelegten Formalismen. Dieser Prozess erfolgt ohne den Einbezug von Vertretern späterer Nutzergruppen, weswegen die Ergebnisse nicht selten fälschlich als irrelevant für einen benutzerorientierten Gestaltungsprozess angesehen werden. Formal-analytische Verfahren können empirische Evaluationen mit Nutzern sicherlich nicht ersetzen, wohl aber ergänzen. Im Folgenden werden die beiden genannten Gruppen formal-analytischer Verfahren skizziert und anhand zweier Beispielmethoden illustriert.

4.2.1 Aufgabenanalytische Verfahren

Diese Verfahren nähern sich der Gebrauchstauglichkeit aus Sicht der mit dem System zu erfüllenden Aufgaben. Experten schlüsseln diese Aufgaben in Teilaufgaben bis hinunter zu einzelnen konkreten Handlungen auf und beschreiben diese anhand einer formalen Modellsprache. Durch diese (idealtypische) Aufteilung ist es möglich, die einzelnen Handlungsschritte sowohl getrennt als auch kumuliert hinsichtlich verschiedener Maße (z. B. Ausführungszeiten, logische Prozessabfolgen) zu bewerten. Systementwürfe können damit schon in Form der Lastenhefte, die das umzusetzende System skizzieren, evaluiert werden. Eine Implementierung von Nutzerschnittstellen oder Funktionen ist für eine aufgabenanalytische Evaluation daher nicht notwendig.

Seit Anfang der 1980er Jahre wurden verschiedenste aufgabenanalytische Evaluationsmethoden mit unterschiedlichen theoretischen Hintergründen entwickelt. Je nach Hintergrund weichen die Schwerpunkte der Methoden inhaltlich voneinander ab. In einer Studie zum Vergleich von sieben verschiedenen aufgabenanalytischen Verfahren stellen Blandford, Hyde, Connell und Green (2004) beispielsweise fest, dass sich die Usability-Problematiken, die durch diese Verfahren aufgedeckt werden, in fünf Hauptkategorien gruppieren: Systemgestaltung, Nutzerwissen, konzeptuelle und physikalische Passung zwischen Nutzer und System sowie Themen des Nutzungskontexts. Jede Methode konzentriert sich dabei allerdings nur auf jeweils ein bis zwei Kategorien. Nachfolgend wird exemplarisch ein aufgabenanalytisches Verfahren skizziert: das GOMS-Modell.

Das GOMS-Modell (Goals, Operators, Methods, Selection Rules)
1983 veröffentlichten Card, Moran und Newell ein Buch mit dem Titel «*The Psychology of Human-Computer Interaction*», in welchem sie das GOMS-Modell ausführlich beschreiben. Das Modell geht davon aus, dass Nutzer anstehende Aufgaben ausführen, indem sie diese in unabhängig voneinander zu erreichende Unteraufgaben aufteilen. Dieser Ansatz stellt eines der wenigen weithin bekann-

ten theoretischen Konzepte zur kognitiven Modellierung in der Mensch-Computer-Interaktion dar.

Das Modell gibt Zeiten vor, die für bestimmte physische wie auch kognitive Prozesse benötigt werden. Durch die Kopplung der analysierten Teilaufgaben mit diesen Zeitintervallen sind präzise Vorhersagen der für eine Aufgabe insgesamt notwendigen Bearbeitungszeiten möglich. Auf diese Weise lässt sich beispielsweise bestimmen, welche von zwei Gestaltungsalternativen eine schnellere Bearbeitung durch den Nutzer ermöglicht. Vier Komponenten, die das Akronym des Namens bilden, ermöglichen bei diesem Modell die notwendige analytische Aufgabenbeschreibung:

- *Ziele* (Goals): Spezifischer Soll-Zustand, den ein Nutzer erreichen will

- *Operationen* (Operators): Elementare Handlungen (Wahrnehmung, Kognition, Motorik) als Elemente der Zielerreichung. Operationen können auf der Aufgabenebene die Ausführung einer Teilaufgabe sein, auf der Ebene der Eingaben hingegen einzelne Tastaturanschläge. Ihnen sind Zeitwerte zugeordnet, z. B. (nach Card et al., 1983):
  - K = Betätigung einer Taste oder eines Buttons; 0,08 s
  - P = Zeigen mit der Maus auf ein Objekt; durchschnittlich 1,15 s
  - H = Bewegung der Hand zur Maus; 0,4 s
  - M = Zeit zwischen Zielidentifikation und Start der Handlung (mentale Vorbereitung); 1,35 s.

- *Handlungsschemata* (Methods): Sequenzen von notwendigen Operationen zur Zielerreichung

- *Auswahlregeln* (Selection Rules): Wenn-dann-Beziehungen, welche die Auswahl zwischen verschiedenen möglichen Handlungsschemata bestimmen (John & Kieras, 1996).

Es gibt eine Vielzahl verschiedene GOMS-Techniken als Erweiterungen des eigentlichen Modells, die sich in ihrer Komplexität unterscheiden, beispielsweise:

- *Keystroke-Level-Modell* (KLM; Card, Moran & Newell, 1980): Einfachste GOMS-Technik, die schnelle Einschätzungen der notwendigen Bearbeitungszeit über die Gesamtanzahl von notwendigen Tastendrücken (später auch Mausaktionen) ermöglicht

- *Natural GOMS Language* (NGOMSL; Kieras, 1988, 1997): Ermöglicht auch ein Vorhersagen von Lernzeiten und beinhaltet ein strukturiertes natürlichsprachliches Beschreibungsformat anstelle einer formellen Syntax.

- *Cognition, Perception, Motor Processes GOMS* (CPM-GOMS; Gray, John & Atwood, 1993): Die wohl komplexeste GOMS-Technik, die das GOMS-Modell um die Berücksichtigung von miteinander konkurrierenden kognitiven, wahrnehmungsbezogenen und motorischen Tätigkeiten erweitert.

Diese Techniken sollten a priori Vorhersagen über die Gebrauchstauglichkeit von Systemen ermöglichen, leicht erlernbar sowie für Systemgestalter und Wissenschaftler nutzbar sein. Olson und Olson (1990) weisen auf Probleme des GOMS-Modells hin. Ihnen zufolge bestehen Lücken in der kognitiven Theorie selbst, die es verhindern, dass dieses Modell wichtige Aspekte der Mensch-Computer-Interaktion berücksichtigen kann, beispielsweise Ermüdung der Nutzer, Nutzerakzeptanz und die Passung des Systems zur Organisation und ihren Prozessen. GOMS ist weiterhin nur anwendbar für gut definierte kognitive Aufgaben, für die Erfahrungswerte bestehen. Wenn es sich aber um innovative Systeme handelt, bei denen unklar ist, wie Nutzer an sie herangehen, welche Annahme sie für die Auswahlregeln heranziehen werden, wie viel Zeit sie für bestimmte Aufgaben wahrscheinlich benötigen etc., kann das Modell keine sicheren Vorhersagen machen.

Anwendungsbeispiel für KLM-GOMS

Der Wert der Uhr soll auf den Zielwert «15:00» eingestellt werden. Dazu muss einmal der Button «Einstellen» gedrückt werden, um dann den Zähler mit dem entsprechenden Pfeil-Button zu erhöhen oder zu vermindern. Abschließend muss der Button «OK» gedrückt werden, um die Eingabe abzuschließen.

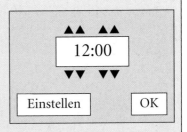

Ziel:	Auf Skala von 0 bis 24 Wert auf «15» einstellen
Operationen:	Buttons drücken bis Zielwert erreicht
Handlungsschema:	Einstellungsmodus starten, Wert einstellen, Eingabe abschließen
Auswahlregel:	Wenn Wert Stunde «0» bis «4», dann drücke «Pfeil Stunde addieren»
	Wenn Wert Stunde «6» bis «9» dann drücke «Pfeil Stunde abziehen»

> **Ziel:** *Wert von «2» auf «5» erhöhen*
>
> **Unterziel:** Einstellungsmodus starten
>
> - Mentale Vorbereitung; M = 1,35 s
> - Handbewegung zur Maus; H = 0,40 s
> - Mausbewegung; P = 1,15 s
> - Mausbetätigung: Button *«Einstellungen»*: K = 0,08 s
>
> **Unterziel:** Wert addieren
>
> - Mausbewegung; P = 1,15 s
> - Mausbetätigung: Button *«Pfeil Stunde addieren»*: K = 3 x 0,08 s
>
> **Unterziel:** Änderungen bestätigen
>
> - Mausbewegung; P = 1,15 s
> - Mausbetätigung: Button *«OK»*: K = 0,08 s
>
> **Totale Dauer der Zielerreichung = 5,6 s**

4.2.2 Expertenleitfäden

Leitfadenorientierte Prüfverfahren sind für Experten konzipiert, die sich dem System nicht hinsichtlich ihrer Eignung zur Aufgabenerfüllung nähern, sondern aus dem Blickwinkel der Software-Ergonomie. Solche Prüflisten stellen eine Sammlung von Fragen oder Aussagen hinsichtlich der Gestaltung von Benutzerschnittstellen dar. Ihr Vorteil liegt in der vergleichsweise schnellen Durchführbarkeit und der Tatsache, dass für ihre Anwendung kaum methodische Kenntnisse notwendig sind (Hüttner, Wandke & Rätz, 1995). In Abgrenzung zu den eher offenen Guidelines, die in Abschnitt 4.1 thematisiert wurden, sind Expertenleitfäden in eine Verfahrensvorschrift eingebettet, welche die Durchführung einer Evaluation konkretisieren (Oppermann, Murchner, Reiterer & Koch, 1992).

Expertenleitfäden werden häufig bereits früh im Gestaltungsprozess, meist schon in der Entwurfsphase des Systems, angewendet. Zielstellung der Verfahren ist es, in einem Prozess der Selbstkontrolle durch die Systementwickler gestalterische Mängel allgemeiner Art (z. B. fehlende Funktionen oder Hilfestellungen) ohne Nutzerbeteiligung aufzudecken. Diese Bewertung findet ihren Niederschlag in einer quantitativen Aussage über bestimmte Aspekte der Gestaltung von Benutzerschnittstellen. Die Aspekte umfassen häufig keine Usability-Probleme, die sich aus dem Nutzungskontext ergeben, da die Aufgabenmerkmale nur eine untergeordnete Rolle spielen. In der Vergangenheit wurde eine Reihe solcher Prüflisten veröffentlicht, doch haben sie in den letzten Jahren mit der verstärkten Betrachtung von Aspekten der Prozess- und Aufgabenangemessenheit an Relevanz für die Usability-Evaluation verloren. Nachfolgend wird der zumindest im deutschsprachigen Raum wahrscheinlich bekannteste Expertenleitfaden als Beispiel illustriert: EVADIS II.

EVADIS II

Der Expertenleitfaden EVADIS II (Oppermann et al., 1992) basiert auf dem 1988 erstmals veröffentlichten Evaluationsleitfaden EVADIS. Ziel des Verfahrens ist die software-ergonomische Bewertung der Mensch-Computer-Schnittstelle für den Bürobereich. In Erweiterung der Vorgängerversion, die eine reine detaillierte und umfassende Beschreibung dieser Schnittstelle vorsieht, ermöglicht EVADIS II auch die Bewertung ihrer Eigenschaften hinsichtlich der Gebrauchstauglichkeit. Es werden dabei Aspekte der Funktionalität, der Organisation und ihrer Passung zueinander betrachtet. Die Methode wurde zur Anwendung durch Software-experten entworfen, die über grundlegendes Wissen um die Gestaltung von ergonomischen Softwaresystemen allgemein und über das zu bewertende System verfügen.

Dieser Expertenleitfaden stellt eine Methodenkombination dar (siehe **Tab. 5** auf S. 130). Zunächst gibt es das Kernstück in Form des methodengeleiteten Expertenurteils (Prüffragensammlung) EVADIS in erweiterter Fassung. Mit seiner Hilfe werden die Funktionalitäten und ihre ergonomische Qualität bewertet. Die Benutzerbefragung dient der Erhebung relevanter Benutzermerkmale, allerdings nur jener, die für die Bewertung der ergonomischen Qualität dienlich sind. Eine vereinfachte Arbeitsanalyse ermöglicht dem Evaluator mittels Beobachtungsinterviews die ergonomische Qualität der Aufgabe als solche zu bewerten.

Die Ergebnisse der Benutzerbefragung und der Arbeitsanalyse dienen der Schwerpunktfestlegung der Systemevaluation und der anschließenden Zusammenstellung einer geeigneten Prüfaufgabe. In dieser Hinsicht stellt EVADIS II eine in Expertenleitfäden nicht immer vorzufindende Flexibilität bereit. Die Prüfaufgabe besteht aus einer Reihe von Arbeitsanweisungen als eine Art Drehbuch bezüglich der Arbeit mit dem System.

Das Ergebnis der Evaluation mit EVADIS II besteht in einem standardisierten Prüfbericht. Er setzt sich aus Mittelwerten der Bewertungen von Systemkompo-

Tabelle 5: Methodenkombination – EVADIS II (Opperman et al., 1992).

Evaluationsziel	Methode	Ziel	Werkzeug	Ort
Benutzer	Benutzerbefragung	Erfassen von Nutzereigenschaften	standardisierter Fragebogen	Arbeitsplatz
Aufgaben (Organisation)	vereinfachte Arbeitsanalyse	Bewertung, Erstellen von Prüfaufgaben	Leitfaden zur Erstellung der Prüfaufgaben	Arbeitsplatz
Software	methodengeleitetes Expertenurteil	Bewertung der ergonomischen Qualität	Prüffragensammlung	Arbeitsplatz, Prüfstelle, beim Entwickler

nenten des herangezogenen Benutzerschnittstellenmodells und generellen ergonomischen Kriterien aus der Evaluation der Organisation (8 Kriterien) und des Systems (12 Kriterien, vgl. **Tab. 6**) zusammen. Die technischen Systemkomponenten, die bewertet werden, entstammen einer Ausdifferenzierung des so genannten IFIP-Modells für Schnittstellen (Dzida, 1983):

1. *Ein-/Ausgabeschnittstelle:*
   - 1.1 Informationsdarstellung
   - 1.2 Eingabemedien
   - 1.3 Eingabe
   - 1.4 Ausgabemedien
   - 1.5 Sprache

2. *Dialogschnittstelle:*
   - 2.1 Dialogtechniken
   - 2.2 Dialogsteuerung/-ablauf
   - 2.3 Statusinformation und Meldungen
   - 2.4 Fehlermeldungen
   - 2.5 Hilfen

3. *Werkzeugschnittstelle:*
   - 3.1 Funktionalität des Anwendungssystems
   - 3.2 Funktionalität der Schnittstelle
   - 3.3 Antwortzeit/Durchsatz, Störungen

4. *Organisationsschnittstelle:*
   - 4.1 technische Organisationsschnittstelle
   - 4.2 nicht-technische Organisationsschnittstelle

Die Kriterien der Systemevaluation stammen teilweise aus der DIN EN ISO 9241-10 und teilweise von den Entwicklern des Leitfadens.

Tabelle 6: EVADIS-Kriterien zur Evaluation der Software (Oppermann et al., 1992).

01: Verfügbarkeit	Der Benutzer wird nicht durch Störungen oder zu lange Antwortzeiten behindert.
02: Nützlichkeit	umfasst die Aspekte der «Aufgabenangemessenheit», die sich auf eine angemessene Funktionalität der Software für die Aufgabenerfüllung beziehen
03: Komfort	umfasst Aspekte der «Aufgabenangemessenheit», die sich auf eine eventuelle unerwünschte Mehrbelastung durch Eigenschaften des Dialogsystems beziehen
04: Übersichtlichkeit	bezieht sich auf Darstellung und Anordnung der Informationen auf dem Bildschirm
05: Selbstbeschreibungsfähigkeit	ISO-9241-Kriterium
06: Erwartungskonformität	ISO-9241-Kriterium
07: Fehlerrobustheit	ISO-9241-Kriterium
08: Erlernbarkeit	ISO-9241-Kriterium
09: Individualisierbarkeit	ISO-9241-Kriterium
10: Steuerbarkeit	ISO-9241-Kriterium
11: Kooperations- und Kommunikationsförderlichkeit	bezieht sich auf die Frage, inwieweit die Software den Arbeitenden eine gemeinsame, kooperative Aufgabenerfüllung ermöglicht, wobei der unmittelbaren, persönlichen Kommunikation ein hoher Stellenwert zukommt
12: Datenschutz/Datensicherheit	betrifft einerseits den Schutz der eingegebenen Daten vor unbefugtem Zugriff, andererseits auch den Schutz der Arbeitenden vor elektronischer Leistungs- und Verhaltenskontrolle

Zur Kritik des Verfahrens muss auf die Herkunft der Prüffragen des Leitfadens verwiesen werden. Sie basieren auf Literaturstudien, eigenen Erfahrungen der Autoren als Nutzer und auf Ergebnissen anderer Evaluationsvorhaben. Sie reflektieren damit den Kenntnisstand aus dem Jahre 1991, womit zugleich eine der Kernschwächen des Verfahrens genannt wäre: Obwohl der Ansatz weiterhin eine hohe Relevanz besitzt, wurde das Verfahren nicht laufend auf dem Stand der

Beispiel für eine Prüffrage aus EVADIS II

Kriterium 4: Übersichtlichkeit

Prüffrage: Wie erfolgt die Farbgestaltung am Bildschirm?

Antwortvorgaben:

( ) Die Anzahl der verwendeten Farben pro Bildschirm beträgt max. drei bis vier.

( ) Die Bedeutung der Farben entspricht jener im Alltag oder Beruf.

( ) Die Farben werden einheitlich im gesamten Anwendungssystem verwendet.

( ) Auf farbfehlsichtige Benutzer wird Rücksicht genommen (z. B. durch doppelte Codierung).

( ) Es werden nur gutverträgliche Farbkombinationen eingesetzt.

Kommentar:

Prinzipiell sollte vom Farbeinsatz nur sparsam Gebrauch gemacht werden, da eine gute Strukturierung der Information dem Farbeinsatz vorzuziehen ist. Das heißt Farbe sollte primär als zusätzliches Codierungsmittel angeboten werden. (...)

Bewertung:

Note: _____   Kriteriumsgewichtung:_____

Begründung:
_____

Notiz:
_____
_____
_____

Kenntnis gehalten, sodass seine Anwendung für viele moderne Anwendungsfelder (z. B. World Wide Web, Virtual und Augmented Reality) nur eingeschränkt empfohlen werden kann.

Schwierig ist auch die Vergleichbarkeit von Evaluationsergebnissen. Da die vergebenen Noten subjektiven Urteilen entsprechen und da keine Hinweise auf Regeln bei der Vergabe der Noten gegeben werden, sind Systemvergleiche nur dann einigermaßen verlässlich, wenn die zu vergleichenden Systeme von dem gleichen Evaluator bewertet werden. Eine parallele Durchführung entfällt damit.

Eine weitere Schwäche kann darin gesehen werden, dass trotz des theoretischen Rahmens und der starren Durchführungsvorschriften, die eine exakte wissenschaftliche Herleitung suggerieren, keinerlei Angaben über testtheoretische Kennwerte gemacht werden.

EVADIS II folgt einem sehr umfassenden und fundierten Ansatz, der auf eine Vielzahl von Aspekten sehr detailliert eingeht. Hier sei noch einmal auf die formelle Bewertung von Nutzereigenschaften und des Anwendungskontextes hingewiesen. Schon von daher ist dieser Expertenleitfaden hoch zu bewerten. Leider bedingen dieser große Umfang sowie die Vollständigkeit auch einen hohen Zeitaufwand in der Anwendung.

Bewertung der formal-analytischen Verfahren
Ein maßgeblicher Erfolgsfaktor für die Anwendung aufgabenanalytischer Verfahren ist Blandford et al. (2004) zufolge die Expertise der Evaluatoren, z. B. mit der jeweiligen Methode oder dem Finden eines angemessenen Abstraktionsniveaus sowie hinsichtlich der Mensch-Computer-Interaktion, des betreffenden Systems und des Nutzungskontextes. Der Ansatz der aufgabenanalytischen Verfahren wird daher nicht selten kritisiert, unterstellt er doch, dass es für jede Aufgabe Experten gäbe, die in der Lage sind, alle Aspekte der zugrunde liegenden Aufgabenstruktur hinreichend zu erfassen, zu verstehen und zu bewerten. Bei relativ eingeschränkter Komplexität, beispielsweise den notwendigen Funktionen eines Bankautomaten, mag dies durchaus zutreffend sein. Wenn es sich allerdings um komplexe Prozesse handelt, die in einem System abgebildet werden sollen, besteht die Gefahr, dass wichtige Aufgaben unvollständig erfasst oder schlicht übersehen werden.

Auch kann durch eine hohe Komplexität von Aufgaben die Beschreibung durch die Modellsprachen selbst so wenig handhabbar werden, dass sie für eine Ableitung von Gestaltungsanforderungen nicht mehr geeignet ist. Hinzu kommt, dass der Aufwand der Aufgabenerfassung und -beschreibung ein zeitaufwändiges Unterfangen ist, wodurch sich die Frage der Kosten-Nutzen-Rechnung ergibt. Wertvoll sind diese Verfahren jedoch als Grundlage eines benutzerorientierten Gestaltungsprozesses allemal, kann man mit ihnen doch schon vor der eigentlichen Implementierung Mängel in der Gebrauchstauglichkeit aufdecken.

4.3 Inspektionsmethoden

Usability-Inspektionsmethoden sind historisch gesehen jünger als Nutzertests und die formal-analytischen Verfahren. Soweit uns bekannt ist, wurde der Begriff erst 1994 von Nielsen und Mack eingeführt. Der Fokus dieser nicht-empirischen Verfahren liegt auf der Voraussage von potenziellen Usability-Problemen in einer Systemschnittstelle durch Usability-Experten. Damit ist ihr Einsatz schwerpunktmäßig im Bereich der formativen Evaluation zu sehen: Prototypen werden mit verschiedenartigen methodischen Ansätzen evaluiert und daraus konkrete Gestaltungshinweise für spätere Programmversionen bis hin zum fertigen System generiert. Grundsätzlich werden zwei Typen von Inspektionsmethoden unterschieden (Lavery et al., 1997):

1. **Design-Prinzipien** sind Beschreibungen von anzustrebenden Eigenschaften interaktiver Systeme. Sie sind als heuristische Hinweise zur idealen Gestaltung formuliert. Während einer Evaluation wird in einer meist nicht scharf vorstrukturierten Weise ein System exploriert und Verstöße gegen die Heuristiken als potenzielle Usability-Probleme notiert. In Abgrenzung zu den detaillierten Einzelfragen der Guidelines (vgl. Abschnitt 4.1) oder Fragebogen (vgl. Abschnitt 4.5) sind die Kategorien der Design-Prinzipien ungleich breiter, somit allgemeiner und weniger spezifisch. Auch fehlen konkrete Fragen zu einzelnen Gestaltungsgesichtspunkten. Vielmehr haben die Design-Prinzipien einen Hinweis-Charakter, um die Evaluatoren zu animieren, konkrete Beispiele für Verstöße aufzudecken. Dies ist kaum effizient ohne eine grundlegende Usability-Expertise zu erreichen. Newman und Lamming (1996) beschreiben das heuristische Vorgehen folgerichtig als eine Orientierung an Faustregeln und erlernten Zusammenhängen. Das Vorgehen ist Bottom-Up, da von der Detailebene her Verbesserungen eingeführt werden, die eine positive Auswirkung auf die Bearbeitung der globalen Aufgabe haben.

2. **Design-Aufgabenanalysen** sollten nicht mit der streng formalisierten Modellbildung der Aufgabenanalysen verwechselt werden, wie wir sie von formal-analytischen Verfahren (vgl. Abschnitt 4.2) her kennen, auch wenn starke Ähnlichkeiten im Ansatz zu erkennen sind. Es handelt sich vielmehr um einen Ansatz, bei dem Evaluatoren eine Folge von Bearbeitungsschritten in dem zu evaluierenden System durchlaufen, die für die Erfüllung von Aufgaben notwendig sind. Dabei versuchen sie, potenziell kritische Punkte in der Interaktion mit dem System zu finden (Lavery et al., 1997). Als Beispiel sei der Ausdruck einer Grafik im DIN-A3-Format auf einem DIN-A4-Blatt genannt. Zum Ausdruck der Grafik ist die Druckereinstellung zu starten und dort eine Anpassung der Grafik an die Seitengröße vorzunehmen. Hier könnte ein kritischer Punkt

sein, dass die notwendige Funktion aufgrund einer ungünstigen Positionierung nur erschwert gefunden werden kann. Die Analyse zentriert sich damit weniger auf den eigentlichen Ablauf der Verfahrensschritte als vielmehr auf ihre Umsetzung im konkreten System. Das Vorgehen ist Top-Down: Man tastet sich von der globalen Aufgabe her (Grafik ausdrucken) über Subaufgaben (Druckereinstellungen vornehmen) an die einzelnen Behandlungsschritte (Grafik an Seitengröße anpassen) heran.

Im Folgenden wird je ein Beispiel der beiden Typen der Inspektionsmethoden vorgestellt. Dabei handelt es sich um die Heuristische Evaluation und um den Cognitive Walkthrough. Für beide Verfahren werden zusätzlich Spezialisierungen umrissen: Partizipatorische bzw. Kooperative Heuristische Evaluation und Pluralistic bzw. Sociotechnical Walkthrough.

4.3.1 Heuristische Evaluation[1]

Bei der Heuristischen Evaluation handelt es sich um eine Methode des Discount-Usability-Engineerings (vgl. Abschnitt 5.1.4) mit qualitativem Charakter. Sie bedient sich eines Satzes von Usability-Prinzipien (Heuristiken), die auf bestimmte Problemkategorien bei der Gestaltung von Dialogsystemen hinweisen, beispielsweise die Einhaltung von Konsistenz und Standards. Die Heuristische Evaluation ist als Verfahren konzipiert, das von Usability-Experten durchgeführt wird. Dabei exploriert eine Gruppe von Evaluatoren ein System und versucht, Verstöße gegen die Forderungen in den Heuristiken aufzudecken. Die Evaluatoren bemühen sich dabei, die Sichtweise eines Nutzers aus der Zielgruppe einzunehmen, d. h. es wird eine Verbindung der allgemeinen Usability-Expertise mit Wissen über die Anwendungsdomäne und die Zielgruppe angestrebt. Damit sind die Usability-Experten quasi Stellvertreter der späteren Nutzer. Fu et al. (2002) sprechen in diesem Zusammenhang von «repräsentationalen Nutzern» als Modelle der «echten Nutzer». Weitere Hinweise zur praktischen Durchführung sind in Abschnitt 5.2 zu finden.

Die Heuristiken drücken erwünschte Eigenschaften der Interaktion zwischen dem Nutzer und einem interaktiven System aus (Lavery et al., 1997). Wo immer ein Evaluator einen Verstoß gegen diese erwünschten Eigenschaften findet, hat er einen Hinweis auf ein potenzielles Usability-Problem. Es besteht aber keine Kausalität zwischen Verstoß und Usability-Problem, da stets der Kontext der Nutzung

---

[1] Heuristisches Vorgehen: Strategie zur Problemlösung durch systematisches Probieren auf der Basis von wahrscheinlichkeitsbehafteten Regeln

zu betrachten ist. Ein Verstoß kann dann statthaft sein, wenn dies der einzige sinnvolle Weg ist, um andere schwerwiegendere Verstöße zu vermeiden. Beispielsweise ist ein Menü mit einer hierarchischen Tiefe von über vier Menüebenen sicherlich ein Verstoß gegen gleich mehrere Heuristiken, kann aber bei sehr komplexen Systemen sinnvoll sein, um mehrere hundert einzelne Menü-Einträge in eine relativ einfach zu merkende räumliche Darstellung zu überführen.

Das Ziel einer Heuristischen Evaluation ist es, möglichst vollständig alle Usability-Probleme in einer Nahtstelle aufzudecken und so zu kategorisieren, dass die unterschiedlichen Aussagen der Evaluatoren möglichst eindeutig einem zugrunde liegenden Problem zugeordnet werden können (Nielsen, 1993). Vorrangig ist dabei die Identifikation von Problemen, die schwere einschränkende Auswirkungen auf die Usability des Systems haben.

Usability- versus Domänen-Expertise
Dem ersten Entwurf der Heuristischen Evaluation nach ist der geschärfte Blick des Evaluators für potenzielle Problembereiche im Design einer Systemoberfläche entscheidend für die effektive Aufdeckung von Usability-Problemen, weniger sein Wissen um technische Hintergründe oder die Domäne der Anwendung. Doch Nielsen (1992) weist bereits darauf hin, dass Evaluatoren, die sowohl über Usability- als auch Domänenexpertise verfügen (60 % Fehleraufdeckung), Evaluatoren weit überlegen sind, die nur Domänenexpertise (22 % Fehleraufdeckung) oder ausschließlich Usability-Expertise (41 % Fehleraufdeckung) in die Evaluation einbringen. Kantner und Rosenbaum (1997) bestätigen, dass diejenigen Heuristischen Evaluationen am erfolgreichsten verlaufen, bei denen die beteiligten Evaluatoren, ihre Usability-Expertise, ihre Vorerfahrungen aus vorangegangenen Evaluationen, ihr Domänenwissen und ihre Fähigkeit, sich in die Rolle des Nutzers zu versetzen, erfolgreich miteinander zu verbinden wissen. Die Relevanz dieser Aussagen sollen nun mittels eines Praxisbeispiels verdeutlicht werden.

Praxisbeispiel: Heuristische Evaluation in komplexen und verteilten Anwendungsdomänen

Ein exploratives Vorgehen mit der Heuristischen Evaluation während der Bewertung eines Systemprototyps zur digitalen Produktionsplanung ergab eine Vielzahl von Detailmängeln in der Oberfläche (92 Problemnennungen durch fünf Evaluatoren). Dabei hatte aber nur ein einziger Hinweis direkten Bezug zum Arbeitsprozess. Es zeigte sich, dass die Einschätzungen der Evaluatoren lediglich die Usability-Probleme innerhalb des definierten Soll-Prozesses wiedergaben, ohne die Abbildung der Prozesse im System zu bewerten. Wie kam dies zustande?

Die Arbeitsprozesse der Produktionsplanung sind hochkomplex und sehr stark spezialisiert. Hinzu kommt, dass die Prozesse zumeist weit verteilt sind, sich also über lange Zeiträume und verschiedenste Aufgaben und Bereiche spannen. Es gibt getrennte Abteilungen zur Planung der Infrastruktur, der Maschinen, der Versorgung usw. Ein kompletter Planungsprozess kann sich dabei über drei Jahre bis zur Inbetriebnahme der Produktionsstätte hinziehen. Jeder Produktionsplaner ist ein Spezialist auf seinem Gebiet. Das notwendige Domänenwissen zur Planung muss daher über Jahre hinweg erarbeitet werden.

Es lag der Schluss nahe, dass es den beteiligten Evaluatoren schlicht nicht möglich war, innerhalb eines beschränkten Zeitrahmens genügend Prozesswissen über diese komplexe und verteilte Anwendungsdomäne zu erwerben. Damit war es ihnen ebenfalls nicht hinreichend möglich, das System hinsichtlich seiner Prozessangemessenheit zu evaluieren (Brau & Schulze, 2004 b).

Die Evaluation der Gebrauchstauglichkeit von Software-Systemen kann sich nicht nur mit der Bewertung einer grafischen Schnittstelle zufrieden geben, sondern sollte möglichst alle Aspekte des soziotechnischen Gesamtsystems betrachten. Eine Evaluation, die über die Oberflächenbewertung hinausgehen soll, muss die Gebrauchstauglichkeit der Systeme für Arbeitsprozesse in spezifischen Anwendungsbereichen bewerten. Bei einer komplexen Anwendungsdomäne ist daher unbedingt zu empfehlen, dass auf Evaluatoren mit zusätzlicher Expertise in dieser Domäne zurückgegriffen wird. Gelingt dies nicht, steht zu erwarten, dass sich der Mangel an Domänenwissen seitens der Usability-Experten mindernd auf deren Möglichkeiten der Bewertung der Prozessangemessenheit auswirken wird.

Solche Fragestellungen lassen sich im Nutzertest per se besser adressieren (vgl. Abschnitt 4.4.), doch sind diese nicht immer durchführbar bzw. haben gegenüber der Heuristischen Evaluation den Nachteil des höheren Aufwands. Es stellt sich damit die Frage, wie die Usability-Experten in komplexen Anwendungsdomänen dennoch auf hinreichendes Domänenwissen zurückgreifen können, um eine Heuristische Evaluation sinnvoll durchzuführen. Eine Lösung stellen die Ansätze der Partizipatorischen Heuristischen Evaluation und der Kooperativen Heuristischen Evaluation dar, die unten (S. 141 ff. resp. ##) als Spezialisierungen der Heuristischen Evaluation erläutert werden.

Rolle der Heuristiken

Heuristiken sind dann der Bewertung dienlich, wenn sie die Evaluatoren bei der Identifikation und Kategorisierung von Usability Problemen unterstützen. Erst die Kategorisierung von Usability-Problemen in die Heuristiken ermöglicht es, größer gefasste Problembereiche aufzuzeigen (Nielsen, 1994c). Stellt sich beispielsweise heraus, dass die aufgedeckten Probleme hauptsächlich in die zehnte Heuristik (Hilfe und Dokumentation) eingeordnet wurden, so kann dies als Hinweis dafür gewertet werden, dass in nachfolgenden Entwicklungsschritten die Gestaltungsstrategie der Hilfe- und Dokumentationskomponenten geändert werden sollte. Auch wenn der Erkenntnisgewinn der Kategorisierung eher sekundär ist, sollte ihr Nutzen nicht unterschätzt werden. Unstimmigkeiten über Zuordnungen von Problemen zu den Heuristiken bzw. der Wunsch, ein Problem mehreren Heuristiken zuzuordnen, sollten daher minimiert werden. Sie sind immer dann gegeben, wenn die Evaluatoren keine «treffende» Heuristik für ein Problem finden, d. h., die Heuristiken nicht kategorisierungsdienlich sind.

Die zehn generellen Heuristiken

Die Originalliste nach Nielsen und Molich (1990) umfasst neun generelle Heuristiken. Nach mehreren Revisionen, unter anderem aufgrund einer Faktorenanalyse von 249 Usability-Problemen (Nielsen, 1994a), besteht die Liste der generellen Heuristiken aktuell aus folgenden zehn Einträgen (Deutsche Übersetzung von Klemmert, Brau & Marzi, 2001; nach Nielsen, 1994a):

1. **Sichtbarkeit des Systemstatus:** Das System sollte den Nutzer immer informieren, was gerade vorgeht, durch geeignetes Feedback innerhalb angemessener Zeit.

2. **Übereinstimmung zwischen System und realer Welt:** Das System soll die Sprache des Nutzers sprechen, mit Wörtern, Formulierungen und Konzepten, die dem Nutzer vertraut sind, nicht mit systemorientierten Begriffen. Folge Konventionen aus der Realität, sodass Informationen in natürlicher und logischer Reihenfolge erscheinen.

3. **Benutzerkontrolle und Freiheit:** Nutzer wählen Softwarefunktionen oft versehentlich. Sie brauchen einen klar markierten Notausgang, um einen unabsichtlich erreichten Zustand verlassen zu können, ohne durch einen ausgedehnten Dialog hindurch zu müssen. Unterstütze Undo und Redo.

4. **Konsistenz und Standards:** Die Nutzer sollten nicht überlegen müssen, ob verschiedene Begriffe, Situationen oder Aktionen dasselbe bedeuten. Folge Plattform-Konventionen.[2]

---

2 Plattform: Gemeint sind Computerarchitekturen und deren Betriebssysteme wie MS Windows, Mac OS, LINUX etc.

5. **Fehler vermeiden:** Besser noch als gute Fehlermeldungen ist ein sorgfältiges Design, das verhindert, dass überhaupt erst Probleme auftreten.

6. **Erkennen vor Erinnern:** Mache Objekte, Aktionen und Optionen sichtbar. Der Nutzer sollte nicht gezwungen werden, sich Informationen aus einem Teil eines Dialogs für einen anderen Teil zu merken. Anleitungen zur Benutzung des Systems sollten sichtbar oder leicht auffindbar sein, wann immer angemessen.

7. **Flexibilität und effiziente** Nutzung: Beschleunigungsmöglichkeiten, die der ungeübte Nutzer nicht sieht, können für erfahrene Nutzer die Interaktionsgeschwindigkeit erhöhen, sodass das System sowohl für Neulinge als auch für Experten geeignet ist. Erlaube Nutzern, häufige Aktionen auf ihre Bedürfnisse zuzuschneiden.

8. **Ästhetisches und minimalistisches Design:** Dialoge sollten keine Information enthalten, die irrelevant ist oder selten benötigt wird. Jedes Extra an Information in einem Dialog konkurriert mit relevanten Informationen und vermindert deren relative Sichtbarkeit.

9. **Unterstützung beim Erkennen, Verstehen und Bearbeiten von Fehlern:** Fehlermeldungen sollen in klarer Sprache (keine Kodierungen) gegeben werden. Sie sollen das Problem genau beschreiben und konstruktiv eine Lösung vorschlagen.

10. **Hilfe und Dokumentation:** Obwohl es besser ist, wenn das System ohne Dokumentation benutzt werden kann, kann es nötig sein, Hilfe und Information mitzugeben. Jede solche Information sollte leicht zu durchsuchen sein, die Aufgaben des Nutzers in den Mittelpunkt stellen und konkrete Schritte zur Ausführung nennen. Die Dokumentation sollte nicht zu umfangreich sein.

Berücksichtigung domänenspezifischer Usability-Anforderungen

Nielsen (1997) erwähnt explizit, dass die Heuristiken je nach Belang der vorliegenden Wissens- oder Einsatzdomäne der zu evaluierenden Software erweitert und modifiziert werden können, wenn zu erwarten ist, dass dies die Effektivität der Evaluation qualitativ und/oder quantitativ verbessert. Grundsätzlich gibt es zwei Möglichkeiten, die generellen Heuristiken um domänen- oder produktspezifische Anforderungen zu erweitern.

So ist es zum einen möglich, zusätzliche Heuristiken einzuführen, die für eine Klasse von ähnlichen Produkten als Erweiterung dienen, beispielsweise für die Belange von Tabellenkalkulationen. Hierzu wären allerdings zunächst vergleichende Analysen von existierenden Produkten einer Kategorie zur Abstraktion neuer

Prinzipien notwendig (Nielsen, 1993). Dykstra (1993) gelang es zu zeigen, dass Evaluatoren mit den von ihm entwickelten Heuristiken insgesamt mehr und vor allem mehr schwere Usability-Probleme auffinden konnten. Muller et al. (1995; 1998), führten drei Heuristiken ein, die humanistische Aspekte des Systems thematisierten. In ihrer Studie deckten Evaluatoren allein zehn Prozent der gesamten Problemmenge exklusiv mithilfe der neuen Heuristiken auf.

Eine weitere Methode, die Heuristische Evaluation um spezifische Thematiken zu erweitern, besteht darin, die generellen Heuristiken inhaltlich zu erweitern, ohne neue Heuristiken einzuführen. Hierbei werden Themen der Domäne, die der Erweiterung zugrunde liegt, in die bereits thematisch vordefinierten Prinzipien eingeordnet. Die Inhalte der bestehenden Heuristiken werden dabei genutzt, um entsprechende Problemfelder der Domäne zu entwickeln. Klemmert, Brau und Marzi (2001) wählten diesen Weg für die Evaluation eines Sprachsteuerungssystems, mit dessen Hilfe durch Spracheingabe im Internet gesurft werden kann. Es ergab sich eine leichte Verbesserung im Suchergebnis.

Alternative generelle Heuristiken
Beide Ansätze zur Anpassung der Heuristiken beziehen sich auf die Erweiterung oder Modifikation der von Nielsen vorgestellten generellen Heuristiken. Diese werden allerdings häufig als nicht besonders förderlich für eine Kategorisierung empfunden. Auch sind sie nicht mehr auf dem neuesten Stand der Erkenntnis, sodass modernere Ansätze außer Acht gelassen werden, z. B. «joy of use» oder interkulturelle Aspekte. Es scheint daher die Zeit gekommen zu sein, sich über neue Heuristiken Gedanken zu machen. Wir haben einen Satz von generellen Heuristiken basierend auf der DIN EN ISO 9241 Teil 10, Erfahrungen aus Evaluationsprojekten sowie Literaturrecherchen erarbeitet, der eindeutigere Kategorisierungen ermöglicht und den wir bereits erfolgreich verwenden. Dieser sei als Anregung hier vorgestellt:

1. **Aufgabenangemessenheit:** Alle benötigten Funktionen für anstehende Aufgaben im System müssen vorhanden und hinreichend so gestaltet sein, dass sie den Nutzer unterstützen und bei Routineaufgaben entlasten.

2. **Prozessangemessenheit:** Das System sollte für die Erfüllung realer Arbeitsaufgaben in typischen Einsatzfeldern optimiert sein, einen Bezug zum übergeordneten realen Prozessziel haben und auf Qualifikationen und Erfahrungen der realen Nutzer abgestimmt sein.

3. **Selbstbeschreibungsfähigkeit:** einheitliche und unmittelbare Anzeige des Systemstatus. Der Benutzer sollte die Detaillierung der Information über den Systemstatus selbst bestimmen können.

4. **Steuerbarkeit:** beinhaltet die Kontrolle des Nutzers über den Dialog, sowie die Möglichkeit, verschiedene Eingabehilfen zu nutzen oder das System ohne Datenverlust zu beenden

5. **Erwartungskonformität:** Die Informationsdarstellung sollte systemimmanent und mit plattformspezifischen Konzepten konsistent sein. Bei ähnlichen Aufgaben sollten Dialoge vergleichbar und an erwarteter Position dargestellt sein.

6. **Fehlertoleranz:** Fehlermeldungen sollten deutlich sein und Hinweise beispielsweise über Art und Handlungszusammenhang enthalten. Der Nutzer muss über irreversible Handlungen informiert werden.

7. **System- und Datensicherheit:** Das System sollte auch bei fehlerhaften Eingaben des Nutzers und unter hoher Ressourcenbelastung stabil und ohne Datenverluste arbeiten.

8. **Individualisierbarkeit:** Das Dialogsystem sollte sich individuell an die Präferenzen der Nutzer anpassen lassen, solange dies der Effektivität, Effizienz und Zufriedenstellung dient und nicht im Widerspruch zu notwendigen technischen oder sicherheitsrelevanten Begrenzungen steht.

9. **Lernförderlichkeit:** Lernstrategien wie «Learning by Doing» sollten durch schrittweise Anleitungen oder Navigationshilfen unterstützt werden.

10. **Wahrnehmungssteuerung:** Das Layout sollte minimalistisch gehalten werden. Gruppierungen, Farbgestaltung und sinnvolle Informationsreduktion etc. sollten so verwendet werden, dass die Aufmerksamkeit des Nutzers hin zu relevanter Information gelenkt wird.

11. **Joy of use:** Arbeitsabläufe und grafische Gestaltung des Systems sollten bei notwendiger Konsistenz Monotonie vermeiden und zeitgemäß wirken. Metaphern sollten adäquat und auf den Nutzungskontext abgestimmt verwendet werden.

12. **Interkulturelle Aspekte:** Das System sollte auf einen definierten Nutzerkreis und dessen funktionale, organisatorische und nationale Kultur abgestimmt sein.

Spezialisierungen der Heuristischen Evaluation
Durch Modifikationen der Heuristischen Evaluation lässt sich, ähnlich wie beim Pluralistic Walkthrough (vgl. S. 151 ff.), die Domänen-Expertise eines Nutzers mit der Expertise eines Usability-Professionals verbinden. Dadurch wird die Trennung zwischen Nutzertest und Experten-Evaluation teilweise aufgehoben.

Partizipatorische Heuristische Evaluation
Für ihren Ansatz erweiterten Muller et al. (1995; 1998) die «klassische» Heuristische Evaluation, indem sie neue prozessorientierte zu den generellen Heuristiken hinzufügten. Ferner wurden auch Nutzer als Experten der Anwendungsdomäne in die Gruppe der Evaluatoren eingebracht. Die neuen Heuristiken betrafen die Prozessangemessenheit der Systeme und sollten den Evaluatoren helfen zu verstehen, wie ein System menschliche Ziele und Erfahrungen unterstützen kann.

Prozessorientierte Heuristik zur Unterstützung der Aufgaben und der Arbeit (übersetzt nach Muller et al., 1998)

- **Fertigkeiten**
Das System unterstützt, erweitert, ergänzt oder reichert die Fähigkeiten, das Hintergrundwissen und die Expertise des Nutzers an. Das System ersetzt sie nicht. Software-Assistenten («Wizards») unterstützen, erweitern Entscheidungen der Nutzer oder führen diese aus.

- **angenehme und respektvolle Interaktion mit dem Nutzer**
Die Interaktionen des Nutzers mit dem System reichern die Qualität seiner oder ihrer Erfahrungen an. Der Nutzer wird mit Respekt behandelt. Die Gestaltung gibt die berufliche Rolle, persönliche Identität oder Absicht wieder. Die Gestaltung ist, bei einer angemessenen Balance von künstlerischem und funktionalem Wert, ästhetisch ansprechend.

- **Qualitätsarbeit**
Das System unterstützt den Nutzer dabei, seinem Auftraggeber Qualitätsarbeit abzuliefern (wenn angemessen). Attribute der Qualitätsarbeit umfassen Pünktlichkeit, Exaktheit, den ästhetischen Anspruch und einen angemessenen Vollständigkeitsgrad.

- **Privatsphäre**
Das System hilft dem Nutzer dabei, eigene persönliche oder private Informationen oder die seines Auftraggebers zu schützen.

Ferner wurden die generellen Heuristiken so umformuliert, dass sie für die teilnehmenden Nutzer besser verständlich sind (vgl. Muller et al., 1998). Ansonsten wurde nichts am Ablauf der Heuristischen Evaluation, wie er oben beschrieben ist, geändert. Die maßgebliche Weiterentwicklung des Verfahrens stellt die Einbettung der Nutzer in die Gruppe der Evaluatoren dar, die verstärkt ihre Sicht des Prozesses in die Evaluation einbringen. Die oben angeführte Problematik, dass Usability-Experten bei spezialisierten und/oder hochkomplexen Anwendungsdomänen aufgrund unzureichenden Domänenwissens die Prozessangemessenheit des Systems nicht beurteilen können, wird indes nicht gelöst. Muller et al. (1995; 1998) geht es daher eher um die Anreicherung der Ergebnisse der Usability-Experten als um eine abgelöste Nutzersicht. Eine Integration dieser Sichtweisen wird nicht versucht.

Kooperative Heuristische Evaluation
Brau & Schulze (2004b) weisen auf die Notwendigkeit der Integration von Usability- und Prozess-Expertise hin, um komplexe Systeme in spezialisierten Anwendungsdomänen zu evaluieren. Im Gegensatz zum Ansatz von Muller et al. (1995; 1998) setzen sie auf die Integration von Usability- und Domänen-Experten (Nutzer), indem sie jeweils Evaluatorenpaare aus einem Nutzer und einem Usability-Experten bilden. Hierdurch soll ein heuristisches Vorgehen ermöglicht werden, das trotz der Komplexität der Anwendungsdomäne über eine Bewertung der Oberfläche hinausgeht.

Ein unabhängiger Versuchsleiter erarbeitet zusammen mit den Entwicklern des Prototyps realistische Anwendungsszenarien. Die Usability-Experten bekommen anschließend im Rahmen einer Schulung einen Überblick über den Umgang mit dem System und über die Soll-Prozesse. Insgesamt werden sie so in die Lage versetzt, mit dem System sinnvolle Szenarien innerhalb der Soll-Prozesse zu bearbeiten. Damit wird die Last des Systemerlernens von den Nutzern genommen.

Während der Evaluation bearbeitet ein Usability-Experte die Anwendungsszenarien im Beisein eines Nutzers. Letzterer wird gebeten, die jeweiligen Schritte zu kommentieren, bzw. der Usability-Experte stellt ihm Verständnisfragen zu den jeweiligen Handlungsabfolgen. Dabei wird der Nutzer ausdrücklich zu den zugrunde liegenden realen Arbeitstätigkeiten befragt. Diese Beschreibung realer Arbeitsschritte soll dem Usability-Experten dazu verhelfen, die Sicht der Nutzer einzunehmen. Denn obwohl die Arbeitsprozesse sich durch die Systeme ändern, bleiben die notwendigen Arbeitsschritte und hinreichenden Voraussetzungen für die Produktion in der realen Welt konstant. Es ist demnach wichtig, dass die Befragung in dieser Form der Evaluation sich nicht auf die Oberfläche, sondern auf die Prozessabbildung bezieht. Eine vertiefte Evaluation der Oberfläche kann zusätzlich in einer getrennten Sitzung durch den Usability-Experten allein vorgenommen werden.

Bei der Evaluation eines Systems, das für die Feinplanung von Produktionsstätten eingesetzt werden soll, konnte durch die Verbindung von Usability-Expertise mit dem Prozesswissen der Nutzer eine Liste von 31 verschiedenartigen Usability-Problemen erarbeitet werden, die sich von Layout-Fragen *(z. B. «generell zu dichte Anordnung von Objekten»)* bis hin zu prozessgetriebenen Problemen erstreckte *(z. B. «Skalierung und Rasterung der Bearbeitungszeiten im Gantt-Diagramm sind zu grob für eine detaillierte Zeitplanung angelegt, aber zu fein für eine Gesamtübersicht. Es fehlen Zoom-Slider mit einer Bandbreite von 1 Std. bis 1 ms.»).* Die Idee, die beiden Expertiseformen zu verbinden, scheint damit ein interessanter Ansatz zu sein, um die Prozessangemessenheit von Systemen zu bewerten. Es sind aber Faktoren zu berücksichtigen, die für die erfolgreiche Durchführung der Kooperativen Heuristischen Evaluation Voraussetzung sind:

- Der Usability-Experte ist sowohl Evaluator als auch Interviewer und Lernender. Die Qualität seiner Gesprächsführung und seine Fähigkeit, sich während des Gesprächs in die Prozesse hineinzudenken, haben starken Einfluss auf den Evaluationserfolg. Entsprechende Qualifikationen sind daher sicherzustellen.

- Die Nutzer müssen die Inhalte der Prozesse verständlich und strukturiert wiedergeben können. Gelingt ihnen dies nicht, stockt die Evaluation. Sie sollten entsprechend ausgewählt werden (z. B. Mitarbeiter mit Ausbildungserfahrung).

- Die Möglichkeit zur parallelen Durchführung mit mehreren Evaluatoren in einem Raum entfällt, da sonst die Evaluatorenpaare durch die Gespräche der anderen abgelenkt oder beeinflusst würden. Damit steigt der zeitliche Aufwand für die Durchführung deutlich.

4.3.2 Walkthrough-Verfahren[3]

Es gibt eine Vielzahl von Evaluationsverfahren, die sich (Usability-) Walkthroughs nennen. Sie alle basieren auf einem grundsätzlichen Vorgehensgedanken, verfolgen aber unterschiedliche Fragestellungen. Einer Gruppe von Zielnutzern und/oder Experten wird ein Vorschlag zur Gestaltung eines Systems vorgestellt. Die Gruppe bewertet diesen Vorschlag anhand zuvor festgelegter Kriterien. Bei dem Vorschlag handelt es sich im Allgemeinen nicht um einen funktionierenden Prototypen. Vielmehr werden schriftliche Beschreibungen der Funktionen und Bedienelemente oder fiktive Screenshots (Mock-Up-Screens) bewertet. Dies kann geschehen, weil noch kein funktionierender Systemprototyp umgesetzt wurde oder weil die Abläufe in einem System unabhängig von technischen Einflussgrößen bewertet werden sollen. Der wahrscheinlich bekannteste und am weitesten

---

3 engl.: *walkthrough* = Durchdenken eines Problems

verbreitete Vertreter der Walkthrough-Verfahren ist der Cognitive Walkthrough (Lewis, Polson, Wharton & Rieman, 1990; Polson, Lewis, Riemann & Wharton, 1992). Anhand dieses Verfahrens werden nachfolgend die Grundsätze der Walkthrough-Verfahren verdeutlicht, bevor mit dem Pluralistischen Usability Walkthrough (Bias, 1994) und dem Soziotechnischen Walkthrough (Herrmann et al., 2002) zwei weitere Verfahren vorgestellt werden.

a) Cognitive Walkthrough

Der Cognitive Walkthrough (CWT; Lewis et al., 1990; Polson et al., 1992) ist eine Usability-Inspektionsmethode, die darauf abzielt, die Gebrauchstauglichkeit dahingehend sicherzustellen, dass unerfahrenen Nutzern ein schneller Wissenserwerb über Funktionsprinzipien des Systems ermöglicht wird. Für jede Aufgabe, die mit dem zukünftigen System bearbeitet werden soll, wird vor der Evaluation eine korrekte Handlungsabfolge als Ideallösung entwickelt. Diese Handlungsabfolgen werden durch eine Gruppe von Usability-Experten anhand von vier Fragen gemeinsam analysiert. Ziel ist vorauszusagen, ob spätere Anwender von sich aus diese Handlungen in der richtigen Reihenfolge im System umsetzen können und werden. Dabei werden die erwarteten Kenntnisse und Fähigkeiten von Nutzern der Zielgruppe berücksichtigt. Für Punkte in der Interaktion, an denen sich abzeichnet, dass die Handlungsabfolge nicht oder nur erschwert eingehalten werden kann, werden im Anschluss an die Evaluation Alternativlösungen erarbeitet. Diese bieten den Produktentwicklern Hinweise zur Optimierung des Systems an.

Im Gegensatz zur breit angelegten Heuristischen Evaluation (vgl. oben, S. 140) fokussiert der CWT auf eine einzelne Dimension der DIN EN ISO 9241-10 (vgl. Abschnitt 1.4.1), nämlich auf die Erlernbarkeit. Das Verfahren ist von der Theorie her in der Kognitionsforschung beheimatet. Maßgeblich werden drei mögliche Problembereiche erfasst: Punkte, an denen die Konzepte der Nutzer und Entwickler über die Aufgaben nicht übereinstimmen, ungünstige Benennungen der Bedienelemente sowie inadäquates Feedback des Systems (Wharton, Rieman, Lewis & Polson, 1994).

Dem Ansatz zugrunde liegend ist der Befund, dass Nutzer Systeme grundsätzlich lieber explorativ erlernen, während sie ihrer üblichen Arbeit nachgehen, als dass sie Handbücher lesen (Carroll & Rosson, 1987; Fischer, 1991). Theorien des Wissenserwerbs (z.B. Anderson, 1987) unterstreichen, dass exploratives Lernen dem Erwerb von Wissen besonders förderlich ist. Daher ist oberstes Ziel des CWT, alle Gestaltungsanteile zu optimieren, die das explorative Systemlernen behindern könnten (Wharton et al., 1994).

Durchführung

Der CWT wird als serielle Beantwortung von vier Leitfragen durchgeführt, die über jeden Handlungsschritt innerhalb einer Aufgabe gestellt werden. Diese Fragen wurden aus der Theorie zum explorativen Lernen abgeleitet. Die aktuelle Version des CWT versucht, die Methode leicht anwendbar für Personen ohne großes Hintergrundwissen in den Kognitionswissenschaften zu gestalten (Lewis & Wharton, 1997). Trotzdem sei hier darauf hingewiesen, dass solche Kenntnisse beim Einsatz der Methode von Vorteil sein können. Der CWT besteht aus einer Vorbereitungs- und einer Analysephase. Beide Phasen werden nachfolgend beschrieben.

Vorbereitungsphase

Zunächst bereiten die Evaluatoren gemeinsam die Grundlagen für die Evaluation vor. Folgende Inhalte werden dabei definiert:

- **Annahmen über die Nutzer**
  Es sollen möglichst breite Informationen (Vorkenntnisse, Bildung, Altersstruktur, etc.) über die erwarteten Nutzer zusammengetragen werden. Hieraus wird ein prototypisches Nutzerprofil erstellt. Wenn es mehrere sich unterscheidende Nutzergruppen gibt, wird für jede Gruppe ein eigenes Profil erarbeitet.

- **Festlegung der zu analysierenden Aufgaben**
  Das System wird nicht als Ganzes, sondern anhand spezifischer Einzelaufgaben evaluiert. Diese Aufgaben werden sehr detailliert analysiert und beschrieben. Nur bei wenig komplexen Systemen ist die Evaluation aller Aufgaben möglich, die mit dem System bearbeitet werden können. Die sorgfältige Auswahl der Aufgaben hat somit einen maßgeblichen Einfluss auf die Relevanz des Evaluationsergebnisses. Die ausgewählten Aufgaben sollten bedeutsam und realistisch sein, d.h., es werden nur Aufgaben ausgewählt, die für die tägliche Arbeit von zentraler Bedeutung sind und häufig vorkommen. Hilfreich kann dabei sein, aus den Kernfunktionen des Systems eine Reihe typischer Aufgabenszenarien abzuleiten. Aus diesem Pool von möglichen Aufgaben können dann die zu bewertenden Aufgaben ausgewählt werden. Bei der Analyse der Aufgaben ist auch der jeweilige Anwendungskontext zu beachten. Wenn beispielsweise bei einer Onlineapplikation für Mobiltelefone lange Ladezeiten zu erwarten sind, so sind diese Verzögerungen Bestandteil der Aufgabenbeschreibung.

- **Festlegung der idealen Handlungsabfolge zur korrekten Aufgabenbewältigung**
  Für jede Aufgabe wird eine Beschreibung darüber erstellt, wie Nutzer sie wahrscheinlich verstehen und bewerten werden, bevor sie die Schnittstelle zum ersten Mal sehen. Es wird also versucht, ihre mentalen Modelle aufgrund ihres Nutzerprofils vorherzusagen. Danach werden alle notwendigen Handlungen

zur Bewältigung der jeweiligen Aufgaben definiert und beschrieben. Der Detaillierungsgrad ist nicht festgelegt und kann von der Handlungsebene (*«Gib Login-Name ein, gib Passwort ein, drücke Knopf ‹Anmelden›»*) bis zu groben Ablaufbeschreibungen (*«Anmeldeprozedur ausführen»*) reichen. Faustregel ist, dass die Beschreibung ungefähr so detailliert sein sollte wie ein Tutorial, anhand dessen Nutzer das System allein erlernen können sollten (Wharton et al., 1994). Gibt es mehrere mögliche korrekte Lösungswege, wird im Allgemeinen entweder die gebräuchlichste oder die kritischste Handlungsabfolge ausgewählt.

- **Definition der Schnittstellen**
  Abschließend wird genau beschrieben, was der Nutzer von der Schnittstelle im jeweiligen Handlungsabschnitt zu sehen bekommt. Dies umfasst Symbole, Benennungen, Bedienelemente, Farben, Systemreaktionen etc. Die Beschreibung kann rein schriftlich erfolgen, zumeist werden aber Mock-Up-Screens mit begleitender Kontextinformation verwendet. Liegen bereits prototypische Darstellungen von Entwicklerseite vor, kann auf diese zurückgegriffen werden. Ansonsten müssen die Bildschirmzustände mit den wichtigsten Bedienelementen noch entworfen werden.

Analysephase
Während der zweiten Phase werden alle Handlungsschritte jeder Aufgabe durch die Experten gemeinsam in chronologischer Reihenfolge durchgearbeitet. Dabei wird für jeden Handlungsschritt eine plausible Geschichte darüber formuliert, ob die Nutzer im gegebenen Kontext genau diese Handlung an dieser Stelle des Interaktionsprozesses ausführen würden (Erfolgsstory) oder nicht (Misserfolgsstory). Im Falle einer sich ergebenden Misserfolgsstory ist anhand eines Problemlöseprozesses zu begründen, wie dieser Misserfolg zustande kommen könnte. Polson und Lewis (1990) geben mit ihrer CE+-Theorie des explorativen Lernens eine Beschreibung eines allgemeinen Problemlöseprozesses als Hilfestellung für diese Einschätzung:

1. Nutzer gehen von einer Grobbeschreibung der Aufgabe aus, die sie mit dem System bearbeiten wollen.
2. Sie ergründen die Schnittstelle und wählen dann Handlungen, die ihrer Meinung nach direkt oder über Zwischenschritte zur Lösung führen werden. Sie bevorzugen dabei, solche Aktionen auszuführen, deren Benennung auf dem Bildschirm Ähnlichkeit mit der Benennung der Aufgabe hat (Engelbeck, 1986).
3. Sie beobachten die Systemreaktionen, um herauszufinden, ob die ausgeführten Aktionen den gewünschten Effekt haben.
4. Sie legen fest, welches der nächste Handlungsschritt ist.

Aus der CE+-Theorie ergeben sich vier Fragen als lose Kriterien, welche die Evaluatoren beantworten sollen, um eine plausible Erfolgs- oder Misserfolgsstory über die Interaktion zwischen Nutzer und System im Kontext einer bestimmten Aufgabe formulieren zu können. Sie werden nachfolgend genannt und anhand des Beispiels eines Nutzers, der eine Ware über einen Onlinehändler im Internet bestellen möchte, illustriert.

1. *Werden die Nutzer versuchen, den gewünschten Effekt zu erzielen?*
   Hier steht das Ziel des Nutzers im Mittelpunkt. Nur wenn ihm deutlich ist, dass er einen in der Handlungsabfolge definierten korrekten Handlungsschritt ausführen muss, um einen bestimmten Effekt zu erlangen, kann die Interaktion erfolgreich fortgesetzt werden. Der Nutzer in unserem Beispiel möchte zuerst eine Ware aussuchen, bevor er seine Adressdaten eingibt. Wenn das System aber zunächst zwingend von ihm verlangt, seinen Namen und Adresse einzugeben, bevor er zum Onlinekatalog wechseln darf, passen die Intention des Nutzers und die korrekte Handlungsabfolge nicht mehr zusammen. Findet der Nutzer keinen entsprechenden Hinweis, wird er meinen, er habe etwas übersehen. Seine Suche nach einer entsprechenden Möglichkeit, in den Katalog zu wechseln, wird aber erfolglos bleiben. An dieser Stelle besteht dann die Gefahr, dass der Nutzer die Aufgabenbearbeitung (Ware bestellen) abbrechen wird. Nutzer müssen also generell zunächst erkennen können, welche Handlungen notwendig sind, um einen gewünschten Effekt zu erzielen. Dies ist ihnen dann möglich, wenn:
   - sie bereits Erfahrung mit dem System haben
   - das System sie zu korrekten Handlungen auffordert oder
   - diese Handlungen bereits Teil ihrer ursprünglichen Aufgabe sind.

2. *Werden die Nutzer erkennen, dass die korrekte Handlung ausgeführt werden kann?*
   Es reicht nicht aus, wenn ein Nutzer weiß, dass er einen Handlungsschritt ausführen **muss**. Er muss ebenfalls erkennen können, dass er ihn im System überhaupt ausführen **kann**. Wenn unser Beispielnutzer eine Lieferadresse in ein E-Commerce-System eingeben möchte, wünscht er sich sicherlich, ein Texteingabefeld vorzufinden. Generell erkennen Nutzer dann, dass korrekte Handlungen ausgeführt werden können, wenn sie hinreichende Vorerfahrungen mit dem System haben oder wenn sie zur Handlung passende Bedienelemente finden (Eingabefelder, Buttons, Menüpunkte etc.).

3. *Werden die Nutzer erkennen, dass die korrekte Handlung zum gewünschten Effekt führen wird?*
   Wenn der Nutzer das richtige Ziel hat und weiß, dass er die korrekte Handlung ausführen kann, könnte er immer noch Probleme damit haben, eine Verbin-

dung zwischen Intention und Handlung herzustellen. Der Nutzer in unserem Beispiel wird freundlich dazu aufgefordert, seine Kundendaten einzugeben. In Klammern werden diese in alphabetischer Reihenfolge aufgelistet: Anrede, Land, Name, Postleitzahl, Straße, Telefonnummer, Vorname. Er findet auch Eingabefelder in entsprechender Anzahl, aber leider sind diese nicht beschriftet. Unser Nutzer kann also nun vermuten, welcher Datensatz in welches Feld gehört, aber erkennen kann er es nicht. Nutzer sind grundsätzlich immer dann in der Lage, eine Verbindung zwischen Handlung und Effekt herzustellen, wenn:
- sie bereits Erfahrung mit dem System haben
- das System auf die Verbindung hinweist (beispielsweise durch die geeignete Benennung von Bedienelementen) oder
- alle anderen Handlungen weniger erfolgversprechend erscheinen.

4. *Werden die Nutzer den Fortschritt erkennen, wenn sie die korrekte Handlung ausgeführt haben?*
Der Nutzer muss erkennen, dass seine korrekte Handlung den gewünschten Effekt erzielt, um Vertrauen in seine Aktionen und in die Reaktionen des Systems aufzubauen. Nehmen wir an, unser Beispielnutzer habe die Daten richtig eingegeben und benutzt dann den vorhandenen «abschicken»-Button. Er stellt fest, dass sich der Button beim Drücken grafisch nicht verändert, aber das gesamte Bild kurz flackert. Auch bekommt er keinen Hinweis, dass seine Daten erfolgreich übermittelt wurden. So drückt er mehrfach den Button, bis er aufgibt. Wurden die Daten nun übermittelt oder nicht? Nutzer erkennen im Allgemeinen, dass ihre Handlung zu einem gewünschten Fortschritt geführt haben, wenn:
- sie bereits Erfahrung mit dem System haben oder
- eine Systemreaktion stattfindet und Nutzer diese in Verbindung zu ihrer Handlung bringen.

Die zuvor festgelegte Handlungsabfolge ist auch dann einzuhalten, wenn es zu schwerwiegenden Problemen kommt. Der jeweils nächste Schritt ist dann so zu evaluieren, als ob der vorangegangene erfolgreich gewesen sei. Für jeden Handlungsschritt wird festgehalten, welche besonderen Kenntnisse oder Fähigkeiten benötigt werden, die über das erarbeitete Nutzerprofil hinausgehen. Weiterhin wird jede Misserfolgsstory anhand der vier Fragen detailliert beschrieben und eine Begründung für das wahrscheinliche Scheitern angegeben. Allerdings sollte hier die Problembeschreibung und nicht die Erarbeitung von Lösungen im Mittelpunkt stehen. Auch kann es sinnvoll sein, während der Evaluation Hinweise zu notieren, die nicht mit der Aufgabe in direktem Zusammenhang stehen, aber dennoch die Aufgabenbewältigung der späteren Nutzer stören könnten.

Der Lösungsfindungsprozess
Wharton et al. (1994) stellen fest, dass die Misserfolge normalerweise mit einer der oben erläuterten vier Fragen verbunden sind. Daher können die Optimierungshinweise aus ihrer Struktur heraus organisiert werden:

1. *Der Nutzer versucht nicht, den richtigen Effekt zu erzielen.*
   Hier gibt es drei allgemeine Lösungsansätze:
   1. Die Handlung wird aus der Handlungssequenz herausgenommen, z. B. automatisiert oder mit anderen Aktionen kombiniert.
   2. Ein Hinweistext verdeutlicht dem Nutzer die jeweils nächste notwendige Handlung.
   3. Andere Teile der Aufgabe werden so umgestaltet, dass der Nutzer die Notwendigkeit der jeweiligen Handlung erkennt.

2. *Der Nutzer erkennt nicht, dass die korrekte Handlung ausgeführt werden kann.*
   Hier empfiehlt es sich, für den betroffenen Handlungsschritt besser geeignete Bedienelemente im System einzusetzen, beispielsweise Auswahlmenüs anstelle von Eingabefeldern.

3. *Der Nutzer erkennt nicht, dass die korrekte Handlung zum gewünschten Effekt führen wird.*
   Hier sollten die Anordnung, Gestaltung und die Benennung der Auswahl- und Eingabemöglichkeiten verbessert werden.

4. *Der Nutzer erkennt nicht den Fortschritt, der durch die korrekte Handlung entsteht.*
   Wenn hier das Problem liegt, sollte das Feedback optimiert werden, beispielsweise dahingehend, dass es verdeutlicht, was konkret vorgeht, und nicht nur, dass gerade irgendetwas passiert ist. Die Ausgabe sollte Begriffe oder Abbildungen verwenden, die der Nutzer mit dieser Aufgabe verbindet.

Weitere Hinweise zur praktischen Durchführung finden sich in Abschnitt 5.3.

b) Pluralistischer Usability Walkthrough

Mit dem Pluralistischen Usability Walkthrough (PUW) stellt Bias (1994) ein bemerkenswertes Verfahren vor. Bemerkenswert insofern, weil durch seine explizit partizipative Vorgehensweise die empathischen Fähigkeiten der Evaluatoren maßgeblich das Ergebnis bestimmen. Bemerkenswert auch deshalb, weil seine Entstehung aus praktischen Erfahrungen ohne theoretische Fundierung vorangetrieben wurde: «*Es würde eine elegante Geschichte ergeben, wenn wir behaupten könnten, dass es für unsere erste Anwendung des Pluralistischen Usability Walkthroughs eine ordentliche und eindeutige theoretische Basis gegeben hätte. Tatsächlich hatten wir einfach nur sehr wenig Zeit bei einem Entwicklungszyklus eines bestimmten Produkts, aber wir wollten dennoch Usability-Daten von zwei verschiedenen Populationen erheben: Endnutzer und Usability-Professionals.*» (übersetzt nach Bias, 1994, S. 64) Erst später wurde dann versucht, die vielversprechenden Ergebnisse mit den jeweiligen Theorien des partizipativen Designs oder der Gruppendynamik zu erklären.

Vorgehen
Das Verfahren wird im Allgemeinen in einem frühen Stadium der Systementwicklung angewendet. Repräsentative Nutzer (zuvor anhand von Beschreibungen der Zielnutzer ausfindig gemacht), Produktentwickler und Usability-Professionals arbeiten dabei zusammen. Zunächst werden Instruktionen zum Vorgehen und Ausdrucke von fiktiven Systembildern in der Reihenfolge eines vorher entwickelten Arbeitsablaufs (Szenario) präsentiert. Dieses Szenario kann aus einer oder mehreren Aufgaben innerhalb des Systems bestehen. Jeder Ausdruck umfasst lediglich ein Fenster oder einen Dialog. Alle notwendigen Informationen zur Szenariobewältigung werden ebenfalls ausgegeben, beispielsweise Ist- und Zielwerte, einzugebende Daten etc.

Im Anschluss daran gibt ein Produktexperte einen kurzen Einblick in Schlüsselkonzepte des Systems, bevor die eigentliche Evaluation beginnt. Die Evaluatoren werden darauf hingewiesen, dass sie jeweils nur ein Systembild betrachten sollen und die durch die Bilder vorgegebene Reihenfolge unbedingt einzuhalten ist. Damit soll festgestellt werden, ob sich Erwartungen über nachfolgende Schritte bestätigen, welche die Evaluatoren aufgrund der Gestaltung eines spezifischen Systembilds aufgebaut haben. Da zu diesem Entwicklungszeitpunkt noch keine Handbücher oder andere Hilfen vorliegen, werden Verständnisprobleme direkt mit den teilnehmenden Produktentwicklern besprochen.

Die Evaluatoren beschreiben jeweils sehr detailliert auf jedem Systembild, was genau sie in diesem Dialog oder Fenster machen würden, um ein (Zwischen-)Ziel zu erreichen. Also nicht nur die Zwischenziele selber (*«Ich würde die Druckereinstellungen öffnen.»*), sondern die einzelnen Handlungen (*«Button Menü anklicken. Im Menü Eintrag ‹Drucken› anklicken. Im neuen Fenster ‹Einstellungen› anklicken.»*). Hierbei werden auch quantitative Daten über die Anzahl realer Nutzereingaben erhoben.

Nachdem die Evaluatoren mit dem Durcharbeiten fertig sind, erläutert der Versuchsleiter eine zuvor erarbeitete ideale Vorgehensweise, sodass jeder Teilnehmer nachvollziehen kann, an welcher Stelle er von ihr abgewichen ist. Anschließend erfolgt eine Diskussion der individuellen Ergebnisse. Dabei haben die repräsentativen Nutzer das Vorrederecht. Erst wenn sie alle ihre Punkte aufgezählt haben, an denen sie gescheitert oder von der «Ideallinie» abgewichen sind, dürfen sich die Produktentwickler und Usability-Experten inhaltlich zu Wort melden.

Usability-Professionals entwickeln während des Vorgehens eigene Gestaltungshinweise, vermitteln aber auch zwischen Nutzern und Entwicklern. So können sie den Nutzern helfen, ihre vielleicht noch vagen Eindrücke als umsetzbare Gestaltungshinweise zu formulieren. Auch sorgen sie dafür, dass auftauchende Probleme durch die Entwickler nicht rational wegdiskutiert werden. Die Produktentwickler dienen während der Evaluation zum einen als «lebende Handbücher», zum anderen bekommen sie einen direkten Eindruck über Nutzerreaktionen auf die frühe Systemgestaltung und können mit den Nutzern vor Ort Umgestaltungsmaßnahmen besprechen. Auch wenn sich solche Ad-hoc-Entscheidungen in der weiteren Entwicklung nicht immer aufrechterhalten lassen, beispielsweise, weil vor Ort nicht alle Auswirkungen einer Umgestaltung betrachtet wurden, lassen sich so in einem multidisziplinären Team geeignete(re) Gestaltungslösungen erarbeiten.

Chancen und Grenzen
Gegenüber Walkthrough-Verfahren, die keinen partizipativen Ansatz verfolgen, berichtet Bias (1994) eine erhöhte Effizienz und eine Erweiterung um neue Erkenntnisse, die mit anderen Walkthrough-Verfahren nicht erarbeitet werden. Es entstehen synergetische Effekte, die zu diesen reicheren Ergebnissen führen. Empirische Daten hierzu bleiben allerdings vage. Mack und Montaniz (1994) weisen darauf hin, dass in Gruppen durchgeführte Walkthroughs generell mehr Themen von multiplen Perspektiven abdecken und effizienter durchgeführt werden können. Für Domänen mit mäßiger Komplexität ist hier dennoch eine Möglichkeit geschaffen worden, Nutzer in ein frühes Designstadium einzubeziehen und die Ergebnisse um deren Sichtweise anzureichern. Bei hoch komplexen Domänen hingegen wird die Kooperative Heuristische Evaluation (s. oben) vorzuziehen sein, die eine Kooperation schon während der Erstinspektion des Systems vorsieht.

Ein positiver Nebeneffekt stellt sich beim PUW dadurch ein, dass die Fragen, welche die Nutzer während der Evaluation zum System stellen, schon Hinweise auf Gestaltung und Inhalte der späteren Online-Hilfen geben. Außerdem sprechen der verhältnismäßig geringe Aufwand und die kostengünstige Durchführung für dieses Verfahren. Schwierig gestaltet sich allerdings, dass die Diskussion erst dann beginnen kann, wenn der letzte Teilnehmer mit dem Durchgehen des Szenarios fertig ist, d. h. hier entsteht unter Umständen ungewollt Gruppendruck, weil keiner der Letzte sein will. Ferner ist die Annahme eines einzigen idealen Wegs durch ein System immer mit Vorsicht zu genießen, da eine optimale Nutzung nicht zuletzt eine Frage der Wahrnehmung ist. Es kann verschiedene korrekte Wege geben, und was für einen Produktentwickler als überflüssiger Ballast erscheint, kann für die Zielnutzer eine gewünschte Handlung darstellen.

Wie bei allen partizipativen und multidisziplinären Ansätzen hat die Gestaltung des Miteinanders einen maßgeblichen Einfluss auf die Ergebnisse eines PUW. Die Rolle des Mediators und Moderators kommt dabei dem Usability-Professional zu. Eine entsprechende Eignung ist daher sicherzustellen. Da es sich um ein Spannungsfeld handelt, in dem einseitig eine Gruppe die Arbeit der anderen kritisch kommentiert, ist eine gründliche Vorbereitung der Produktentwickler als kritisiertem Part wichtig. Allen Seiten muss klar sein, dass nur eine offene, strikt konstruktive Diskussion zielführend ist, bei der persönliche Befindlichkeiten keine Rolle spielen dürfen.

c) Soziotechnischer Walkthrough

«Die soziotechnische Gestaltung ist ein Ansatz, der darauf abzielt, den sozialen und technischen Erwägungen gleiches Gewicht einzuräumen, wenn neue Arbeitssysteme entwickelt werden.» (übersetzt nach Mumford, 2000). Die Methode des soziotechnischen Walkthroughs (STWT) gründet auf diesem Ansatz. Das Verfahren widmet sich daher nicht vorrangig der Gestaltung und Evaluation eines technischen Systems, sondern eines gesamten soziotechnischen Systems bestehend aus organisatorischen (z. B. Aufgabe), sozialen (z. B. Nutzer) und technischen (z. B. System) Strukturen. Die grundsätzliche Problematik besteht in der Klärung verschiedenartiger Vorstellungen über die Integration von Technik und Organisation im Kontext der partizipatorischen Systemgestaltung. Der STWT wurde mit dem Ziel entwickelt, *«ein Instrumentarium zur Verfügung zu stellen, mit dem Menschen in Organisationen kooperative, technisch unterstützte Arbeitsabläufe gestalten und erlernen können, bevor diese Abläufe im Arbeitsalltag tatsächlich gelebt werden»* (Herrmann, Kunau & Loser, 2002, S. 325). Die Basis dafür stellten mehrere Projektarbeiten dar, die sich alle mit Einführung und Verbesserung von Systemen zur Kooperations- und Kommunikationsunterstützung in Organisationen befassten (Herrmann et al., 2002).

Vorgehen

Im Rahmen dieses Verfahrens bespricht eine Gruppe von Evaluatoren anhand von grafischen Modellen eines Systems, wie dieses technisch und organisatorisch konfiguriert sein sollte. **Abbildung 11** auf S. 154 zeigt ein solches Modell beispielhaft für eine Kooperationsplattform namens «Kolumbus», die universitäre Seminare unterstützen soll. Die Teilnehmer und der Veranstalter dieser Seminare nehmen dabei bestimmte Aufgaben wahr, bei denen sie durch «Kolumbus» unterstützt werden. Weitere Erläuterungen hierzu finden sich bei Herrmann et al. (2002).

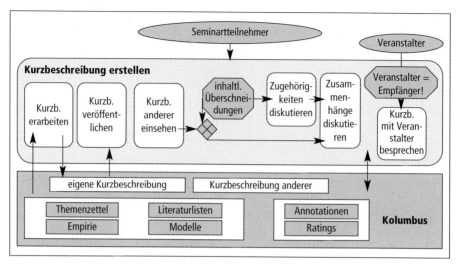

Abbildung 11: Beispiel für eine modellhafte Abbildung einer Kooperationsplattform zur Unterstützung universitärer Seminare («Kolumbus», nach Hermann et al., 2002).

Die Evaluatorengruppe soll aus Vertretern der Nutzer, der Organisation, der technischen Entwicklung und Human-Factor-Spezialisten (z. B. Usability-Professionals) zusammengesetzt sein. Ein Moderator leitet die Zusammenarbeit. Das System wird gedanklich anhand der modellartigen Visualisierungen und Textbeschreibungen schrittweise gemeinschaftlich durchgegangen und besprochen. Zentrale Fragestellung dabei ist: *«Wenn das so tatsächlich in der Praxis gelebt würde, was wäre dann?»* Im Anschluss werden die zugrunde liegenden grafischen Modelle aufgrund der Überlegungen während der Diskussion angepasst. Auch diese überarbeiteten Modelle werden wiederum besprochen und optimiert, bis die grundlegenden Eigenschaften und Freiheitsgrade feststehen. Ergebnis ist ein von allen Teilnehmern der Arbeitsgruppe akzeptiertes Modell des soziotechnischen Systems, das dann die Grundlage der weiteren Entwicklung darstellt.

Chancen und Grenzen

Die Stärke dieses Vorgehens besteht darin, dass keine Oberflächenstrukturen eines Systems, sondern seine interne Gestaltung und die Auswirkungen auf das Arbeitsumfeld thematisiert und bewertet werden. Damit kann der STWT auch die Einführung des technischen Systems in die Organisation unterstützen. Damit gibt es drei grundsätzliche Einsatzpunkte für den STWT:

1. Neue Systeme sollen in eine Organisation eingeführt werden. Die technische System- und die organisatorische Prozessgestaltung sind zu klären.

2. Ein bestehendes soziotechnisches System soll verbessert werden. Es wird die Notwendigkeit ermittelt, ob das technische System angepasst werden muss.
3. Mitarbeiter werden für die Arbeitsprozesse in einem bestimmten soziotechnischen System qualifiziert.

Durch den STWT werden unvorsichtige Ad-hoc-Entscheidungen bei gravierenden Themen der Gestaltung eines soziotechnischen Systems vermieden, die schlimmstenfalls zum Projektabbruch führen können, wenn ihre Auswirkungen für die organisatorischen Prozesse ungeeignet sind. Die erarbeiteten Modelle stellen eine Art grundlegendes Lastenheft dar, das für alle weiteren Entwicklungsschritte vereinbart wird und bindend ist.

Problematisch ist, dass das erste dem STWT zugrunde liegende Modell als Ausgangsbasis bereits zum Teil die späteren Ergebnisse determiniert. Eine Antwort auf die Frage, wer diesen ersten Wurf machen darf, bleiben die Autoren schuldig. Weiterhin geht der STWT von Personen aus, die fähig und bereit sind, objektiv und rational zum Wohle der Organisation zu kooperieren, selbst wenn dies bedeutet, auf Vorteile für sich selbst oder für die Gruppe, die sie vertreten, zu verzichten. Doch während eines STWT können schwelende Konflikte zwischen intraorganisatorischen Interessensgruppen aufflammen und ausgefochten werden, sodass eine kooperative und rationelle Entscheidungsfindung unmöglich wird. Insbesondere deswegen ist die sorgfältige Auswahl von Teilnehmern ein äußerst relevantes Thema, zumal wenn es aufgrund der Größe der betroffenen Organisation (z. B. Konzerne) nicht möglich ist, alle Interessensgruppen angemessen vertreten zu lassen.

4.4 Usability-Tests

«User testing with real users is the most fundamental usability method and is in some sense irreplaceable, since it provides direct information about how people use computers and what their exact problems are with the concrete interface being tested.» *(Nielsen, 1993, S. 165)*.

Der Usability-Test ist die wohl bekannteste Methode der Evaluation der Gebrauchstauglichkeit. Häufig wird auch vom Nutzertest oder Benutzbarkeitstest gesprochen. In ihm wird das in der Entwicklung befindliche System von den Nutzern anhand realer oder realistischer Aufgaben erprobt. Dabei werden die Nutzer von Usability-Experten beobachtet. Aus den Beobachtungen, aus Äußerungen der Nutzer während der Durchführung, aus anschließenden Interviews sowie unter Umständen auch aus Messungen (z. B. Zeitdauer für Aufgabenbearbeitung oder Fehlerbehebung) können Schlussfolgerungen über Probleme und Verbesserungsmöglichkeiten gewonnen werden. Es handelt sich beim Usability-Test somit um eine empirische Methode.

Ursprünglich wurden Usability-Tests vor allem mit einem klassischen experimentellen Design durchgeführt. Dabei wurde mit «harten» Zeit- und Fehlermaßen gearbeitet. Heute werden sie häufig eher als «weichere» verhaltens- und meinungsbasierte Methode verwendet (Dumas & Redish, 1999; Gediga & Hamborg, 2002). Im Folgenden sollen die Grundlagen der Usability-Tests dargestellt und ein Überblick über verschiedene Bausteine gegeben werden. Außerdem soll kurz auf Gütekriterien eingegangen werden.

4.4.1 Induktive und deduktive Usability-Tests

Usability-Tests lassen sich grob in zwei Gruppen unterteilen: *Induktive Tests* dienen der formativen Evaluation, während *deduktive Tests* für die summative Evaluation eingesetzt werden. Durch induktive Tests sollen Prototypen oder Vorabversionen analysiert und so Schwachstellen aufgedeckt sowie Gestaltungs- und Verbesserungsmöglichkeiten gewonnen werden. Dementsprechend wird bei induktiven Tests in der Regel nur ein System oder ein Prototyp getestet. Bei deduktiven Tests hingegen sollen mehrere Alternativen miteinander verglichen, ein einzelnes System in seiner Leistungsfähigkeit beurteilt oder die erreichten Verbesserungen bei der Entwicklung kontrolliert werden. Zusätzlich lassen sich jedoch auch mit deduktiven Usability-Tests Gestaltungs- und Verbesserungsvorschläge gewinnen (Rauterberg et al., 1994).

Damit sind auch die zentralen Ziele der Usability-Evaluation bereits genannt. Sie können von der Gewinnung von Gestaltungs- und Verbesserungsvorschlägen bzw. Analyse von Schwachstellen bis hin zur Beurteilung eines oder mehrerer Systeme hinsichtlich Leistung oder Güte gehen.

Je nach Ziel variieren auch der Ablauf und die Rahmenbedingungen. So kann es bei induktiven Tests sinnvoll oder hilfreich sein, diese am realen Arbeitsort durchzuführen, um auch Probleme durch Unterbrechungen oder der Interaktion mit anderen zu erheben, die durch Systemveränderungen behoben oder abgeschwächt werden können. Für deduktive Tests ist jedoch grundsätzlich eine Durchführung im Labor geeigneter, da so standardisierte Testbedingungen geschaffen werden können, die für eine Vergleichbarkeit grundlegend sind. Auch werden Störungen bei Performance-Messungen vermieden.

Gemeinsam ist allen Tests jedoch, dass bestimmte vorher festgelegte umgrenzte Arbeitsaufgaben durch Nutzer unter Beobachtung bearbeitet werden. Im Anschluss an die Bearbeitung wird der Nutzer meist zu ausgewählten Situationen oder Schwierigkeiten befragt und seine subjektive Beurteilung des Systems erhoben. Außerdem werden bestimmte beeinflussende Faktoren, wie die Vorerfahrung ermittelt (eine detaillierte Ablaufbeschreibung anhand eines Beispiels findet sich in Abschnitt 5.4).

Bei induktiven Benutzungstests sind nach Rauterberg et al. (1994) einige Bedingungen zu beachten. So müssen die Systemfunktionalitäten im für die Aufgabenbearbeitung nötigen Bereich möglichst vollständig und das Systemverhalten möglichst realitätsgerecht sein. Unvollständigkeiten oder wenig realitätsgerechte Bedingungen können zu Problemen führen, die unter realen Bedingungen und mit voller Funktionalität nicht auftreten würden (z. B. Verwirrung durch lange Wartezeiten ohne Feedback oder Suche nach einer Funktion, die noch nicht umgesetzt wurde). Sind die Bedingungen nicht realitätsnah, wird die Auswertung deutlich erschwert, da wirkliche Benutzbarkeitsprobleme von Problemen aufgrund der Bedingungen unterschieden werden müssen. Mitunter kann ein Test auf diese Weise auch nutzlos werden.

Die Testaufgaben müssen außerdem dem typischen Aufgabenkontext des zukünftigen Endbenutzers entsprechen, da die Beurteilung sonst nicht auf dieses Einsatzfeld übertragen werden kann. Aus diesem Grund wird in den Tests auch eine möglichst realistische Arbeitssituation nachgestellt.

Im Gegensatz zu induktiven Usability-Tests müssen das oder die zu testenden Systeme beim deduktiven Test nicht nur in der getesteten Funktionalität vollständig bzw. realistisch sein, hier spielen auch quantitative Aspekte, wie Systemantwortzeiten und Ähnliches eine Rolle. Dies kann gerade bei Tests mit Prototypen schwer zu realisieren sein (siehe z. B. Rauterberg et al., 1994).

Bei einem Vergleich mehrerer Systeme in deduktiven Tests können kontrollierte Experimente durchgeführt werden. Wenn ein System beispielsweise in mehreren unterschiedlichen Designs, aber mit gleicher Funktionalität vorliegt, so kann man messen, mit welchem die Testaufgaben am schnellsten oder mit am wenigsten Fehlern bearbeitet werden. Bei Experimenten kann weiter unterschieden werden zwischen «within-subjects design», bei dem jede Person alle vorliegenden Varianten nutzen würde, und dem «between-subjects design», bei dem für jede Variante eine Gruppe zusammengestellt wird. Bei der ersten Gruppe von Experimenten werden Unterschiede zwischen den Personen ausgeschaltet, gleichzeitig kann aber die Nutzung der ersten Systemvariante die Nutzung der anderen Varianten beeinflussen (Rosson & Carroll, 2002).

Gerade bei induktiven Tests sollen die Ergebnisse in die weitere Entwicklung des Systems einfließen. Dementsprechend wird selten mit realen Systemen getestet werden. Grundlage der Tests sind vielmehr prototypische Umsetzungen des Systems oder ausgewählter Systemteile. Diese Prototypen stellen Funktionalitäten, Bedienung und Interfaces mehr oder weniger detailliert oder fertig dar (siehe Kasten «Prototypen im Usability-Engineering»). Auf diese Weise können verschiedene Aspekte des Systems anhand des Prototyps vorab vorgeführt, ausprobiert, überprüft und bewertet werden.

Es ist nicht immer notwendig oder von Vorteil, möglichst weit entwickelte Prototypen zu nutzen. Neben dem Arbeitsaufwand bei großen Änderungen nach einem Test führt ein weit entwickelter Prototyp teilweise auch dazu, dass wenig Diskussion stattfindet. Bei einfachen Prototypen fällt es den Personen hingegen leichter, auch grundsätzliche Kritik anzubringen und nicht nur auf der Designebene zu argumentieren. Insbesondere komplette Bedienwege werden bei weit entwickelten Prototypen seltener in Frage gestellt. Allerdings sollten Probleme dieser Art normalerweise über Beobachtung trotzdem aufgedeckt werden können. Gleichzeitig kann ein nahezu fertiges System einen deutlich realistischeren Eindruck der Arbeit mit dem System bieten als ein einfacher Prototyp (Rosson & Carroll, 2002).

Prototypen im Usability-Engineering

Es wird grob zwischen horizontalen und vertikalen Prototypen unterschieden. Horizontale Prototypen bilden die komplette Bandbreite der Funktionalitäten ab, ohne dass sie jedoch bis ins letzte Detail nutzbar sind. Bei vertikalen Prototypen werden nur ausgewählte Funktionalitäten abgebildet, diese können jedoch realistisch und komplett genutzt werden. Häufig ist es sinnvoll, anhand der Testaufgaben eine geeignete Kombination beider Typen zu bilden. So können ein Eindruck des vollen Systemumfangs gewonnen und gleichzeitig einzelne Funktionalitäten realistisch erprobt werden.

In frühen Phasen ist es meist nicht möglich, mit realistischem Aufwand funktionsfähige Prototypen zu erstellen. In diesem Fall kann auch mit sehr einfachen papierbasierten Varianten gearbeitet werden. Im Folgenden wird ein Überblick über mögliche Prototypen gegeben:

- *Storyboard:* Zeichnungen oder Screenshots, die bestimmte Masken in einer Handlungskette zeigen
- *Paper mock-up:* Papp- oder Papiermodell des Systems mit Ein- und Ausgabegeräten

- *Wizard of Oz:* Das System wird von einer nicht sichtbaren Person gesteuert. Systemreaktionen werden somit nicht automatisch durch Interpretation der Eingaben durch das System, sondern durch die versteckte Person erzeugt.
- *Videoprototyp:* Videoaufnahme einer Person, die entsprechende Handlungen ausführt
- *Computeranimation:* automatisierte Darstellung der sichtbaren Systemreaktionen anhand einer festen Handlungskette
- *Scenario machine:* interaktives System, das aber nur entlang einer festen Handlung funktioniert. Funktionalitäten, die nicht im Szenario festgehalten sind, sind auch noch nicht umgesetzt.
- *Working partial system:* funktionierende Version des Systems, die aber noch nicht die komplette Funktionalität umfasst (Rosson & Carroll, 2002).

Hier wird deutlich, wie groß die Bandbreite an Usability-Tests sein kann. Eine klassische Erprobung des Prototyps unter Beobachtung ist nur mit dem letzten Typ möglich. Die anderen legen eher einen Workshopcharakter nahe. So können die dargestellten Handlungsabläufe mit Anwendern diskutiert und Verbesserungen entworfen werden. Weiter eignen sie sich auch für analytische Evaluationsmethoden.

4.4.2 Auswahl der Testpersonen

Eine weitere wichtige Grundlage für Usability-Tests sind die Testpersonen. So sollte die Gruppe der Testpersonen die Bandbreite der Endbenutzer angemessen widerspiegeln, also repräsentativ sein. Außerdem sollten Testpersonen das zu testende System nicht kennen, da sonst viele Probleme nicht mehr auftreten bzw. umgangen werden würden. Bei größeren Projekten mit langen Entwicklungsphasen ist dies nicht immer zu realisieren. Deshalb muss die Vorerfahrung der Benutzer im Umgang mit den getesteten oder vergleichbaren Systemen kontrolliert werden.

Wenn zur Zeit der Entwicklung keine klaren Aussagen über spätere Benutzer vorliegen – gerade im Consumer-Bereich ist das durchaus denkbar – so sollte eine heterogene Zusammensetzung aus folgenden Faktoren gewählt werden: EDV-Vorerfahrung, Alter, Geschlecht, Ausbildung und Beruf (Rauterberg et al., 1994).

In vielen Artikeln findet sich der Hinweis, dass fünf bis sechs Personen ausreichen um 80 % der Benutzbarkeitspobleme aufzudecken (vgl. z. B. Nielsen, 1993; Virzi,

1992). Der real gefundene Anteil der Probleme kann mitunter deutlich davon abweichen. Für eine Absicherung der weitgehend vollständigen Erfassung müssen also deutlich mehr Personen beteiligt werden. Letztendlich hängt die Anzahl der sinnvollerweise einbezogenen Testpersonen vom Einsatzfeld des Systems, von der Zahl der Tests im Laufe des Entwicklungsprozesses, von der Heterogenität der Zielgruppe und nicht zuletzt vom Budget für die Entwicklung ab. So kann es Einsatzbereiche geben, die sicherheitskritisch sind, beispielsweise in der Medizintechnik oder im Flugzeugcockpit, sodass sämtliche Probleme aufgedeckt werden sollten, auch bei hohen Kosten. Im Consumerbereich hingegen können teilweise auch eine geringere Anzahl für ein zufriedenstellendes Ergebnis ausreichen und so die Entwicklungskosten niedrig gehalten werden. Wichtig ist allerdings auch dabei, dass die Probleme soweit beseitigt sind, dass der Nutzer mit dem Produkt zufrieden ist und die unentdeckten Probleme nicht zum Wettbewerbsnachteil werden (siehe z. B. Fath et al., 1994; Faulkner, 2003).

Häufig ist es auch nur schwer möglich, eine größere Anzahl von Testpersonen zu bekommen. Dies kann beispielsweise der Fall sein, wenn das System für eine spezielle Abteilung einer Firma entwickelt wird. Oft können nur wenige Arbeitskräfte entbehrt werden. Auch die Auswahl wird häufig durch die jeweiligen Vorgesetzten getroffen.

Sollten im Laufe der Entwicklung mehrere Testphasen durchgeführt werden, so reicht in jeder Phase eine eher geringe Anzahl von Testpersonen, da die Gesamtzahl im Laufe der Entwicklung trotzdem eine weitgehende Aufdeckung der Probleme sicherstellt.

4.4.3 Das Usability-Labor

Neben Aufgaben, Prototypen und Testpersonen spielt die Technik für die Durchführung eines Usability-Tests eine entscheidende Rolle. Unterschieden werden kann hier zwischen dem klassischen stationären Usability-Labor und mobilen Lösungen für den Einsatz im Feld.

Ein festes Labor besteht normalerweise aus einem schalldichten Kontrollraum sowie einem Testraum. Beide sind durch einen Einwegspiegel getrennt. Im Testraum sind verschiedene Videokameras und Mikrofone für die Aufnahme der Aufgabenbearbeitung aus verschiedenen Blickwinkeln installiert. Wichtig für die Kameraaufnahme sind vor allem der Gesichtsausdruck sowie Arme und Hände, um die Interaktionen zu erfassen. Bei der Untersuchung von Bildschirmanwendungen werden auch die Bildschirminhalte aufgenommen (meist nicht über Kameras sondern durch direkte Aufnahme des Bildschirmsignals). Unter Umständen kann außerdem noch ein Eyetracker für die Aufzeichnung der Blickbewegungen eingesetzt werden (Details zur technischen Ausstattung siehe z. B. Barnum, 2002; Beschreibungen von Laboren finden sich z. B. bei Preim, 1999 und Nielsen, 1994). In **Abbildung 12** ist ein möglicher Aufbau dargestellt.

Teilweise sind Usability-Labore auch mit einem zusätzlichen Beobachtungsraum ausgestattet, in dem Auftraggeber oder Entwickler den Test beobachten können, ohne dass sie den Testablauf stören. Rauterberg et al. (1994, S. 133) schreiben dazu: «*Es empfiehlt sich, dass ein Produktverantwortlicher und ein Repräsentant der Entwicklungsabteilung als passive Beobachtung beteiligt sind, um die Vermittelbarkeit der Ergebnisse zu gewährleisten.*» Es zeigt sich in der Praxis immer wieder, dass die Bedeutung von Usability-Problemen erst beim direkten Beobachten des Auftretens erkannt wird.

Einen Streitpunkt bildet auch die Ausstattung mit Einwegspiegeln. Aufgrund der Videoaufzeichnung ist eine Beobachtung auch über die Monitoren möglich, sodass auf den Spiegel verzichtet werden könnte. In der Praxis zeigt sich häufig, dass der Spiegel die Testperson stärker beeinflusst als die Videokameras. Bisher gehört der Spiegel jedoch zur Standardausstattung (Salzman & Rivers, 1994).

Neben den festen Usability-Laboren gibt es inzwischen auch komplette Lösungen für den mobilen Einsatz, die die Möglichkeit bieten, das Bild einer Videokamera und ein Bildschirmsignal eines beliebigen Testrechners parallel aufzuzeichnen. Mobile Lösungen haben den Vorteil, dass der Test im Feld, also in der realen Umgebung, durchgeführt werden kann. So können häufig realistischere Bedingungen (Geräuschkulisse, Telefonunterbrechungen usw.) geschaffen werden. Auch ist der

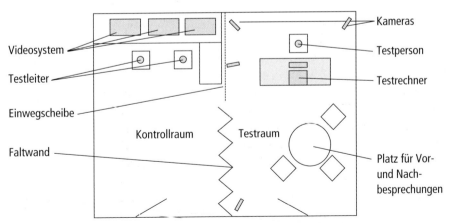

Abbildung 12: Beispielhafter Aufbau eines Usability-Labors.

Zugriff auf Testpersonen gerade im industriellen Kontext meist einfacher. Teilweise führt die synthetische Umgebung im Labor auch zu Verunsicherungen bei den Testpersonen, die mit einem mobilen Labor vor Ort vermieden werden können. Gleichzeitig ist der Aufwand jedoch meist relativ hoch, da geklärt werden muss, inwieweit eine Installation des Prototyps auf realen Rechnern möglich ist. Außerdem müssen eine reibungslose Durchführung und Aufnahme bei kurzer Aufbauzeit gewährleistet werden. Ein stationäres Labor erleichtert in dieser Hinsicht die Durchführung, da eine optimale und funktionierende Infrastruktur zur Verfügung steht, die jederzeit einsatzbereit ist (siehe z. B. Rosson & Carroll, 2002; Barnum, 2002).

4.4.4 Erhebungsmethoden im Usability-Test

Videoaufzeichnungen empfehlen sich beim Usability-Test vor allem, weil damit das Verhalten der Testperson detailliert analysiert werden kann. Verpasste oder schnelle Sequenzen können noch einmal beobachtet und fundiert ausgewertet werden. Auch können nachträglich Zeitmessungen, beispielsweise über die Dauer der Problemlösung oder bestimmter Handlungen, durchgeführt werden. Nielsen (1993) hält allerdings die ausführliche Auswertung der Videoaufnahmen im Allgemeinen für zu aufwändig. Seiner Meinung nach sollte diese Zeit lieber in weitere Tests investiert werden. Auch in diesem Fall sind Videoaufzeichnungen jedoch hilfreich. So können beispielsweise ausgewählte Probleme zur Verdeutlichung den Entwicklern vorgeführt werden.

Die wohl häufigste Nutzung von Videoaufnahmen ist das *Videofeedback*. Dabei werden nach der Aufgabenbearbeitung ausgewählte Ausschnitte der Videoaufnahmen noch einmal gemeinsam mit der Testperson angeschaut, sodass sie ihre Handlungen erklären und erläutern kann. Außerdem kann der Testleiter Fragen zu Aspekten stellen, die ihm nicht deutlich geworden sind. Im Gegensatz zu einem einfachen Interview hat dies den Vorteil, dass sich die Testperson besser in die jeweilige Problemsituation zurückversetzen kann. Nachteilig ist dabei allerdings, dass die Testdauer sich deutlich verlängert (Nielsen, 1993).

Eine weitere Methode der Aufzeichnung der Abläufe sind *Eingabeprotokolle* (Log-files). Dabei wird jede Systeminteraktion genau vom System protokolliert. So kann am genauesten nachvollzogen werden, welche Handlungen in welcher Reihenfolge durchgeführt wurden. Auf diese Weise wird die bloße Beobachtung unterstützt. Andererseits sind Eingabeprotokolle mit einem hohen Aufwand in der Vorbereitung (technische Randbedingungen, Anpassung oder Erstellung einer entsprechenden Software für das zu evaluierende System) und in der Auswertung (sehr differenzierte und große Datenmengen) verbunden. Dementsprechend werden sie in der Praxis eher selten eingesetzt (Gediga & Hamborg, 2002; einen Überblick über Aufzeichnungsformen geben auch Hoiem & Sullivan, 1994).

Neben der Auswertung von Video- oder Eingabeprotokolldaten oder dem Videofeedback kann auch die Methode des *lauten Denkens* genutzt werden, um Gründe von Schwierigkeiten zu ermitteln und die Handlungen der Testperson besser zu verstehen.

Das laute Denken «*ist eine Methode zur Erfassung bewusster handlungsbegleitender Kognitionen und Emotionen*» (Gediga & Hamborg, 2002, S. 44; siehe auch Lewis, 1982). Im Gegensatz zum Videofeedback werden die Testpersonen dazu angehalten, ihre Kognitionen während des Handelns zu äußern, während beim Videofeedback diese Äußerungen erst nach der Bearbeitung bei der erneuten Betrachtung erfolgen.

Die Methode des lauten Denkens wurde traditionell als psychologische Forschungsmethode eingesetzt (siehe z. B. Ericsson & Simon, 1984), wird aber vermehrt auch für die Evaluation von Benutzerschnittstellen verwendet (Denning et al., 1990). Der Hauptnachteil der Methode ist, dass sie sich nicht mit Performance-Messungen verträgt. Andererseits kann auf diesem Wege mit wenigen Probanden sehr hilfreiche qualitative Information gewonnen werden.

Nielsen (1993, S. 195) schreibt: «*By verbalizing their thoughts, the test users enable us to understand how they view the computer system, and this again makes it easy to identify the users' major misconceptions. One gets a very direct understanding of what parts of the dialogue cause the most problems, because the thinking-aloud method shows how users interpret each individual interface item.*»

Ein weiterer Nachteil des lauten Denkens ist die Doppelbelastung durch die Aufgabenbearbeitung und das laute Denken. Auf diese Weise wird auch die Bearbeitungsgeschwindigkeit gesenkt. Teilweise werden den Testpersonen Inkonsistenzen im eigenen Denken eher bewusst, sodass weniger oder andere Probleme auftauchen können als unter realen Bedingungen. Es gibt auch Untersuchungen, die zeigen, dass Aufgaben mit lautem Denken schneller gelöst oder weniger Fehler gemacht werden (siehe z. B. Berry & Broadbent, 1990; Wright & Converse, 1992). Dies wird beim Videofeedback vermieden, sodass die Testperson sich voll auf die Handlung konzentrieren kann. Untersuchungen zeigen auch, dass auf diese Weise qualitativ höherwertige Informationen erhoben werden (Gediga & Hamborg, 2002; siehe auch Bowers & Snyder, 1990; Ohnemus & Biers, 1993). Gleichzeitig ist das laute Denken jedoch deutlich einfacher in der Durchführung. So müssen beim Videofeedback während der Testlaufzeit geeignete Videosequenzen ausgewählt und gemeinsam betrachtet werden.

Laut Nielsen (1993) muss sowohl mit den Informationen aus dem lauten Denken als auch aus dem Videofeedback insofern vorsichtig umgegangen werden, als Testpersonen häufig schnell eine eigene Theorie für Probleme haben. Zum Beispiel kann beim Übersehen einer Funktion einfach der Anzeigeort dafür verantwortlich gemacht werden, unabhängig von dem tatsächlichen Problem. Deshalb sollten die Informationen nur als Hinweis verwendet und zu den Beobachtungen und anderen Ergebnissen ins Verhältnis gesetzt werden.

Lautes Denken ist für die Testpersonen häufig ungewohnt, sodass sie immer wieder aufhören sich zu äußern. Gerade Experten fällt es oft schwer, da viele Handlungen sehr schnell und eher aus der Gewohnheit heraus erfolgen. Sollte ein Proband aufhören, seine Gedanken zu äußern, kann er mit bestimmten Fragen wieder darauf hingewiesen werden. Beispiele für solche Fragen sind:

- «*Was denken Sie gerade?*»
- «*Was denken Sie, was diese Meldung zu bedeuten hat?*»
- «*Was denken Sie, was passieren wird?*»
- «*Welche Reaktionen haben Sie erwartet?*» (siehe z. B. Nielsen, 1993; Rosson & Carroll, 2002).

Anstelle von lautem Denken können auch zwei Probanden gemeinsam die Aufgaben bearbeiten («*Co-discovery*» oder «Constructive Interaction»). Die Situation ist insofern natürlicher als beim lauten Denken, als eine normale Diskussion zwischen den Personen darüber entsteht, welche Schritte zu unternehmen sind. Häufig kommt es dabei auch zu mehr Äußerungen als beim lauten Denken (siehe z. B. Hackman & Biers, 1992). Andererseits haben verschiedene Personen unterschiedliche Herangehensweisen und Lösungsstrategien, wodurch Probleme bei der Findung des Lösungsweges entstehen, die sonst nicht auftreten würden. Zu empfehlen ist diese Methode beispielsweise bei der Evaluation von Software für Kinder, da man Kinder schwer zu lautem Denken anhalten kann (Nielsen, 1993).

Im traditionellen Usability-Test hält sich der Testleiter oder Moderator weitgehend aus dem Test heraus. Nur wenn die Testperson gar nicht aus Problemen herausfindet, werden Hilfestellungen gegeben. Es gibt jedoch vermehrt Ansätze, die diese strikte Trennung zwischen Aufgabenbearbeitung und Beobachtung aufheben. Bei der «*coaching method*» ist die Interaktion ausdrücklich erwünscht. Die Testpersonen können jederzeit Fragen stellen, und der Testleiter versucht, sie zu beantworten. Alternativ kann als Coach auch ein erfahrener Nutzer eingesetzt werden (siehe z. B. Mack & Burdett, 1991; Nielsen, 1993). Diese Methode hat sich beispielsweise bei japanischen Testpersonen bewährt, die aufgrund kultureller Normen ihre Ablehnung oder Kritik weniger äußern (siehe z. B. Kato, 1986).

Ein aufgrund des technischen Aufwandes eher selten eingesetztes aber doch sehr aufschlussreiches Verfahren ist die *Aufmerksamkeitsanalyse*, die über Blickmessung (Eye-Tracking) realisiert wird (Scheier & Heinsen, 2003).

Menschen geben einem Interface und stärker noch einer Webseite häufig sehr wenig Zeit. Bilder und Texte werden meist nur flüchtig gelesen. Deshalb muss der Blick schnell auf die wichtigen Aspekte gelenkt werden. Insbesondere bei Webseiten kann dies maßgeblich über den Erfolg der Seite bestimmen. Mit der Blickmessung können die Blickbewegungen – bzw. die Fixierungen bestimmter Regionen – von Testnutzern aufgezeichnet und damit die Oberflächen hinsichtlich der Aufmerksamkeitsverteilung beurteilt werden. Insbesondere können so Elemente identifiziert werden, die von den wesentlichen Aspekten ablenken. Der Vorteil der Blickmessung ist, dass auch Zeiten interpretiert werden, in denen die Testperson keine Aktionen ausführt. Außerdem können die Zeiten gemessen werden, mit denen bestimmte Aspekte betrachtet werden. Über die Visualisierung der Fixationspfade können Schwierigkeiten und Ablenkungen sichtbar gemacht und so das Layout bzw. die Handlungspfade überarbeitet werden. Als Nachteile können der hohe Aufwand und damit die hohen Kosten, fehlende Standards sowie die Beschränkung auf bestimmte Nutzergruppen (es gibt z. B. Probleme bei Brillenträgern) gelten.

Eine einfache Alternative stellt das so genannte *Attention-Tracking* dar. Dabei werden nur Screenshots bestimmter Bildschirminhalte gezeigt. Die Mausklicks dienen als Anzeige der Aufmerksamkeitsverteilung. Hierfür ist ein kurzes Training der Testnutzer notwendig, damit die Aufmerksamkeit und die Mausklicks koordiniert werden. Der Vorteil liegt auf der Hand: das Verfahren ist leicht und kostengünstig einzusetzen (auch beim «Remote-Testing»; siehe Abschnitt 4.4.6). Es kann jedoch nicht für interaktive Aufgaben verwendet werden. Außerdem ist die Testsituation wenig natürlich, da die Maus zu einer unüblichen Aufgabe genutzt wird (Scheier & Heinsen, 2003; Jacob & Karn, 2003).

Nicht zuletzt können auch Zeit- und Fehlerdaten in den Tests gemessen und darüber Stärken und Schwächen eines Systems aufgedeckt werden. *Messungen* werden insbesondere für den Vergleich verschiedener Systeme eingesetzt. Allerdings geben die Ergebnisse nur Aufschluss über die jeweiligen Testaufgaben, bei anderen Aufgaben werden auch andere Bearbeitungszeiten und Fehlerraten auftreten. Gemessen werden können beispielsweise:

- die Zeit für die Bearbeitung einer Aufgabe

- die Anzahl der Aufgaben, die in einer bestimmten Zeit bearbeitet werden können
- das Verhältnis zwischen erfolgreichen Handlungen und Fehlern
- die Zeit für die Fehlerbehebung
- die Zahl der Fehler
- die Zahl der Befehle oder Funktionen, die vom Probanden benutzt wurden
- das Verhältnis von positiven zu negativen Äußerungen
- die Zahl der eindeutig frustrierten oder begeisterten Äußerungen
- die Häufigkeit der Nutzung von Behelfslösungen («Workarounds») bei nicht lösbaren Problemen
- das Verhältnis von Probanden, die effektive Wege genutzt haben, zu Probanden, die eher umständliche Lösungswege genutzt haben (bei mehreren möglichen Lösungswegen)
- nicht genutzte Zeiten, zum Beispiel Wartezeiten des Nutzers auf das System, Wartezeit des Systems auf Eingaben des Nutzers (siehe z. B. Nielsen, 1993).

4.4.5 Reliabilität und Validität

Die Reliabilität von Usability-Tests stellt insofern ein Problem dar, da die Testpersonen natürlicherweise große individuelle Unterschiede aufweisen (Nielsen, 1993), auch wenn dies für eine Aufdeckung möglichst vieler Probleme natürlich gerade wünschenswert ist. Gerade wenn Vergleiche zwischen zwei Systemen gemacht werden oder mit quantitativen Daten gearbeitet werden soll, ist es deshalb wichtig, nicht mit zu wenig Testpersonen zu arbeiten. Wie bereits erwähnt, stößt man in der Praxis häufig auf die Aussage, dass Usability-Tests nicht mehr als fünf bis sechs Testpersonen benötigen, um die wesentlichen Probleme aufzudecken. So schreibt Nielsen (1993), dass mit fünf Personen durchschnittlich 80 % der Usability-Probleme aufgedeckt werden können. Allerdings bleibt dabei ein relativ großes Konfidenzintervall von 32 % (Faulkner, 2003). Nielsen schränkt seine Aussage deshalb, wenn auch auf sehr vorsichtige Weise, durch folgenden Kommentar ein: «*This level of accuracy might be enough for many projects*» (Nielsen, 1993, S. 169).

Tabelle 7 gibt einen Überblick über die Ergebnisse einer ausführlichen Analyse von Faulkner (2003):

Tabelle 7: Anteil gefundener an den gesamten bekannten Usability-Problemen (nach Faulkner, 2003).

Anzahl der Personen	minimal gefundene Probleme	durchschnittlich gefundene Probleme	Standard-abweichung
5	55	85,55	9,30
10	82	94,69	3,22
15	90	97,05	2,12
20	95	98,4	1,61
30	97	99,0	1,13
40	98	99,6	0,81
50	98	100	0

Der tatsächliche Bedarf ergibt sich, wie bereits weiter oben beschrieben, aus einer Reihe von Merkmalen des jeweiligen Projekts (Zielgruppe des Systems, Einsatzbereich, Budget, Anzahl der Tests in der Entwicklung. Es zeigt sich unter anderem auch, dass Anfänger und Experten nicht nur unterschiedlich viele, sondern auch andere Fehler aufdecken (siehe z. B. Faulkner 2003; Nielsen, 1993). Nicht zuletzt gibt es immer auch Probleme, die leichter gefunden werden, und Probleme, die sehr schwer aufzudecken sind. Dies lässt sich natürlich kaum vorhersagen.

Für die Validität eines Usability-Tests ist zuerst einmal die korrekte Auswahl der Testpersonen wichtig. So sollte beispielsweise eine Software für Rechtsanwälte auch mit praktizierenden Rechtsanwälten und nicht mit Jurastudenten evaluiert werden. Weitere Auswahlkriterien können zum Beispiel Alter, Geschlecht oder Vorkenntnisse sein. Weiterhin müssen relevante und praxisgerechte Testaufgaben verwendet und auch die Bandbreite der realen Einsatzmöglichkeiten abgedeckt werden. Auch die Realitätsnähe der Umgebungsbedingungen ist von Bedeutung. Hier ist ein deutlicher Vorteil der Feldtests gegenüber Labortests zu sehen (Preim, 1999; Rauterberg et al., 1994).

4.4.6 Remote-Usability-Tests

Eine Sonderform des Usability-Tests stellt der *Remote-Usability-Test* dar. Hier wird die Aufgabenbearbeitung fern vom Testleiter durchgeführt. Es wird also kein

Labor benötigt, gleichzeitig liegen aber auch keine echten Beobachtungsdaten vor. Die einfachste Form ist ein so genannter Usability-Kiosk. Dabei handelt es sich um einen öffentlich zugänglichen Rechner mit der zu testenden Software und den Testaufgaben sowie Formularen für ein Feedback. Neben dem Feedback werden die Handlungen über ein Eingabeprotokoll festgehalten (Nielsen, 1993). So kann mit geringem Aufwand eine große Zahl von Testpersonen berücksichtigt werden. Allerdings muss man auch mit deutlich oberflächlicheren Informationen auskommen. Diese Form wird also nur in wenigen Fällen wirklich praktikabel sein.

Der zentrale Bereich für Remote-Usability-Tests ist sicherlich das Internet. Auch wenn man prinzipiell Webseiten mit den gleichen Methoden evaluieren kann wie herkömmliche Software, können diese doch häufig aus finanziellen Gründen nicht angewendet werden. Die Entwicklung einer Software ist immer ein größeres Projekt mit einem entsprechenden Budget. Webseiten können jedoch in relativ kurzer Zeit erstellt werden, sodass auch kleinste Firmen oder Selbständige inzwischen ihre Kunden auf diesem Wege ansprechen. Dennoch ist das Thema Usability hier mindestens genauso wichtig, wenn nicht sogar noch wichtiger, da die ersten Erfahrungen des Nutzers auf der Website darüber entscheiden, ob er weitersurft oder sich mit dem Angebot auseinander setzt. Deshalb gibt es inzwischen Versuche, mit einfachen und günstigen Methoden Webseiten zu evaluieren. Hier ermöglichen Remote-Usability-Tests einen einfachen Kontakt zu geeigneten Testpersonen. Dabei wird nicht mit öffentlich zugänglichen Rechnern gearbeitet, sondern der jeweilige Rechner des Nutzers dient als Testrechner.

Auf technischer Seite gibt es verschiedene Ansätze. So kann das Tool zur Erfassung entweder in den Browser oder in die Webseite integriert werden oder aber zwischen Webseite und Browser auf einem so genannten Proxy-Server laufen. Die Browser-Variante hat allerdings den Nachteil, dass der potenzielle Tester eine Software auf seinem Rechner installieren muss. Die Proxy-Variante hat den Vorteil, dass weder auf der Webseite noch auf dem Rechner der Testperson etwas angepasst werden muss, allerdings werden nur die Aktionen auf der Webseite, nicht die Verwendung der Browser-Funktionen protokolliert (Details zu diesen Ansätzen siehe z. B. bei Baravalle & Lanfranchi, 2003; Edmonds, 2003; Paganelli & Paternò, 2003).

Unterschiedlich sind die Herangehensweisen hinsichtlich der erfassten Informationen. Einige Ansätze zeichnen nur die Handlungen auf den Webseiten auf. Die Intention des Nutzers muss interpretiert werden. Andere kombinieren die Eingabeprotokolle mit Fragebögen. So blendet beispielsweise der Open Web-Survey (eine Proxy-Lösung) zwischen Browser-Menü und Webseite ein Fenster für Fragen und Antworten ein. Diese Fragen können somit direkt zu einer bestimmten Webseite gestellt und während des Browsens beantwortet werden (Baravalle & Lanfranchi, 2003).

4.5 Fragebogen

Fragebogen sind häufig Mittel der Wahl, wenn es darum geht, quantitative Aussagen der Nutzer zu erheben, beispielsweise um verschiedene Systeme oder Systemversionen miteinander vergleichbar zu machen. Fragebogen setzen sich aus einem Satz von Fragen und/oder Aussagen zusammen, die Items genannt werden. Häufig sind Fragebogen in Unterthemen (Subskalen) aufgeteilt. Ein Fragebogen zur Usability könnte beispielsweise in die sieben Gestaltungsanforderungen der DIN EN ISO 9241-10 (vgl. Abschnitt 1.4.1) unterteilt sein. Im Folgenden werden Fragebogen und ihre Erstellung thematisch umrissen, bevor einige Beispiele bekannter Fragebogen dargestellt werden.

Fragebogen als Messinstrumente

Die einzelnen Items eines Fragebogens ermöglichen dem Befragten, auf der Grundlage eigener Erfahrungen subjektive Urteile zu Systemaspekten abzugeben. Voraussetzung für die Evaluation anhand von Fragebogen ist damit die hinreichende Auseinandersetzung mit dem zu beurteilenden System, wie sie im Anschluss an einen Usability-Test (vgl. Abschnitt 4.4) gegeben ist. Eine solche subjektive Bewertung ist ebenfalls nicht ohne Vergleiche mit anderen Systemen möglich. Dieser Vergleich ist dabei gefärbt von individuellen Erfahrungen und Assoziationen der Befragten. So ist es möglich, dass der eine Nutzer die Benutzungsoberfläche eines Fahrkartenautomaten mit der von fünf anderen solcher Automaten vergleicht, ein anderer Nutzer hingegen mit der eines Bankautomaten. Der Vergleichsmaßstab ist damit dem Versuchsleiter im Allgemeinen nicht bekannt. Je größer die Gruppe der Befragten ist, desto stärker relativiert sich dieser subjektive Einfluss. Der Vorteil von Fragebogen liegt in jedem Fall in der Erfassung erlebnisnaher Bewertungen.

Antworten können als vorgegebene Antwortoptionen (Multiple Choice), als abgestufte bipolare Einschätzungen (Ratingskalen, z. B. «*stimme gar nicht zu*» bis «*stimme voll zu*») oder in Form von Freitexten gegeben werden. Vollstandardisierte Fragebogen legen die Itemformulierung, die Darbietungsreihenfolge und das Antwortformat fest. Sie erfragen ausschließlich nummerische Bewertungen der Items anhand von Ratingskalen. Teilstandardisierte Fragebogen bieten hingegen zusätzlich die Möglichkeit, Antworten frei zu formulieren.

Je nach Ausprägung des Fragebogens lassen sich summative wie auch formative Evaluationen durchführen. Dabei können sowohl das Gesamtsystem als auch nur Teile des Systems im Mittelpunkt stehen. Es sind auch Fragebogen vorstellbar, welche die Gütebewertung eines Systems mit Fragen der Prozessoptimierung, der Organisationsdiagnostik oder der allgemeinen Arbeitszufriedenheit verbinden. Meist werden diese Themen jedoch voneinander getrennt betrachtet.

Die Konstruktion eines Fragebogens, der wissenschaftlichen Ansprüchen genügt, ist sehr aufwändig. Sie umfasst beispielsweise die Auswahl und fundierte Definition der zu messenden Konstrukte (z. B. Usability mit ihren Subskalen), die Formulierung und Auswahl von Items sowie die Standardisierung und Eichung anhand großer Stichproben (N > 300). Dabei sind Gütekriterien zu beachten, die garantieren, dass eine Befragung mit diesen Instrumenten zu zuverlässigen und vertrauenswürdigen Daten führen. Die ökonomische Anwendung und die Nützlichkeit der Ergebnisse stellen dabei Nebengütekriterien dar (Bortz & Döring, 1995). Die Hauptgütekriterien sind:

- *Objektivität:*
  Sind die Ergebnisse, die mit dem Fragebogen erhoben werden, unabhängig vom Versuchsleiter?

- *Reliabilität:*
  Produziert der Fragebogen für denselben Untersuchungsgegenstand bei einer Wiederholung der Erhebung annähernd die gleichen Ergebnisse?

- *Validität:*
  Misst der Fragebogen, was er messen soll?

Eine Konstruktion von projektspezifischen Fragebogen wird aufgrund von Termin- und Kostendruck nur selten möglich sein. «Selbstgestrickte» Fragebogen, die nicht systematisch beforscht werden, sind hingegen mit Vorsicht zu genießen, da nicht garantiert ist, dass sie die Gütekriterien hinreichend erfüllen. Glücklicherweise wurde in der Vergangenheit von wissenschaftlicher Seite eine Reihe von Fragebogen veröffentlicht, die sich verbindlich Usability-Attributen widmen und in verschiedenste Projekte integriert werden können. Hier finden sich sowohl allgemeine Fragebogen, die sich auf technische Systeme jeder Art anwenden lassen, als auch domänenspezifische Erhebungsinstrumente, die konkrete Anforderungen aus einem spezifischen Anwendungsbereich thematisieren, beispielsweise Web-Usability.

Diese Fragebogen sind standardisiert und beziehen sich auf generelle Aspekte der Systembeurteilung. Daher können gelegentlich Items unpassend für ein konkretes Befragungsvorhaben sein, beispielsweise wenn die Verständlichkeit von Texten bei einem rein grafischen System befragt wird. Wer nun meint, er könne die entsprechenden Items einfach löschen, der irrt leider. Denn die Items innerhalb einer Subskala sind hinsichtlich der Gütekriterien interdependent, d. h. indem auch nur ein Item in dieser Subskala geändert oder gelöscht wird, verschiebt sich die Aussagekraft der anderen Items. Im schlimmsten Fall sind die erhobenen Daten damit nicht mehr valide oder reliabel. Es kann jedoch unter Umständen durchaus angemessen sein, ganze Subskalen wegzulassen. Im Zweifelsfalle empfiehlt es sich allerdings, dazu die Dokumentation zu Rate zu ziehen oder Kontakt mit den Entwicklern des Fragebogens aufzunehmen und diese hiernach zu befragen.

> **Chancen und Risiken von Fragebogen als Evaluationsmethode**
>
> **Chancen:**
> - kaum Beeinflussung durch Dritte (z. B. Interviewer), daher hohe Objektivität
> - klare Trennung von Evaluationsaspekten (z. B. Teilsystemen oder Funktionen) möglich
> - Subjektive Daten können kategorisiert und (je nach Antwortformat) statistisch analysiert werden.
> - Fragebogen können relativ unaufwändig an jeder Stelle des Entwicklungsprozesses eingesetzt werden.
> - Es liegt eine Vielzahl von standardisierten Fragebogen zur Usability-Evaluation vor.
> - Möglichkeit einer großen Stichprobe durch Onlineerhebungen
>
> **Risiken:**
> - je strukturierter das Verfahren, desto weniger Freiraum bleibt dem Nutzer
> - Fragen fokussieren auf zuvor ausgewählte Bereiche, daher Einschränkung der Bewertungsfreiheit
> - Qualität der Daten abhängig von der Qualität des Erhebungsinstruments
> - sehr aufwändige Entwicklung von nach Regeln der Testkonstruktion standardisierten Fragebogen

Bis vor wenigen Jahren wurden Fragebogen ausschließlich mit Papier und Stift erhoben. Inzwischen sind viele Fragebogen auch als Versionen für Arbeitsplatzrechner oder für Inter- und Intranet erhältlich (Gediga & Hamborg, 2002). Es gibt verschiedene Hinweise darauf, dass die Ergebnisse papier- und computergestützter Fragebogen sich nicht signifikant unterscheiden (z. B. Slaughter, Harper & Norman, 1994; Richter, 1999), sodass die Entscheidung, welches Medium für die Erhebung eingesetzt werden soll, von anderen, meist pragmatischen Überlegungen gesteuert sein sollte. Slaughter et al. (1994) stellten allerdings fest, dass die

Befragten bei computergestützten Erhebungen qualitativ hochwertigere und umfangreichere Antworten bei offenen Antwortformaten abgeben.

Nachfolgend werden Vor- und Nachteile von computergestützten bzw. Online-Fragebogen dargestellt (z. B. Richter, 1999; Norman, Friedman, Norman & Stevenson, 2001; Gräf, 2002).

Vorteile:
- kostengünstig durch Wegfall von Materialien
- interaktive Ansprache des Befragten (z. B. Hinweise, Hilfestellungen)
- weniger fehleranfällig:
  a) während der Datenerhebung, da z. B. ein korrektes Eingabeformat überprüft und gegebenenfalls an den Befragten mit Hinweisen zur Korrektur zurückgespiegelt werden kann
  b) während der Datenaufbereitung, da die Daten bereits in elektronischer Form vorliegen und nicht durch Menschen übertragen werden müssen
- Die Möglichkeit, große Personengruppe anzusprechen, ist insbesondere im Internet gegeben.
- Die Anonymität im WWW erhöht die Wahrscheinlichkeit, dass Befragte auch heikle oder peinliche Fragen beantworten.

Nachteile:
- In Ergebnissen computergestützter Fragebogen sind Personengruppen mit höherer Computerexpertise stärker repräsentiert als bei papiergestützten Erhebungen.
- Gefahr der Verzerrung von Daten durch onlinespezifische Gestaltungsfehler, z. B. technische Fehler, zu lange oder zu langweilige Fragebogen
- schwierige Absicherung von Zugehörigkeit der Antwortenden zur maßgeblichen Zielpopulation durch anonyme Online-Erhebung
- keine Möglichkeit für die Teilnehmer, zu Verständnisfragen während des Ausfüllens
- insgesamt durch Unverbindlichkeit des Online-Mediums verstärkt Gefahr einer hohen Abbrecherquote

Gräf (2002) stellt eine Reihe von Richtsätzen auf, die bei der Gestaltung von WWW-Fragebogen zur Beachtung empfohlen werden. Diese seien hier als Anregung genannt:

1. Beachte technische Anforderungen.
2. Formuliere die Fragen nach den Regeln der empirischen Sozialforschung.
3. Etabliere eine glaubwürdige Kommunikation mit den Antwortenden.
4. Erzeuge Awareness (in dt. Literatur: «Gewährtigkeit») und Aufmerksamkeit.
5. Verwende ein ansprechendes Design und setze Usability-Kriterien um.
6. Hebe zentrale Textpassagen hervor.
7. Vermeide Matrix-Fragen.
8. Halte den Fragebogen kurz.
9. Setze Filter-Fragen ein.
10. Führe einen Vortest durch.

> **Auswertung von Fragebogen**
>
> Da die Auswertung vieler Fragebogen über Mittelwertbildung und Standardabweichungen vorgenommen wird, kann ein grafisches Profil über Stärken und Schwächen eines Systems erstellt werden. Ein solches Profil ist in **Abbildung 13** auf S. 174 am Beispiel von Daten dargestellt, die mit QUIS erhoben wurden (Harper, Slaughter & Norman, 1997; wird nachfolgend vorgestellt). Die durchgezogene Linie zeigt den gesamten Durchschnitt über alle Items. Die Punkte visualisieren die Mittelwerte der jeweiligen Subskala (z. B. 1.1) oder einzelner Items (z. B. 1.1.1) über alle befragten Personen. Die vertikalen Striche durch die Punkte geben die Standardabweichung zwischen den Nutzerbewertungen innerhalb einer Skala oder eines Items wieder. Um die Reliabilität der Daten zu ermitteln, lassen sich durch statistische Testverfahren Konfidenzintervalle um die Mittelwerte berechnen. Richtig interessant ist eine solche Auswertung allerdings erst dann, wenn die Daten verschiedener Systeme miteinander verglichen werden.
>
> Interessant ist auch der Vergleich von Urteilen unterschiedlicher Nutzergruppen, die ein System gemeinsam nutzen, beispielsweise Human-Resource-Manager und Angestellte. Denn wie Stanton und Weiss (2003) bemerken, weichen die Anforderungen an Personalmanagement-Systeme zwischen diesen Personengruppen deutlich voneinander ab. Insbesondere gilt dies hinsichtlich

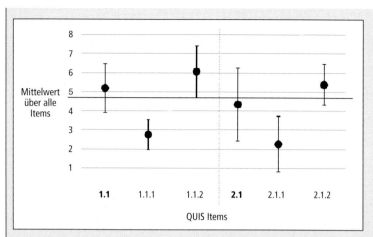

Abbildung 13: Mittelwertbildung für Daten, die mit Fragebogen erhoben wurden.

der Wichtigkeit von Privatsphäre und deren Schutz. Es gibt damit guten Grund anzunehmen, dass diese Anforderungsunterschiede sich auch in einer unterschiedlichen Bewertung der Gebrauchstauglichkeit niederschlagen. Es lohnt sich dann, diese Gruppenmittelwerte z. B. mittels verteilungsfreier (z. B. U-Test) oder parametrischer (z. B. T-Test) Verfahren miteinander zu vergleichen.

Standardisierte Fragebogen zur Usability-Evaluation

Im Folgenden werden verschiedene Fragebogen zur Usability-Evaluation dargestellt, die nur eine kleine Auswahl der verfügbaren Messinstrumente widerspiegeln. Sie wurden nach ihrer Verbreitung in der Literatur und ihrer Eignung zum Einsatz für einen breiten Bereich von Projekten ausgewählt. Im Einzelnen sind dies:

- Questionnaire for User Interface Satisfaction (QUIS)
- Software Usability Measurement Inventory (SUMI)
- IsoNorm 9241/10
- IsoMetrics
- AttrakDiff.

4.5.1 Questionnaire for User Interface Satisfaction (QUIS)

In frühen Fragebogen zur Systembewertung standen hauptsächlich objektivierbare Themen der Leistungsfähigkeit und der allgemeinen Nutzerzufriedenheit im Vordergrund. Nur wenige widmeten sich exklusiv der Zufriedenheit der Nutzer mit der Interaktion zwischen Mensch und Computer (Chin, Diehl & Norman, 1988). Shneiderman (1987) stellt mit QUIS einen solchen Fragebogen vor, der ausschließlich die subjektive Zufriedenheit der Nutzer mit der Schnittstelle eines Systems erfasst. Die erste veröffentlichte Ausgabe umfasst insgesamt 90 Items, wovon sich fünf auf eine generelle Bewertung des Systems beziehen und die weiteren 85 Items auf 20 verschiedene Konstrukte aufgeteilt sind. Für jedes dieser Konstrukte gibt es eine Hauptfrage sowie weitere Fragen zu betreffenden Unterthemen. In einer Kurzversion setzt sich diese erste Ausgabe des QUIS lediglich aus den 20 Hauptfragen und den fünf Items der generellen Bewertung zusammen. Jedes der Items besteht aus zwei gegensätzlichen Adjektiven, wobei sich die Nutzer auf einer zehnstufigen Skala zwischen einem negativen Adjektiv auf der linken und einem positiven Adjektiv auf der rechten Seite entscheiden können, z. B. *«inkonsistent»* versus *«konsistent»*. Außerdem gibt es die Möglichkeit, *«nicht bewertbar»* anzukreuzen. Die Nutzer werden in den Instruktionen zusätzlich zu frei formulierten Bemerkungen ermuntert.

Tabelle 8: Beispielfrage (übersetzt nach Shneiderman, 1987).

5.4 Mitteilungen, die auf dem Screen erscheinen:	verwirrend 1 2 3 4 5 6 7 8 9 klar n. b.
5.4.1 Instruktionen für Befehle oder Auswahlen:	verwirrend 1 2 3 4 5 6 7 8 9 klar n. b.

QUIS wurde zunächst ohne empirische Validierung veröffentlicht. Erst Chin et al. (1988) konnten eine hohe Reliabilität des Fragebogens aufzeigen, sodass er als standardisiertes Evaluationsinstrument für die generelle Nutzerzufriedenheit angesehen werden kann. In verschiedenen Fragebogenversionen wurden Modifikationen hinsichtlich der Anzahl der Items und ihrer Gruppierung gemacht. Ferner hat man die Bewertungsskala auf neun Stufen reduziert. In der Vergangenheit wurden verschiedene computergestützte Versionen herausgebracht. QUIS 7.0 ist die derzeit aktuellste Version. Mit ihr liegt nun auch eine Onlineausgabe vor. Alle Computerversionen haben eine vergleichbare Reliabilität wie die Papierversion (Slaughter, Harper und Norman, 1994; Harper et al., 1997). Das Paket ist hierarchisch organisiert und umfasst folgende Teile:

- einen demografischen Fragebogen
- eine Bewertung der generellen Nutzerzufriedenheit auf sechs Skalen
- vier Bewertungsbereiche für getrennte Komponenten von Systemen allgemein, z. B. Layoutfaktoren, Systemfeedback und Erlernbarkeit
- optionale Bewertungsbereiche für getrennte Komponenten des betrachteten Systems, z. B. Handbücher, Onlinehilfen, Internetzugang und Systeminstallation.

Jeder Bereich misst die generelle Nutzerzufriedenheit mit der jeweiligen Facette der Schnittstelle. Da die Subskalen voneinander unabhängig sind, kann der Fragebogen auch durch die Versuchsleiter gekürzt werden; allerdings nur, wenn ganze Subskalen und nicht nur einzelne Items einer Skala weggelassen werden. Wie viele andere validierte Fragebogen zur Usability-Evaluation auch, ist QUIS nicht kostenfrei zu nutzen, sondern muss lizenziert werden.

4.5.2 Software Usability Measurement Inventory (SUMI)

SUMI konzentriert sich auf die Eindrücke und Gefühle, die ein Nutzer hat, wenn er mit einer Software umgeht. Die subjektiven Wahrnehmungen des Nutzers werden dabei als maßgeblich für die Evaluation praktisch jeglicher Software-Systeme angesehen (Porteous, Kirakowski & Corbett, 1993). Obwohl bereits Mitte der neunziger Jahre veröffentlicht, nähert sich SUMI damit bereits dem heute sehr aktuellen Thema des «joy of use» an (vgl. Kasten auf S. 92). SUMI besteht aus 50 Items. Jedes von ihnen ist als Aussage über die Qualität der Arbeit mit einer Software formuliert. Dabei werden die verschiedensten Aspekte beleuchtet. Die Nutzer können entscheiden, ob sie einer Aussage zustimmen, unentschlossen sind oder ob sie nicht zustimmen. **Tabelle 9** gibt einige Beispiel-Items des SUMI wieder.

Der Fragebogen wurde nach etablierten statistischen und psychometrischen Kriterien konstruiert und fortlaufend an immer neuen Systemen aus den verschiedensten Domänen standardisiert. Er gehört wahrscheinlich mit zu den international bekanntesten Fragebogen. Die Standardisierungsdatenbank, die aus mehr als 1000 ausgefüllten Fragebogen besteht, wird (soweit uns bekannt ist) auch heute noch fortlaufend erweitert. SUMI muss vor der Anwendung gegen eine Schutzgebühr lizenziert werden. Kritisch angemerkt werden könnte, dass der Fragebogen – genau wie QUIS – keinen Bezug zu der international gültigen Normierung hat.

Tabelle 9: Beispiel-Items des SUMI (übersetzt nach Porteous et al., 1993)

Beispiel-Item	Zustimmung	unent- schlossen	keine Zustimmung
«Wenn diese Software stoppt, ist es nicht einfach, sie wieder zu starten.»	☐	☐	☐
«Die Software hat eine sehr attraktive Aufmachung.»	☐	☐	☐
«Ich finde Gefallen an meiner Arbeit mit dieser Software.»	☐	☐	☐
«Die Art und Weise, in der das System Informationen darbietet, ist klar und verständlich.»	☐	☐	☐
«Es ist einfach, die Software dazu zu bringen, genau das zu tun, was man will.»	☐	☐	☐

4.5.3 IsoNorm 9241/10

Der Fragebogen zur Beurteilung der Gebrauchstauglichkeit von Software am Arbeitsplatz «IsoNorm 9241/10» (Prümper & Anft, 1993) eignet sich sowohl für die formative, als auch für die summative Evaluation. Als Subskalen dienen die sieben Gestaltungsanforderungen der DIN EN ISO 9241-10, deren Erfüllung mit je fünf Items überprüft wird. Die Bewertung wird von Nutzern auf einer siebenstufigen Skala von «*sehr negativ (– – –)*» bis «*sehr positiv (+ + +)*» vorgenommen. Aufgrund einer Normierung (Prümper, 1997) ist die Vergleichbarkeit der Ergebnisse einer Befragung mit anderen Systemen sichergestellt. **Tabelle 10** auf S. 178 gibt einige Items zur Gestaltungsanforderung «Aufgabenangemessenheit» wieder.

Das Ausfüllen der 35 allgemeinverständlichen Items, inklusive eines Frageteils im Anhang, der sich mit eher soziodemografischen Themen beschäftigt (beispielsweise Vorerfahrungen mit dem System oder mit IT-Systemen im Allgemeinen), dauert im Allgemeinen kaum länger als eine Viertelstunde. Die Auswertung erfolgt anhand von Mittelwertberechnungen über alle Antworten zu einem Item bzw. zusammengefasst über alle Items einer Gestaltungsanforderung oder auch über alle Items des Fragebogens insgesamt. Wie die meisten standardisierten Fragebogen hat auch IsoNorm einen Hinweischarakter, d. h. er zeigt auf, in welchen Bereichen Schwachpunkte von den Nutzern wahrgenommen werden. Er bezieht sich jedoch nicht auf konkrete Funktionen oder Handlungsabfolgen und gibt

Tabelle 10: Beispiel-Items zur Aufgabenangemessenheit (aus Prümper & Anft, 1993).

Aufgabenangemessenheit: Unterstützt die Software die Erledigung Ihrer Arbeitsaufgaben, ohne Sie als Benutzer unnötig zu belasten?								
Die Software …	– – –	– –	–	–/+	+	+ +	+ + +	Die Software …
… ist kompliziert zu bedienen.	☐	☐	☐	☐	☐	☐	☐	… ist unkompliziert zu bedienen.
… bietet nicht alle Funktionen, um die anfallenden Aufgaben effizient zu bewältigen.	☐	☐	☐	☐	☐	☐	☐	… bietet alle Funktionen, um die anfallenden Aufgaben effizient zu bewältigen.
… bietet schlechte Möglichkeiten, häufig sich wiederholende Bearbeitungsvorgänge zu automatisieren.	☐	☐	☐	☐	☐	☐	☐	… bietet gute Möglichkeiten, häufig sich wiederholende Bearbeitungsvorgänge zu automatisieren.

daher keine konkreten Hinweise, wie und an welchen Stellen Mängel behoben werden könnten. IsoNorm 9241/10 liegt auch als Online-Version vor. Empirisch konnte aufgezeigt werden, dass die Ergebnisse der Online- und der papierbasierten Version keine nennenswerten Unterschiede aufweisen (Richter, 1999).

4.5.4 IsoMetrics

Mit dem IsoMetrics stellen Willumeit, Gediga und Hamborg (1996) ein Instrument zur Evaluation von Software vor, das je nach Evaluationsziel als summatives (IsoMetrics^S) oder formatives Verfahren (IsoMetrics^L) einsetzbar ist. IsoMetrics^S (short) als Kurzform beinhaltet eine fünfstufige Skala für jedes Item von «stimmt nicht» bis «stimmt sehr». Die Angabe «keine Meinung» ist ebenfalls möglich. Der IsoMetrics^L (Long) als Langform umfasst die gleichen Items und die gleiche Skalierung wie Isometrics^S. Die Evaluatoren werden jedoch zusätzlich zu ihrer Einschätzung der Bedeutsamkeit des betreffenden Items für den Gesamteindruck dieses Systems befragt. Die Skalierung verläuft wiederum von 1 bis 5, mit den Polen «unwichtig» bis «wichtig» und «keine Meinung». Damit erhalten die Items einen Gewichtungsindex. Weiterhin werden die Evaluatoren nach einem konkreten Beispiel befragt, bei dem sie im System der Aussage des Items zustimmen. **Abbildung 14** zeigt ein Beispiel-Item aus IsoMetrics^L.

	stimmt nicht	stimmt wenig	stimmt mittelmäßig	stimmt ziemlich	stimmt sehr	keine Angabe
A.1 Die Software zwingt mich, überflüssige Arbeitsschritte durchzuführen.						

	nicht wichtig	wenig wichtig	mittelmäßig wichtig	ziemlich wichtig	sehr wichtig	keine Angabe
Wie wichtig ist dieser Aspekt für Ihren Gesamteindruck von der Software?						

Können Sie konkrete Beispiele nennen, bei denen Sie dieser Aussage zustimmen können?

Abbildung 14: Beispiel-Item aus IsoMetrics[L] (Gediga et al., 1999).

Beide Varianten dieses Verfahrens sind Operationalisierungen des internationalen Standards DIN EN ISO 9241-10. Die Stärke von IsoMetrics liegt insbesondere in der Generierung einer detaillierten Auflistung von Usability-Problemen, die mit Hilfe einfacher Kategorisierungen priorisiert werden können. Für die Entwicklung des Fragebogens wurden zunächst 651 mögliche Items aus bekannten Fragebogen (z. B. QUIS, EVADIS, IsoNorm) sowie anderen Quellen (z. B. DIN EN ISO 9241-10+11) gesammelt und auf zuletzt 90 Items reduziert (Gediga, Hamborg & Düntzsch, 1999). Diese Items wurden durch sechs Usability-Experten den sieben Prinzipien der DIN EN ISO 9241-10 zugeordnet.

IsoMetrics wurde einer intensiven statistischen Validierung unterzogen, und es zeigte sich, dass der Fragebogen valide und reliabel sowohl für summative als auch für formative Evaluationsvorhaben ist. In der Langform ist er relativ zeitaufwändig in der Erhebung, weswegen nicht selten formative Evaluationsvorhaben der Einfachheit halber mit der Kurzform durchgeführt werden, was aber die Aussagefähigkeit der Erhebung für den weiteren Entwicklungsprozess deutlich schmälert. Dieser Fragebogen liegt in englischer und deutscher Sprache vor und hat einen hohen Bekanntheitsgrad erreicht. Inzwischen gibt es auch ein Softwaretool, das die Datensammlung und -auswertung unterstützt.

4.5.5 AttrakDiff

Auf seite 92 f. haben wir uns mit dem Thema «joy of use» als Einflussgröße auf Systemnutzung und Nutzerzufriedenheit beschäftigt. Es wurde verdeutlicht, dass dieses Kriterium eine nicht zu vernachlässigende Größe in der Bewertung von Systemen darstellt und damit einen festen Platz in der Evaluation von technischen

Systemen haben sollte. Dafür gibt es auch empirische Belege. Hassenzahl, Platz, Burmester und Lehner (2000) zeigen beispielsweise auf, dass die «ergonomische» (später «pragmatische») Qualität (Einfachheit, Steuerbarkeit) und die «hedonische» Qualität (Neuheit, Originalität) von Software-Systemen von den Nutzern als unabhängige Qualitätsaspekte wahrgenommen werden. Sie haben in vergleichbarem Maß Auswirkungen auf den allgemeinen Eindruck der getesteten Prototypen.

Hassenzahl (2000) weist allerdings darauf hin, dass sich die bis dato veröffentlichten Fragebögen den Usability-Kriterien der DIN EN ISO 9241-11 lediglich hinsichtlich der Effektivität und Effizienz nähern, die Zufriedenstellung jedoch weitgehend außer Acht lassen oder auch für sie Maße ansetzen, die sich eher auf Qualitäten von Effektivität und Effizienz beziehen. Mit AttrakDiff stellt Hassenzahl (2003) daher ein Bewertungsinstrumentarium vor, das der Erfassung verschiedener Qualitäten der Nutzerzufriedenstellung dient. Unter der «pragmatischen Qualität» (Hassenzahl, 2004) wird die Fähigkeit eines Produkts verstanden, das Bedürfnis nach Zielerreichung zu befriedigen, indem es nützliche und benutzbare Funktionen bereitstellt (z. B. praktisch, handhabbar). Die «hedonische Qualität» teilt sich auf in Stimulation und Identität. Stimulation meint dabei das Bedürfnis einer Person nach Verbesserung ihrer Kenntnisse und Fertigkeiten (z. B. kreativ, herausfordernd), Identität das Bedürfnis nach Übermittlung von selbstwertdienlichen Botschaften an andere Personen (z. B. fachmännisch, verbindend). Die Attraktivität wiederum erfragt eine globale Bewertung des Systems (z. B. gut, attraktiv).

AttrakDiff besteht aus 28 bipolaren Items, die auf einer siebenstufigen Skala die vier Konstrukte messen. **Tabelle 11** zeigt einige Beispiel-Items. Die Konstrukte werden global bewertet, konkrete Handlungsbereiche also nicht ausgewiesen. AttrakDiff ist sehr unproblematisch in laufende Evaluationsvorhaben einzubinden, bei-

Tabelle 11: Beispiel-Items des AttrakDiff.

Bitte geben Sie mit Hilfe der folgenden Wortpaare Ihren Eindruck des ‹Produktname› wieder. Bitte kreuzen Sie nur jeweils ein Kästchen an!								
menschlich	☐	☐	☐	☐	☐	☐	☐	technisch
isolierend	☐	☐	☐	☐	☐	☐	☐	verbindend
angenehm	☐	☐	☐	☐	☐	☐	☐	unangenehm
originell	☐	☐	☐	☐	☐	☐	☐	konventionell

spielsweise im Anschluss an einen Usability-Test. Das Ausfüllen der wenigen Items dauert kaum länger als fünf Minuten und fügt dennoch eine interessante Facette zu den Ergebnissen vor- oder nachgeschalteter Erhebungen hinzu. Attrak-Diff liegt auch als Online-Version mit automatisierter statistischer Auswertung vor, was den Gesamtaufwand deutlich senkt.

4.6 Vergleich und Beurteilung der Methoden

In den vorangegangenen Punkten sind eine Reihe von Methoden zur Usability-Evaluation vorgestellt worden. An mehreren Stellen haben wir darauf hingewiesen, dass das Evaluationsanliegen, die Art des Systems sowie andere Faktoren der Durchführbarkeit von Evaluationen einen maßgeblichen Einfluss darauf haben, welche der Verfahren im konkreten Fall sinnvoll sein können. Jetzt ist es an der Zeit, einen Überblick über die Qualitäten dieser Methoden zu geben. Zunächst werden die Unterschiede zwischen Evaluationsmethoden anhand von empirischen Befunden dargestellt. Dabei soll u. a. verdeutlicht werden, dass ein direkter Vergleich meist zu kurz greift. Danach nehmen wir eine Bewertung der Verfahren anhand eines aus der Literatur abgeleiteten Bewertungsschemas vor.

4.6.1 Empirische Vergleichsstudien von Evaluationsmethoden

Auf der Suche nach Belegen für die Effektivität wurde in der Vergangenheit eine Vielzahl von Studien durchgeführt, die Evaluationsergebnisse direkt miteinander verglichen. Viele dieser Vergleiche erfüllen allerdings nicht hinreichend die Standards der experimentellen Forschung. Es gibt Beeinträchtigungen der statistischen Validität, aber auch konfundierende Variablen, sodass unterschiedliche Ergebnisse nicht immer nur auf die Unterschiede der Methoden zurückzuführen sind. So ist es auch nicht weiter verwunderlich, dass in unterschiedlichen Untersuchungen teilweise gegenläufige Ergebnisse erzielt werden, beispielsweise hinsichtlich der Effektivität und Effizienz von Heuristischer Evaluation und Usability-Tests (Karat et al., 1992; Jeffries et al., 1992). Dennoch sollen nachfolgend einige dieser Ergebnisse exemplarisch dargestellt werden.

Desurvire (1994) verglich die Heuristische Evaluation (HE) und den Cognitive Walkthrough (CWT) mit Usability-Tests. In den zugrunde liegenden Usability-Tests wurden insgesamt 25 Probleme gefunden. Davon fünf geringe Probleme, die nur zu leichter Konfusion des Nutzers führten, drei Probleme, die Fehler verursachten, und 17 schwere Probleme, die verhinderten, dass die Aufgabe gelöst werden konnte. Experten konnten mit der HE 80 % der leichten Probleme finden, aber nur 30 % der schweren. Von den mittelschweren Problemen fanden sie sowohl mit der HE, als auch mit dem CWT zwei von drei Problemen. Leichte und schwere Probleme wurden im CWT weniger als 50 % gefunden.

Auch Lewis & Wharton (1997) gestehen der HE zu, dass mit ihr mehr Probleme identifiziert werden als mit dem CWT. Dies führen sie auf den breiteren und ganzheitlicheren Ansatz des heuristischen Verfahrens zurück, da sich der CWT auf die mentalen Prozesse der Nutzer in Bezug auf die Dialogelemente konzentriert. Auch im direkten Vergleich mit Usability-Tests schneidet der CWT hinsichtlich seiner Produktivität ungünstiger ab. Werden beide Methoden anhand einer finalen Systemimplementation verglichen, so werden über den CWT weniger Probleme identifiziert, was Wharton et al. (1994) dem komplexen Zusammenspiel von Design, Benutzerwissen, Aufgabendetails und Zufallseinflüssen zuschreiben.

Fu et al. (2002) haben die HE und die Usability-Tests anhand unterschiedlicher Probleme auf den drei Ebenen der Handlungsregulation untersucht (siehe z. B. Rasmussen, 1983). Die HE ist danach erfolgreicher bei Problemen auf der Ebene von Gewohnheiten und Fertigkeiten sowie von Regeln, während Usability-Tests bei Problemen auf der Wissensebene überlegen sind. Usability-Probleme auf der Ebene von Gewohnheiten und Fertigkeiten können z. B. Wahrnehmungsprobleme bei unübersichtlichem Layout sein. Auf der regelbasierten Ebene geht es u. a. um Konsistenz und auf der Wissensebene um mentale Modelle oder Lernförderlichkeit. In der Untersuchung von Fu et al. (2002) konnte die HE 34 von 39 Usability-Probleme aufdecken, während die Usability-Tests 21 Probleme offen legten. Sechzehn Probleme wurden mit beiden Methoden gefunden. Es ergab sich folgende Verteilung auf den einzelnen Ebenen (Tab. 12).

Fu et al. (2002) liefern keine Erklärung für ihre Ergebnisse. Eine mögliche Interpretation wäre, dass Usability-Experten auf typische domänenunabhängige Usa-

Tabelle 12: Gefundene Usability-Probleme bei der Evaluation durch Experten und Nutzer (nach Fu et al., 2002).

Handlungsebene	Experte		Nutzer	
	Mittelwert	Standardabweichung	Mittelwert	Standardabweichung
Gewohnheiten und Fertigkeiten	4,2	2,22	2,2	0,98
Regeln	4,8	1,72	0,7	0,82
Wissen	1,8	0,98	4,8	0,75

bility-Probleme spezialisiert sind, während Nutzer hauptsächlich von ihrer Anwendungsdomäne ausgehen und daher eher Probleme auf der Wissensebene identifizieren. Diese unterschiedliche Betonung von Handlungsebenen durch Evaluationsmethoden wird auch durch andere Befunde gestützt. Cuomo und Bowen (1994) zeigten beispielsweise in einer Studie, dass eine Evaluation mit den Guidelines nach Smith und Mosier (1986) mehr Usability-Probleme aufdeckt als die HE oder der CWT. In einer Nachfolgestudie stellten sie allerdings fest, dass diese Methode die wenigsten Probleme aufdeckte, die später auch in Usability-Tests gefunden werden konnten. Auch hier zeigt sich eine Diskrepanz zwischen dem vollständig domänenunabhängigen Vorgehen mit den Guidelines und dem während der HE, da bei letzterer die Usability-Experten immer auch auf die Domäne eingehen.

Es zeichnet sich ab, dass unterschiedliche Methoden teilweise unterschiedliche Informationen ermitteln (Karat, 1994) und es deshalb nicht unbedingt um einen direkten Vergleich der Methoden gehen kann. Wie Wharton et al. (1994) treffend bemerken, haben alle Methoden ihre ihnen eigenen Stärken und Schwächen, und nur die Kombination mehrerer Methoden im Verlauf des Entwicklungsprozesses wird eine hinreichende Abdeckung aller Usability-Aspekte im Zusammenspiel mit Eigenschaften des Systems, der Nutzer und der Aufgabe ermöglichen.

4.6.2 Probleme eines direkten Vergleichs von Evaluationsmethoden

Wie oben dargestellt wurde, ist eine der zentralen Fragen bei der Auswahl geeigneter Evaluationsmethoden, welches die produktivste ist. Wir haben Fallstudien vorgestellt, die Methoden direkt miteinander verglichen. Dies geschah vor allem durch Auszählen der reinen Anzahl gefundener Probleme, zum Teil unter Betrachtung der Schwere der gefundenen Usability-Probleme. Doch nicht allein deren Anzahl und Schwere entscheidet über die Effektivität der gewählten Methode, sondern auch, ob die gefundenen Probleme unter Anwendungsbedingungen relevant für die Anwender sind. Es stellt sich damit die Frage nach der Vorhersagekraft der Methode für Beeinträchtigungen, die die Systemnutzung erschweren («externe Validität», nach Lavery et al., 1997). Diese ist für Usability-Tests als maximal zu setzen, da hier nur Probleme aufgezeichnet werden, die Nutzer während des Umgangs mit der Software tatsächlich hatten. Bei einer Evaluation anhand von Guidelines oder Heuristiken ist diese Frage nur durch einen Vergleich ihres Outputs mit Usability-Tests zu beantworten.

Bislang werden wir von dem Gedanken getragen, dass nur eine Methode, die viele Usability-Probleme aufdeckt, gut ist. Demnach müsste EVADIS II (vgl. S. 129 ff.) ungenügend sein, da es lediglich Prozentwerte über den Erfüllungsgrad der Gestaltungsrichtlinien nach der DIN EN ISO 9241-10 liefert. Auch die meisten Fragebogen (vgl. Abschnitt 4.5) liefern keine konkreten Fehlerbeschreibungen, und doch werden sie in der Praxis zu Recht häufig verwendet. Es scheint also doch noch weitere Kriterien zu geben, anhand derer wir die Methoden bewerten können.

Doch eine Vielzahl der uns bekannten Vergleichsstudien zeigt einen bemerkenswerten Mangel an Fantasie, wenn es darum geht, geeignete Kriterien für den Vergleich zu finden. Da die Methoden völlig heterogene Ansätze in der Erhebung haben, teils qualitative teils quantitative Daten liefern und mal mit, mal ohne Nutzer durchgeführt werden, stellt dieser Mangel an Vielfalt eine ernstzunehmende Einschränkung der Aussagekraft solcher Studien dar. Zwar können einige generelle Trends aufgezeigt werden, die auch in den oben beschriebenen empirischen Befunden wieder zu finden sind, aber auf diese Weise sind kaum klare Erkenntnisse darüber zu gewinnen, welche Methode unter welchen Umständen und für welche Zielsetzung am besten geeignet ist. Auch kann nicht vorhergesagt werden, in welchem Ausmaß ihre Ergebnisse komplementär zueinander sind, sich widersprechen oder überlappen (Blandford et al., 2004).

Dass die Ergebnisse solcher Vergleichsstudien daher teilweise widersprüchlich sind, ist sicherlich auch auf die jeweiligen Eigenheiten der untersuchten Methoden zurückzuführen, wie z. B. unterschiedliche Testsituationen, Bearbeitungszeiten oder Teilnehmerzahlen (Gediga & Hamborg, 2002; siehe auch Gray & Salzman, 1998; Carroll, 1998). Doch der Hauptfaktor, der direkte Vergleiche erschwert, ist der so genannte «Scope», der Anwendungsbereich der Methode (vgl. John & Kieras, 1996; Gray & Salzman, 1998). Blandford et al. (2004) bezeichnen den Scope als Kriterium, das angibt, für welche Arten von Problemen eine Methode geeignet ist, sie aufzudecken, und für welche nicht. Ziel der HE beispielsweise ist eine möglichst vollständige Erfassung von Verstößen gegen die Heuristiken auf Basis der besonderen Qualifikation von Usability-Experten. EVADIS II trachtet hingegen nach einer reinen Bewertung der Erfüllung aller in der DIN EN ISO 9241-10 (1997) genannten Gestaltungsrichtlinien, um so ein Urteil darüber zu bilden, ob ein System normgerecht ist. Die Anwendungsbereiche dieser beiden Verfahren unterscheiden sich also grundlegend, ein direkter Vergleich anhand eindimensionaler quantifizierbarer Kriterien ist damit kaum sinnvoll.

4.6.3 Beurteilungskriterien

Im Folgenden werden Kriterien vorgeschlagen, anhand derer Evaluationsmethoden bewertet werden können. Grundlage sind Literaturrecherchen über verschiedenste Evaluationsvorhaben und theoretische Überlegungen dazu, u. a. von

Lavery et al. (1997), Gray & Salzman (1998) oder Blandford et al. (2004). Wir geben dabei die am häufigsten gefundenen Kriterien wieder. Die Benennungen weichen zum Teil von denen der Originalliteratur ab, geben aber deren Sinngehalt wieder. Sie sind in zwei grobe Blöcke unterteilt: a) Kriterien mit eher praktischer Relevanz und b) Kriterien mit eher wissenschaftlicher Relevanz. Letztere sind insbesondere dann wichtig, wenn Evaluationsstudien zu Forschungszwecken durchgeführt werden sollen.

a) Praktische Relevanz

- *Produktivität:* Wie viele Probleme werden bei einer Evaluation mit der Methode identifiziert? Erweitert: In welchem Verhältnis werden durch eine Methode tendenziell eher leichte oder eher schwere Usability-Probleme aufgedeckt?

- *Materieller Aufwand:* Hierunter werden alle Aufwandsfaktoren verstanden, die bei der Planung, Vorbereitung, Durchführung und Auswertung von Evaluationen mit der jeweiligen Methode anfallen und direkt das Budget belasten wie beispielsweise Raumbedarf, Software, Hardware, Schreibmaterialien, Personalkosten etc.

- *Zeitlicher Aufwand:* Hierunter werden alle Zeitfaktoren subsumiert, die bei der Planung, Vorbereitung, Durchführung und Auswertung von Evaluationen mit der jeweiligen Methode anfallen.

- *Notwendige Qualifikation der Evaluatoren:* Können die Evaluatoren Laien sein oder benötigen sie eine spezielle Expertise bzw. Ausbildung?

- *Detaillierungsgrad:* Wie detailliert und eindeutig beschreiben die Ergebnisse der Evaluation die aufgedeckten Usability-Probleme?

- *Flexibilität:* Wie gut kann das Verfahren an die gegebenen Fragestellungen und Bedingungen eines bestimmten Projektes angepasst werden?

b) Wissenschaftliche Relevanz

- *Vorhersagekraft (externe Validität):* Es wird die Frage gestellt, ob die Ergebnisse tatsächlich für die Anwender relevant sind oder ob sie eher theoretisch hergeleitet wurden und vom Nutzer kaum oder gar nicht wahrgenommen werden.

- *Evaluator-Effekt (interne Validität):* Wie unabhängig sind die Ergebnisse von den jeweiligen Evaluatoren? Unterschiedliche Evaluatoren decken mit derselben Methode teilweise deutlich abweichende Usability-Probleme im selben System auf und bewerten diese unterschiedlich (Jacobsen et al., 1998; Hertzum

& Jacobsen, 2001). Dies gilt zum Teil auch für stärker formalisierte Vorgehensweisen. Dieser Effekt ist bei Gruppenevaluationen, die auf einen Konsens abzielen, naturgemäß geringer.

- *Objektivität:* Wie unabhängig sind die Ergebnisse vom Versuchsleiter? Je formalisierter das Vorgehen ist, desto geringer ist dieser Einfluss im Allgemeinen.
- *Reliabilität:* Ausmaß der Ergebnisübereinstimmung von Evaluationen desselben Systems mit derselben Methode. Führt eine Evaluationswiederholung zu abweichenden Ergebnissen, ist die Reliabilität niedrig.

Tabelle 13 gibt eine Einordnung einiger in diesem Buch genannten Methoden wieder. Letztere sind in den Spalten, die Kriterien in den Zeilen eingetragen. Die ersten beiden Zeilen geben eine minimale Beschreibung des Anwendungsbereichs und des Outputs der Methode wieder. Danach folgt eine grobe Einschätzung, ob die Methode für eine formative bzw. eine summative Evaluation geeignet ist. Liegt eine Eignung vor, so ist diese mittels des Symbols «✓» gekennzeichnet. Ist ein Verfahren eingeschränkt geeignet, so umschließen Klammern dieses Häkchen.

Tabelle 13: Einordnung von Evaluationsmethoden in die Bewertungskriterien.

	Guidelines	GOMS	EVADIS II	HE	CWT	Usab.-Tests 1)	Fragebogen
Anwendungsbereich	Software-Ergonomie; meist ohne tiefe Betrachtung der Aufgabe	zeitlicher Effizienzvergleich von Gestaltungsalternativen	Überprüfung der Normengerechtigkeit des Systems i. S. d. DIN EN ISO 9241-10	Verstoß gegen Heuristiken als Faustregeln «guten» Designs	exploratives Erlernen des Systems auf Basis von Aufgabenanalysen ermöglichen	beobachten bzw. dokumentieren realer Nutzerinteraktion mit dem System	gemitteltes Meinungsbild von Nutzern über das System erheben
Output	Hinweisliste zu konkreten Problemen im Layout	Zeitaufwand für die Aufgabenbearbeitung auf Aktionsebene	Erfüllungsgrad der Gestaltungsrichtlinien in Prozent	Gewichtete Hinweisliste zu konkreten Problemen	Miss-/Erfolgsstory über die Interaktion ggf. mit Lösungsvorschlägen	Hinweisliste zu konkreten Problemen von realen Nutzern	globale Bewertung, Aufdecken von Problembereichen
formativ/ summativ	✓/(✓)	✓/–	–/✓	✓/(✓)	✓/–	✓/✓	✓/✓

4.6 Vergleich und Beurteilung

	Guide-lines	GOMS	EVADIS II	HE	CWT	Usab.-Tests 1)	Frage-bogen
a) Kriterien mit Praxisrelevanz							
Produktivität	●●●	●	● 2)	●●●	●●	●●●	● 2)
materieller Aufwand	●	●	●	●●	●●	●●●	●
Zeitaufwand	●●●	●●●	●●	●	●●	●●●	●
Qualifikation der Evaluatoren	●	●●●	●●●	●●	●●	● 3)	● 3)
Detaillierungs-grad	●●●	●●●	●	●●● 4)	●● 4)	●●● 4)	●
Flexibilität	●●	●	●●	●●●	●●●	●●●	●
b) Kriterien mit wissenschaftlicher Relevanz							
Vorhersagekraft	●	●●	●●	●●	●●	●●●	●●●
Evaluator-Effekt	●●	●	●●	●●● 5)	●	●●●	●● 5)
Objektivität	●	●●●	●●	●	●	●●	●●●
Reliabilität	●●	●●●	●●●	●	●●	●●	●●●

1) Ausgegangen wird von mindestens fünf teilnehmenden Nutzern.
2) Globale Bewertung, daher nicht hinreichend zu beantworten (außer für IsoMetrics (Fragebögen); dort: ●●)
3) ohne Betrachtung der notwendigen Qualifikation der Versuchsleiter (für diese: ●●●).
4) da keine formalisierte Fehlerbeschreibung vorliegt, stark abhängig von Evaluator und Erhebungsmaterial.
5) Bezogen auf die Ergebnisse der einzelnen Evaluatoren - der Output besteht allerdings aus einem Gruppenkonsens bzw. Mittelwert.

Die folgenden Zeilen zeigen die Kriterien geordnet nach den Relevanzgruppen «Praxis» und «Wissenschaftlichkeit» an. Die jeweilige Ausprägung innerhalb eines Kriteriums ist mittels des Symbols «●» verdeutlicht. Maximal können drei Punkte vergeben werden. Diese Rasterung ist zwar mehr als grob, eignet sich aber für einen Überblick. Die Punkte geben keine Information über die Qualität, lediglich über die Quantität wieder, was also nicht gleichbedeutend mit «besser» ist!

Die Qualität der Ergebnisse einer Evaluation hängt letztendlich aber nicht nur von der Methode selbst ab, sondern auch von der Vorbereitung, wie z. B. Auswahl der Personen und Aufgaben sowie der Auswertung der erhobenen Informationen.

Dieses komplette Vorgehen bei einer Evaluation nennen Gediga und Hamborg (2002) Evaluationsmodell. In diesen Modellen können auch sinnvolle oder notwendige Kombinationen aus Methoden berücksichtigt werden. Es liegen bisher allerdings kaum konkret beschriebene Evaluationsmodelle für die vorhandenen Methoden vor, sodass es in der Praxis leicht zu fehlerhafter oder umständlicher Anwendung kommen kann. Ausnahmen bilden z. B. das EVADIS- oder das Iso-Metrics-Evaluationsmodell (Gediga & Hamborg, 2002). Letzteres kombiniert den IsoMetrics-Fragebogen mit einem Usability-Review (siehe auch Gediga & Hamborg, 1999).

4.6.4 Weitere Hinweise zur Bewertung der Methoden

Es gibt viele gute Gründe, empirische Methoden mit Nutzerbeteiligung anzuwenden. Nicht selten wird aber aus Kostengründen darauf verzichtet und ausschließlich auf analytische Verfahren zurückgegriffen. Doch bei einer Reihe von Zielsetzungen bleiben Usability-Tests mit «echten» Nutzern Mittel der Wahl:

- für die Überprüfung von Ergebnissen analytischer Untersuchungen hinsichtlich ihrer Vorhersagekraft
- für die Aufdeckung realer Benutzungsprobleme durch reale Nutzer
- für die Ermittlung von Akzeptanzproblemen
- für die Erhebung weiterer Anforderungen
- für den Vergleich mehrerer Systeme unter realistischen Einsatzbedingungen
- für die Performance-Messung.

Die Bewertung der Verfahren ist immer abhängig vom Evaluationsziel. Summative Evaluation kann kaum mit der HE erfolgen, hier sind Fragebogen oder Usability-Tests deutlich überlegen. Formative Evaluation kann sowohl mit HE als auch mit empirischen Methoden erfolgen, in frühen Phasen empfiehlt sich aber der Einsatz der HE. Bei einem Einbezug der Anwender nicht nur in die Evaluation, sondern auch in die Gestaltung (partizipatives Design) müssen neben empirischen Methoden auch weitere Methoden wie Gruppendiskussionen oder der so genannte Collaborative Walktrough angewendet werden (siehe z. B. Gediga & Hamborg, 2002).

Die formal-analytische Evaluation, beispielsweise mit GOMS, kann als objektive Bewertung angesehen werden im Gegensatz zu der sonstigen subjektiven Bewertung durch Experten (HE) oder Nutzer (Usability-Tests, Fragebögen).

Allerdings ist auch die formal-analytische Evaluation abhängig von den richtigen Annahmen über die Nutzergruppen. Die Einarbeitungszeit oder die Häufigkeit von Fehlern kann mit formalen Methoden nicht erfasst werden. Somit sind sie nur für ausgewählte Aspekte geeignet. Sowohl die HE als auch empirische Methoden sind dagegen für eine umfassende Beurteilung geeignet. Sie können außerdem in Projekten gut miteinander kombiniert werden (siehe z. B. Preim, 1999).

Inspektionsmethoden können sehr schnell und effizient eingesetzt werden. Teilweise können auch Checklisten genutzt werden. Der Hauptvorteil liegt aber darin, dass auch nicht-funktionale Prototypen evaluiert werden können. Auch hier gibt es zwar die Möglichkeit, in Workshops mit Anwendern die Prototypen durchzusprechen, ein wirklicher Test ist aber erst mit funktionalen Prototypen möglich. Andererseits können mit Inspektionsmethoden keine quantitativen Maße erhoben werden. Auch hängen die Ergebnisse sehr stark von der Erfahrung der Analytiker im Bereich der Usability und von ihrem Wissen über die Anwendungsdomäne ab.

In Usability-Tests bearbeiten repräsentative Nutzer realistische Aufgaben. So ist die Relevanz der Ergebnisse gewährleistet. Gleichzeitig sind aber gute Kenntnisse über Nutzergruppen und reale Aufgaben für die Vorbereitung und Auswertung der Tests erforderlich. Auch können umfangreiche Tests sehr aufwändig sein. Mit Usability-Tests können quantitative Maße, wie z. B. Fehlerraten, Zeitdauer für Handlungen oder subjektive Zufriedenheit, erhoben werden (Heuer, 2003). Dieser Autor bemerkt zu den Inspektionsmethoden weiterhin Folgendes:

- Inspektionsmethoden eignen sich insbesondere für (Papier-)Prototypen, Wireframes oder Designentwürfe, vorausgesetzt, die Evaluatoren verfügen über Expertenwissen hinsichtlich der Bedürfnisse der Zielgruppe.
- Wenn während der Prototyp-Phasen Testteilnehmer einfach zu organisieren sind (z. B. nicht an der Entwicklung beteiligte Kollegen), sollte man die Inspektionen um informelle Usability-Tests ergänzen.
- Der Test eines funktionalen Systems am Ende des Entwicklungszyklus sollte immer mit echten Endnutzern als formeller Usability-Test erfolgen.
- Wenn ein Auftraggeber eine Aussage über die Qualität eines bestehenden Produkts benötigt, sind aus Akzeptanzgründen Usability-Tests den Inspektionsmethoden vorzuziehen, wenn dies das Budget erlaubt.

In der Praxis hat sich ein Vorgehen bewährt, bei dem in frühen Phasen mit Inspektionsmethoden gearbeitet wird. Sobald erste funktionale Prototypen vorliegen, werden auch empirische Methoden eingesetzt. Inspektionsmethoden werden dann nur noch verwendet, wenn aus Kosten- oder Zeitgründen schnelle Ergebnisse benötigt werden oder wenn Ergebnisse aus empirischen Untersuchungen schwer zu interpretieren sind. Abschließend ist häufig der Einsatz eines Fragebogens empfehlenswert, der das System anhand der Norm bewertet. Diese Ergebnisse können auch für die Vermarktung verwendet werden.

Weiterer Forschungsbedarf besteht vor allem hinsichtlich der Kosten-Nutzen-Relationen bei den verschiedenen Methoden sowie der abschließenden Bewertung der Zufriedenheit der Nutzer mit dem System und der Produktivität, abhängig von eingesetzten Methoden in der Evaluation (Gediga & Hamborg, 2002). Letzteres zu bewerten gelingt allerdings nur, wenn die gefundenen Usability-Probleme auch adäquat behoben wurden.

5 Planung und Durchführung von Usability-Evaluation: Fallbeispiele und Handlungsempfehlungen

Nachdem in den vorangegangenen Kapiteln die Grundlagen der Usability-Evaluation erläutert und verschiedene Evaluationsmethoden vorgestellt wurden, soll in diesem Kapitel das Vorgehen bei verschiedenen Methoden anhand von Fallbeispielen dargestellt werden. Im ersten Abschnitt werden zunächst Tipps zur Auswahl von geeigneten Methoden für verschiedene Projekte gegeben. In den anschließenden Abschnitten wird das Vorgehen bei drei Methoden beschrieben.

Abbildung 15 auf S. 192 gibt Ergebnisse einer Untersuchung von Nielsen (1995) wieder. Diese Studie hatte zum Ziel, die in der Praxis am meisten verbreiteten und als am nützlichsten empfundenen Evaluationsverfahren zu ermitteln. Die X-Achse der Darstellung beschreibt das Ausmaß der Nützlichkeit, die der Methode im Schnitt von den befragten Usability-Professionals zugesprochen wurde.

Auf der Y-Achse wurde der prozentuale Anteil aller Befragten abgetragen, die die jeweilige Methode bereits mindestens einmal durchgeführt hatten. Es zeigt sich, dass zwei Methoden herausstechende praktische Bedeutung besaßen: Der Nutzertest und die Heuristische Evaluation. Den Verfahren wurde auf einer Skala von 0 bis 5 die höchste Nützlichkeit bescheinigt. Über 80 % der befragten Personen hatten bereits Erfahrungen mit ihnen gesammelt. Bereits mit deutlichem Abstand gehört auch der Cognitive Walkthrough mit über 50 % zu den am häufigsten angewandten Verfahren. Da diese drei Methoden auch in der Literatur sehr viel Beachtung finden, haben wir uns dafür entschieden, diese anhand von Fallbeispielen detailliert zu beschreiben.

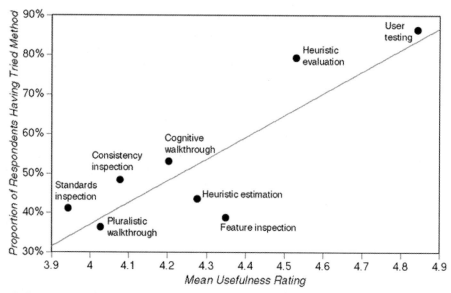

Abbildung 15: Nützlichkeit und Verbreitung von Usability-Evaluationsmethoden (nach Nielsen, 1995).

5.1 Hinweise zur Durchführung

Bevor wir die genannten Methoden eingehend darstellen, werden zunächst einige pragmatische Empfehlungen für die Durchführung von Evaluationen allgemein gegeben. Im Einzelnen gehen wir auf die Kombination von Methoden im Usability-Engineering-Prozess und auf die Erstellung eines Evaluationspflichtenheftes ein. Weiterhin stellen wir Faustregeln für die Vorbereitung von Evaluationen dar, zeigen Möglichkeiten auf, Evaluation bei knappem Budget durchzuführen und geben Empfehlungen zur Präsentation von Evaluationsergebnissen.

5.1.1 Kombination von Methoden im Usability-Engineering-Prozess

In Abschnitt 4.6 haben wir aufgezeigt, dass die Methoden sich nicht nur hinsichtlich eines oder weniger Kriterien unterscheiden, sondern dass es zahlreiche Differenzierungsmöglichkeiten gibt. Hieraus ergibt sich, dass unterschiedliche Methoden für verschiedene Zielsetzungen und Projektgegebenheiten geeignet sind. Ein Phasenmodell des Usability-Engineerings haben wir in Abschnitt 3.1 dargestellt. Dort wurde verdeutlicht, dass dieser Prozess iterativ und progressiv ist und sich die Anforderungen an eine Usability-Evaluation im Laufe eines Engineering-Prozesses demnach wandeln. Es kann daher nicht eine einzig wahre Methode für alle Projektstadien geben. Nicht wenige Usability-Forscher fordern aus diesem Grund eine Triangulation und Pluralität von Methoden (z. B. Gray & Salzman, 1998), d. h. innerhalb eines Entwicklungsprozesses werden verschiedene Methoden zu verschiedenen Zeitpunkten oder auch gleichzeitig eingesetzt: *«Verschiedene Methoden dienen verschiedenartigen Evaluationszwecken und verdeutlichen unterschiedliche Probleme. Deshalb sollten mehrere Methoden komplementär zueinander genutzt werden.»* (übersetzt nach Riihiaho, 2000)

Schon Smith und Mosier (1986) bemerken, dass Guidelines und Nutzertests sich in einem iterativen Designprozess ergänzen sollten. Ihrer Meinung nach ist das Testen von Prototypen und Beta-Versionen mit Nutzern in jedem Fall auch nach sorgfältiger Anwendung von Guidelines notwendig. Doch auch Nutzertests alleine sind keine zufrieden stellende Lösung. Blandford et al. (2004) führen beispielsweise aus, dass analytische Evaluationsmethoden, also Verfahren ohne Nutzerbeteiligung, empirische Nutzertests ergänzen können. Sie können bereits in frühen Designstadien eingesetzt und schon dort zu Reflexionen und Einsichten führen, die ansonsten ggf. erst bei Vorliegen von Prototypen mit Eignung für Nutzertests erhoben werden können.

Fu et al. (2002) geben als Handlungsempfehlung an, dass Heuristische Evaluationen und Usability-Tests kombiniert werden sollten, wobei die Heuristische Evaluation vor den Tests durchgeführt wird, damit die Nutzer sich auf die Wissensebene konzentrieren können, ohne von den Problemen auf niedrigeren Handlungsebenen gestört zu werden (vgl. Abschnitt 4.6). Andererseits können Probleme auf der Wissensebene deutlich größere Änderungen nach sich ziehen. Ähnliches gilt für den Cognitive Walkthrough. Wharton et al. (1994) weisen darauf hin, dass die geringeren Durchführungskosten für einen CWT die Verantwortlichen nicht davon abbringen sollten, zu einem späteren Zeitpunkt auch einen Usability-Test durchzuführen. Auch hier wird also nicht empfohlen, in dem Verfahren einen Ersatz für eine empirische Evaluation zu sehen. Der CWT kann jedoch ebenfalls in frühen Designstadien eingesetzt werden, wenn ein Usability-Test noch nicht durchführbar ist.

Fragebogen können je nach Fragestellung mit allen Verfahren kombiniert werden oder auch für sich alleine stehen. Zumeist werden sie im Anschluss an Nutzertests eingesetzt, da dann der zur Beantwortung notwendige praktische Erfahrungsschatz ebenso gegeben ist, wie ein emotionaler Eindruck. **Tabelle 14** auf S. 194 gibt abschließend einen allgemeinen Überblick über einzelne Entwicklungsstadien eines technischen Systems und ordnet die Verfahren grob in diese Stadien ein.

Tabelle 14: geeignete Evaluationsmethoden für bestimmte Entwicklungsstadien von Systemen.

schriftliche Gestaltungsalternativen	papiergestützte Mock-Up-Screens	Prototypen für einzelne Funktionen	Prototyp des Gesamtsystems (Produktivpilot)	marktreifes System
GOMS	CWT	Fragebögen		
	Guidelines		Nutzertests	
		Heuristische Evaluation		EVADIS II

5.1.2 Das Evaluationspflichtenheft

In Abschnitt 4.6 haben wir ein Bewertungsraster für Methoden anhand von Gütekriterien vorgestellt. Dieses bietet einen guten ersten Überblick über die unterschiedlichen Qualitäten von Verfahren. Dort haben wir auch darauf hingewiesen, dass die Gegebenheiten und Anforderungen eines jeweiligen Projekts die Auswahl der Methoden bestimmen sollten. Für die Auswahl geeigneter Evaluationsverfahren empfiehlt es sich daher, ein *Evaluationspflichtenheft* zu erstellen. In ihm werden die Rahmenbedingungen und Zielstellungen der Evaluation(en) innerhalb eines Usability-Engineering-Prozesses definiert. Auf diese Weise können in Abstimmung mit der technischen Entwicklung einzelne Usability-Evaluationsvorhaben definiert und in die allgemeine Projektplanung einbezogen werden. Das Pflichtenheft stellt damit zum einen ein Planungswerkzeug, zum anderen ein Controllingtool dafür dar, dass die vereinbarten Zielstellungen der Evaluationen erfüllt wurden. Es hilft somit, Transparenz und klare Verantwortlichkeiten zu schaffen.

> **Inhalte eines Evaluationspflichtenheftes**
>
> Es gibt keine verbindlichen Richtlinien, wie ein Evaluationspflichtenheft aufgebaut sein muss, wohl aber eine Reihe von Informationen, die nicht fehlen sollten. Bei einer gewissenhaften Dokumentationsweise kristallisiert sich aus den anfänglich vagen Angaben ein immer schärferes Bild über die Anforderungen an die Methoden heraus.
>
> a) Das Pflichtenheft sollte *allgemeine Projektinformationen* beinhalten, z.B. grobe Beschreibung des zu entwickelnden Systems, Entwicklungszeitraum, Ansprechpartner der Entwicklung, Projektplan, Projektbudget usw.

b) Es enthält des Weiteren Informationen zu *Rahmenbedingungen der Evaluation im Projekt*, z. B. Gesamtbudget für Evaluationsmaßnahmen, Definition von Verantwortlichkeit (Versuchsleitung, Feldorganisation, Akquisition etc.), interne und externe Berater usw.

c) Im *Evaluationsgrobplan* werden die Anzahl und Zeitpunkte von Evaluationsvorhaben als Arbeitspakete skizziert. Sie ergeben sich aus den allgemeinen Informationen über das Entwicklungsprojekt, z. B.:

- **Arbeitspaket 1: Layout**
  Zeitraum: 01.01.2006 bis 15.01.2006
  Ziel: Bewertung der Interaktionselemente vor Implementierung im Prototyp. Es werden drei Layoutvorschläge vorgelegt.

- **Arbeitspaket 2: Bewertung getrennter Funktionsprototypen**
  Zeitraum: 15.06.2006 bis 30.06.2006
  Ziel: Bevor die Teilfunktionen in einem lauffähigen Prototyp integriert werden, sollen sie getrennt hinsichtlich ihrer Gestaltung und ihres Zusammenspiels bewertet werden. Es sollen zeitnah möglichst viele Usability-Probleme aufgedeckt und Lösungsvorschläge erarbeitet werden.

- **Arbeitspaket 3: Test der Beta-Version unter Realbedingungen**
  Zeitraum: 01.11.2006 bis 30.11.2006
  Ziel: qualitative und quantitative Aussagen über Usability-Parameter aus der geltenden Normung. Die Gebrauchstauglichkeit für den späteren realen Einsatz soll vorhergesagt werden.

d) Aus den Angaben des Grobplans können dann geeignete Methoden abgeleitet und den Arbeitspaketen Budgets zugeteilt werden. Der *Evaluationsfeinplan* umfasst weiterhin Bedingungen für die Anwendung der Methoden (z. B. Teilnehmerzahl, Expertenakquisition, Raumplanung, Evaluationsmaterial, Catering usw.).

Im obigen Beispiel eines Evaluationsgrobplans wurden drei Arbeitspakete skizziert. Für die ersten beiden wurde jeweils nur wenig Zeit eingeräumt. Hier werden keine lauffähigen Gesamtsysteme evaluiert. Das dritte Arbeitspaket soll hingegen die Gebrauchstauglichkeit eines späten Prototyps unter Realbedingungen bewerten. Hierfür wurde insgesamt ein Kalendermonat eingeplant. Daher empfiehlt es sich, für die ersten beiden Arbeitspakete wenig zeitintensive analytische Verfahren ohne Nutzerbeteiligung zu wählen, wie den Cognitive Walkthrough und die Heuristische Evaluation und für das dritte Arbeitspaket einen Nutzertest kombiniert mit Fragebögen für quantitative Daten, z. B. IsoMetrics.

5.1.3 Vorbereitung von Evaluationen

Nicht immer geht alles schief, was schief gehen kann. Schon gar nicht dann, wenn man sich beim Planen und Durchführen von Evaluationen bemüht, mögliche Störquellen zu beseitigen. Wir haben aufgezeigt, dass mittels eines Evaluationspflichtenheftes schon früh die Planungsgrundlagen für die erfolgreiche Durchführung zusammengetragen werden können. Doch es gibt über die reine Planung hinaus eine Reihe von Stolperfallen. Wenn die folgenden Hinweise berücksichtigt werden, sollten sich kritische Störungen allerdings zumindest weitgehend vermeiden lassen.

- *Das Evaluationsumfeld*
  Ort und Zeit der Evaluation sollten frühzeitig feststehen. Man sollte sich vorab von guten Evaluationsbedingungen überzeugen, mögliche Störquellen ausschalten und allgemein für das Wohlbefinden der Teilnehmer sorgen. So sind Störungen durch vorhersehbare Lärmbelästigungen auszuschließen, ausreichendes Arbeitsmaterial zu besorgen, ein angenehmes Raumklima und eine gute Beleuchtung sicherzustellen. Bei länger dauernden Evaluationen sollten eine angemessene Bewirtung und eine sinnvolle Pausenregelung mit in die Überlegungen einbezogen werden.

- *Technische Voraussetzungen und Support*
  Es sollte möglichst exakt definiert werden, welche Testsysteme zur Anwendung kommen. Dabei sollte nicht auf eine optimale, sondern auf eine reibungslose Performance geachtet werden. Die Testsysteme sind so zu konfigurieren, wie sie für die Zielnutzung realistisch sind. Auch wenn angenommen werden kann, dass der Versuchsleiter in der Lage ist, technische Probleme zu lösen, sollte ein durchgängiger technischer Support verfügbar sein.

- *Testdurchlauf*
  Wenn möglich, sollte eine Testevaluation mit einer unbeteiligten Person durchgeführt werden. Auf diese Weise kann geprüft werden, ob sich die zeitliche Versuchsdurchführung in dem geplanten Rahmen bewegt, ob die technischen Systeme stabil arbeiten und die Instruktionen an die Evaluatoren verständlich sowie widerspruchfrei sind usw.

- *Überprüfung der Versuchstechnik und Notstrategie*
  Es versteht sich fast von selbst, dass nach dem Aufbau der Versuchstechnik und vor dem Start der Evaluation alle Geräte und Systeme getestet werden. Ein «beliebter» Fehler ist, sich auf Notebook-Akkus zu verlassen, die dann dazu neigen, im entscheidenden Moment leer zu sein. Es muss sichergestellt sein, dass für alle austauschbaren Teile des Versuchsaufbaus Ersatz bereitsteht, z. B.

Monitor, Drucker, Akku, Kabel. Damit kann ggf. ein kompletter Versuchsabbruch vermieden werden.

- *Auswahl des Versuchsleiters*
  Eine routinierte und professionelle Versuchsleitung ist unabdingbar für eine effiziente Evaluation. Der Versuchsleiter muss sich seiner Aufgabe bewusst sein. Er sollte Erfahrungen mit den technischen Systemen, vor allem aber auch mit der Evaluationsmethode haben. Als Ansprechpartner der Evaluatoren muss er alle Fragen beantworten können oder zumindest befähigt sein, kurzfristig weitere Experten zu Rate zu ziehen. Handelt es sich um Methoden mit Nutzerbeteiligung, sollte die Versuchsleitung über soziale Kompetenzen und Erfahrungen in der Interviewführung verfügen.

- *Datensicherung*
  Es sollte darauf geachtet werden, dass die erhobenen Daten mehrfach gesichert werden können, entweder während der Evaluation oder direkt im Anschluss daran. Man sollte sich nie auf nur ein Festplattensystem oder ähnliches als Speichermedium verlassen. Werden Metaplanwände oder Flipcharts eingesetzt, können Digitalkameras wertvolle Dienste leisten.

5.1.4 Evaluation bei knappem Budget

Mantei und Teorey (1988) scheinen mit ihrer präzisen Auflistung der Kosten einer Evaluationsmaßnahme zu bestätigen, dass Maßnahmen zur Usability-Evaluation zwangsläufig sehr kostspielig sind. Die meisten Verfahren können jedoch so angepasst werden, dass trotz eines verhältnismäßig geringen finanziellen und zeitlichen Aufwands immer noch ein großer Anteil der Ergebnisse erzielt wird, der mit der unskalierten Methode erreichbar wäre (Preim, 1999). Ein solches Vorgehen wird auch als «*Discount Usability Engineering*» bezeichnet, ein Begriff der auf Nielsen (1989) zurückgeht. Dieser Ansatz verfolgt die Strategie, einfach erlernbare, schnell durchzuführende und kostengünstige Maßnahmen zur Usability-Evaluation zu ergreifen, mit denen möglichst viele Usability-Probleme aufgedeckt werden, ohne einen Anspruch auf Vollständigkeit zu erheben. Mit der Heuristischen Evaluation stellt Nielsen zugleich das bekannteste Verfahren des Discount-Usability-Engineering vor. Nachfolgend werden Aspekte aufgezeigt, mit denen die Kosten der Evaluation gering gehalten werden können (Preim, 1999; Nielsen, 1989; Tognazzini, 1991):

- *Sorgfältige Auswahl der zu testenden Aspekte*
  Ein vollständiger Test aller Systemaspekte kann sehr umfangreich werden und ist nicht immer zweckmäßig. Häufig wiederholen sich aber bestimmte Hand-

lungs- oder Bedienlogiken und Gestaltungsaspekte. Eine sorgfältige Auswahl kann daher beinahe genauso viele Ergebnisse liefern wie ein wesentlich längerer und damit teurerer Komplett-Test.

- *Aufwand und Umfang des Prototyps*
  Schnelles Testen mit frühen Papierentwürfen (Mock-Up-Screens) vermeidet unnötige Fehlentwicklungen innerhalb des Zielsystems. Detailtests können zusätzlich in späteren Phasen durchgeführt werden. Die Skizzen laden darüber hinaus häufig stärker zu Diskussionen ein als sehr perfekt und fertig wirkende Prototypen. Riihiaho (2000) bestätigt, dass auch Nutzertests und Pluralistic Walkthroughs, die nur anhand von Papier-Prototypen durchgeführt werden, hoch effektiv sein können.

- *Aufwand des Tests*
  Aufwändige Videoaufnahmen mit mehreren Kameras sind meist nur sinnvoll bei sehr detaillierter Analyse. Diese ist in der Praxis häufig nicht zwingend notwendig. Videos werden oftmals nur für Präsentationszwecke genutzt, wofür eine einfachere Ausstattung ausreicht. Viele Ergebnisse können bereits durch ausführliche Protokolle und mit einer einzigen Videokamera festgehalten werden.

- *Anzahl der Testpersonen*
  Wenn statistische Aussagen gemacht werden müssen oder das System in sicherheitskritischen Bereichen eingesetzt wird, muss eine hohe Anzahl von Nutzern akquiriert werden. Geht es lediglich um Aufdecken grober «Usability-Schnitzer», können angemessene Aussagen auch bereits mit drei bis fünf Nutzern gemacht werden.

- *Auswahl der Testpersonen*
  Nicht in allen Fällen muss der Test unbedingt mit Endnutzern durchgeführt werden. Unter Umständen kann auch der Einsatz von ähnlich qualifizierten Studenten oder neuen Mitarbeitern genügen. Man sollte jedoch die eigentlichen Nutzer zumindest bei einem Teil der Tests mit einbeziehen.

Inwieweit die Evaluationsergebnisse unter der Skalierung der Methoden leiden, ist abhängig von dem jeweiligen Projekt und dem Ausmaß der vorgenommenen Einschränkungen. Gewiss ist hingegen, dass jede Art von Evaluation besser ist, als gar keine. Auch beim schmalsten Budget sollte nicht auf die Bewertung von Usability-Kriterien verzichtet werden. Wie John und Marks (1997) bemerken, können viele Usability-Probleme schon alleine dadurch aufgedeckt werden, dass Evaluatoren mit grundlegender Usability-Erfahrung, die nicht am Entwicklungsprozess beteiligt sind, die Spezifikationen des Systems mehrfach kritisch durchlesen und dabei nach Schwachstellen suchen. Zwar sind die in diesem Buch vorgestellten Methoden einem solchen Vorgehen überlegen, doch manchmal heiligt der Zweck eben die Mittel.

5.1.5 Ergebnispräsentation

Am Ende der Evaluation bleibt die Frage, wie die erarbeiteten Ergebnisse dem Auftraggeber vermittelt werden können – eine Aufgabe, die einfach scheint und doch über Erfolg und Misserfolg eines Projekts entscheiden kann. Denn nur, wenn der Auftraggeber bzw. die Mitglieder eines Entwicklungsteams sich von den Ergebnissen überzeugen lassen, werden sie motiviert sein, notwendige Änderungen am Systemprototypen vorzunehmen. In diesem Zusammenhang spielt das Maß der Überzeugungskraft («persuasive power») einer Methode eine wichtige Rolle. Diese liegt insbesondere dann vor, wenn die verwendete Methode bei den Entwicklern dafür bekannt ist, eine hohe Vorhersagekraft zu haben oder wenn die Methode eine Art der Belegführung erlaubt, die für sie nachvollziehbar und verhältnismäßig einfach umzusetzen ist (John & Marks, 1997). Natürlich spielen bei der Frage, ob die gefundenen Usability-Hinweise in das System übernommen werden, viele weitere Faktoren eine Rolle, wie beispielsweise der Aufwand, ein System an einer bestimmten Stelle zu ändern, oder ein enger Zeitplan. Eine überzeugende Ergebnispräsentation stellt aber den Schlüssel des Transfers vom Usability-Professional zum Systementwickler dar. Bei der Erstellung von Präsentationen sollten daher einige Faustregeln beachtet werden, die die Kommunikation der Ergebnisse erleichtern:

- *So nachvollziehbar wie möglich, so theoretisch wie nötig.*
  Man sollte bei der Präsentation auf der Erlebensebene bleiben. Die Theorien der Usability stellen die Basis des Vorgehens dar, entscheidend sind jedoch die spürbaren Auswirkungen von Usability-Problemen. Repräsentative Screenshots oder, wenn verfügbar, Nutzerzitate und/oder Videosequenzen machen die Ergebnisse greifbar.

- *So kurz wie möglich, so detailliert wie nötig.*
  Zeit ist Geld. Je höher die Managementebene ist, die man erreichen will, desto kürzer und knapper sollten die Präsentationen sein. Auf der anderen Seite sollten möglichst alle Einzelergebnisse berücksichtigt und dokumentiert werden. Eine vernünftige Detaillierung hilft einerseits, die Informationsflut einzudämmen und hebt andererseits besonders wichtige Einzelergebnisse hervor, indem ihnen mehr Platz eingeräumt wird.

- *So positiv wie möglich, so mahnend wie nötig.*
  Evaluationsergebnisse transportieren hauptsächlich Kritik, denn was gut gelungen ist, muss nicht diskutiert werden. Dennoch ist es notwendig, auch gut gelungene Systemaspekte hervorzuheben, um Widerstand gegenüber den Ergebnissen vorzubeugen. Auch sollte vorzugsweise nicht von Fehlern gesprochen werden, sondern von Hinweisen (auf potenzielle Usability-Probleme). Die Präsentation sollte Verteidiger der Nutzer, nicht Ankläger der Entwickler und Designer sein.

- *So zielgruppengerecht wie möglich, so standardisiert wie nötig.*
  Zwar gibt es Möglichkeiten, Ergebnispräsentationen zu standardisieren (vgl. Lavery et al., 1997), doch Präsentationen werden schnell zum Ärgernis, wenn am Publikum vorbei präsentiert wird. Die Darstellung sollte daher die Interessen der Zielgruppe berücksichtigen. Daran angepasst können die zuvor genannten Faustregeln berücksichtigt werden.

Grundsätzlich ist zu empfehlen, dass die Präsentation den Entwicklern nicht direkt zugespielt wird, sondern den Umweg über die Projektleitung nimmt. Denn die Entwickler haben ein definiertes Pflichtenheft als Arbeitsauftrag. Auf dieses beziehen sie sich hinsichtlich ihrer Arbeitsumfänge. Anforderungen, die zusätzlich von außen eingelastet werden, bedeuten Mehrarbeit, welche die meist knappen Ressourcen weiter beengt. Zusätzlich stellen Hinweise auf Usability-Schwachstellen stets eine Kritik an der Arbeit der Entwickler, Designer und/oder der Programmierer dar. Die Umsetzung der Ergebnisse sollte daher immer von einer höher geschalteten Instanz eingefordert werden. Es empfiehlt sich in jedem Fall, Projektleitung und Verantwortliche des Entwicklungsteams gemeinsam in die Präsentation einzubeziehen.

Es gibt drei grundsätzliche Möglichkeiten, wie Ergebnisse präsentiert werden können:

1. Vorträge durch die Versuchsleitung
2. Workshops mit Projektverantwortlichen und Entwicklern, in denen die Ergebnisse diskutiert werden
3. schriftliche Berichte, z. B. nach dem Common Industry Format (CIF).

Meist ist es ratsam, alle drei Präsentationsmethoden miteinander zu kombinieren. Vor der Durchführung wird ein Vortrag über die Ergebnisse in Kurzform gehalten, die im Anschluss daran in einem Workshop bearbeitet werden. Es wird dabei entschieden, mit welcher Dringlichkeit einzelne Probleme umgesetzt werden können und sollen. Hierbei empfiehlt es sich, den Vortragsanteil in Pakete aufzuteilen, beispielsweise in Funktionsgruppen des Systems untergliedert. Die schriftlichen Berichte dienen schließlich der Absicherung der Evaluationsergebnisse. Denn auch wenn entschieden wird, dass bestimmte Hinweise nicht umgesetzt werden, kann es passieren, dass genau diese später eine entscheidende Rolle während der Systemnutzung spielen und kostenintensive Nachbesserungen nötig werden könnten. In diesem Fall ist es für die Versuchsleitung gut, einen Nachweis darüber zu haben, dass auch auf dieses Problem hingewiesen wurde.

> **Schriftliche Reports im Common Industry Format (CIF)**
>
> Das Common Industry Format (CIF) ist ein Format zur Dokumentation von Usability-Tests als ANSI-Standard «ANSI/INCITS 354-2001». Es legt eine Reihe von Aspekten als Minimalanforderung an die Darstellung schriftlicher Reports fest:
>
> - Produktbeschreibung
> - Eckdaten des Tests (Versuchsleitung, Datum etc.)
> - Testziele
> - Beschreibung des Probandenkollektivs
> - Aufgabendokumentation
> - Versuchsaufbau
> - Versuchsdurchführung
> - erhobene Usability-Kriterien, z. B. Bearbeitungszeit
> - Ergebnisse
> - Dokumentation der Versuchsmaterialien
>
> Mehr Informationen zum CIF können auf der Homepage des National Institute of Standards and Technology (NIST) gefunden werden (http://www.nist.gov/iusr/index.html).

5.2 Heuristische Evaluation

Das Ziel der Heuristischen Evaluation ist es, mit möglichst geringem Aufwand möglichst viele Usability-Probleme in einem Prototypen aufzudecken. Eine Gruppe von Evaluatoren exploriert einen Systemprototypen zunächst unabhängig voneinander. Hierbei wird in der Basisform der Methode auf die Beteiligung von Nutzern verzichtet. Erweiterungen wie die Partizipatorische oder die Kooperative Heuristische Evaluation integrieren auch Nutzer in die Gruppe der Evaluatoren (vgl. Abschnitt 4.3.1). Die Ergebnisse der einzelnen Evaluatoren werden durch einen Versuchsleiter im Anschluss an die Evaluation zu einer Gesamtliste zusammengefasst. Die Heuristische Evaluation setzt sich aus vier Phasen zusammen (Nielsen, 1993). Hinzu kommt eine Phase der Datenauswertung, die bei Nielsen nicht explizit wird. Nachfolgend werden die Phasen der Durchführung dargestellt und anhand eines praktischen Beispiels erläutert.

5.2.1 Praxisbeispiel

Das Software-System, das in unserem Beispiel bewertet werden sollte, diente der Erstellung von grafischen Arbeitsanweisungsblättern. In einem industriellen Produktionsunternehmen werden durch die Mitarbeiter und Meister idealtypische Vorgehensweisen während der Montage von Werkstücken erarbeitet und als Arbeitsvereinbarung festgelegt. Eine solche grafische Arbeitsanweisung ist in **Abbildung 16** wiedergegeben.

Da diese Arbeitsanweisungen in der Nähe der Arbeitsplätze ausgehängt werden sollten, mussten sie schnell erfassbar und leicht zu merken sein. Dies sollte dadurch erreicht werden, dass Farbbilder der einzelnen Arbeitsschritte aufgenommen und im System mit grafischen Symbolen und Textbezeichnungen um zusätzliche Informationen angereichert werden konnten. Das vornehmliche Ziel war es, auch ungeübten Nutzern eine schnelle und intuitive Einarbeitung in das System zu ermöglichen. Der Komplexitätsgrad des Systems sollte möglichst gering sein.

5.2.2 Planung

Der erste Evaluationsdurchgang fand zu einem relativ frühen Stadium der Realisierung statt. Der Prototyp hatte zwar bereits alle Grundfunktionen, doch kam es noch zu irritierenden Systemreaktionen, unspezifischen Abstürzen und schlechten Reaktionszeiten. Die Projektleitung wollte daher zu diesem Zeitpunkt noch

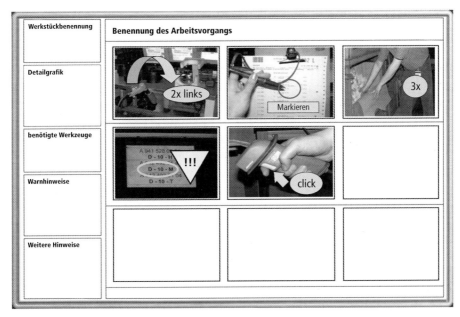

Abbildung 16: Beispiel für eine grafische Arbeitsanweisung.

keine Nutzer involvieren, um keinen schlechten Eindruck des Systems zu vermitteln. Andererseits sollten bereits Detailfragen der Oberflächengestaltung und der Arbeitsabläufe geklärt werden. Unentdeckte Fehler sollten gegebenenfalls aufgedeckt werden. Auf Grund dieser Vorgaben wurde vereinbart, eine Heuristische Evaluation durchzuführen. Diese bot sich an, da die Anwendungsdomäne als Bildbearbeitung für Laien bezeichnet werden konnte und somit einfache Experten, also Usability-Experten ohne Domänenwissen, geeignet für eine Evaluation waren. Auch konnte dadurch auf eine Beteiligung von Nutzern verzichtet werden. Der Hauptvorteil lag jedoch in der schnellen Identifikation von potenziellen Usability-Problemen, die eine zeitnahe Umsetzung im Designprozess ermöglichen würde.

Für unser Evaluationsvorhaben wurden fünf Usability-Experten als Evaluatoren eingeladen. Die Evaluation wurde in einem Raum zeitgleich mit allen Evaluatoren durchgeführt. Es stand eine ausreichende Anzahl von Testrechnern mit unterschiedlicher Konfiguration (Laptop und Desktop-Rechner mit unterschiedlichen Prozessoren, Speichergrößen und Grafikkarten) zur Verfügung; damit sollten gegebenenfalls Hinweise auf einen Einfluss der Hardware auf die Usability aufgedeckt werden. Arbeitsmaterialien in Form von Berichtsbögen und Schreibmaterialien lagen bereit.

5.2.3 Phasen der Durchführung

a) Vorevaluatives Training

Bevor die eigentliche Evaluation durchgeführt wird, sollte eine allgemeine Einführung in die Methode und die Heuristiken gegeben werden, um eine einheitliche Terminologie sicherzustellen. Es folgen überblicksartige Erläuterungen zur Wissensdomäne der Applikation und ihrer zugrunde liegenden Problemstellung, damit die Evaluatoren ein grundsätzliches Bild von der Zielpopulation der späteren Nutzer erhalten. Der Umfang orientiert sich dabei an der Komplexität der Domäne. Wenn möglich bieten sich auch Arbeitsplatzbegehungen an, beispielsweise im Bereich der Produktion von Unternehmen. Ansonsten hat sich die Beschreibung eines typischen Szenarios oder das Vorlegen von Arbeitsaufgaben aus dem Arbeitsalltag der späteren Nutzer als ausreichend erwiesen, um die Evaluatoren für den Anwendungsbereich zu sensibilisieren. Um dieses anbieten zu können, ist zuvor allerdings eine detaillierte Aufgabenanalyse der realen Arbeitsumgebung notwendig (Nielsen, 1993). Bei der Gestaltung der Arbeitsaufgabe ist unbedingt zu beachten, dass die Evaluatoren sich während der Evaluation nicht durch sie unter Leistungsdruck gesetzt fühlen dürfen.

In unserem Praxisbeispiel reichte es aus zu erläutern, welcher Art von Arbeitsanweisungen grundsätzlich vorlagen und welchem Zweck sie dienten. Danach folgte eine grobe Einführung in das Bedienkonzept, d. h. die grundsätzliche Bearbeitungsreihenfolge (Bild laden, bearbeiten, speichern, ausdrucken), sowie eine Erläuterung der Systemmodule (Bearbeitungsmodus, Druckvoransicht). Konkrete Bedeutungen der Schaltflächen wurden nicht erläutert, da in diesem Fall eine Bedienung des Endsystems ohne weitere Anleitung möglich sein sollte. Die Evaluatoren wurden aufgefordert, die Berichtsbogen so auszufüllen, dass für andere Personen ohne weitere Erklärungen verständlich ist, was sie mit einem Hinweis meinten und wo im System sie den Verstoß gegen die Heuristiken gefunden haben. Weiterhin wurden sie gebeten, mittels der Bildschirmausdruck-Taste zu jedem Hinweis einen Screenshot in einem Präsentationsprogramm anzulegen und mittels Pfeilen, Rahmen oder anderer Objekte grob die betroffene Stelle zu markieren. Damit sollte die Reproduzierbarkeit des betroffenen Hinweises sichergestellt werden. Den Evaluatoren wurde mitgeteilt, in welchem Netzwerkverzeichnis sie Beispielgrafiken finden würden. Arbeitsaufgabe war, mit dem System eine Reihe von bestimmten grafischen Arbeitsanweisungen nachzugestalten, die als Ausdrucke vorlagen. Wichtig war dabei der Hinweis, dass nicht die Anzahl der erstellten Arbeitsanweisungen relevant war, sondern einzig und alleine die Anzahl der aufgedeckten potenziellen Usability-Probleme.

b) Evaluationsdurchgänge

Jeder Evaluator geht unter Zuhilfenahme der Heuristiken das System mindestens zweimal unabhängig von den anderen Evaluatoren durch. Die Evaluatoren sollen nicht miteinander interagieren, da dies zum einen Zeitverlust bedeutet, zum anderen einer gegenseitigen Beeinflussung und gemeinschaftlichen Konzentration auf einzelne Probleme vorbeugen soll. Die Dauer einer Evaluation richtet sich nach der Komplexität des Systems und nach dem verfügbaren Budget. Im Allgemeinen sollten sie eine Dauer von drei Stunden aber nicht überschreiten. Gelegentliche Pausen helfen, die Konzentration zu erhalten. Der erste Durchgang soll das Durcharbeiten des Szenarios ermöglichen und der Gewöhnung an das System und der Identifikation von potenziellen Problembereichen dienen. Die Wiederholung unterstützt eine möglichst vollständige und analytische Erfassung einzelner Probleme und ihrer Ursachen (Nielsen, 1992, 1993, 1994c). Das Vorgehen während der Evaluation selbst wird ansonsten weitgehend durch die Evaluatoren und deren individuelle Arbeitsweisen bestimmt. Sie verwenden dabei individuelle Suchstrategien und sind nicht an Vorgaben der Methode gebunden.

Es ist dabei wichtig zu bedenken, dass das Auffinden und Analysieren von Problemen unabhängige Prozesse sind, die nicht in einen Durchgang gezwungen werden sollten (Nielsen, 1994c). Während der Exploration des Systems steht die reine Identifikation von Verstößen gegen die Heuristiken im Mittelpunkt. Eine Interpretation erfolgt daher erst im Anschluss an die Sitzung, weil sie den eigentlichen Suchprozess stören könnte. Daher sollten die Evaluatoren dazu aufgefordert werden, auf den bereitgelegten Berichtsbogen nur den Fundort und eine kurze Benennung des gefundenen Problems zu notieren. In den abschließenden Problemberichten werden die zuvor aufgedeckten Probleme detaillierter erfasst. Im Allgemeinen reichen für eine aussagekräftige Berichtslage Angaben, wie sie in **Tabelle 15** auf S. 206 beispielhaft wiedergegeben sind.

Ein bekanntes Phänomen ist, dass Evaluatoren die Neigung zeigen, nur Probleme zu notieren, für die sie sich eine Lösung erdenken können (z. B. Lavery et al., 1997). Dies ist aber nicht Ziel der Heuristischen Evaluation. Die Evaluatoren sind entsprechend darauf aufmerksam zu machen, dass sie sich nicht auf die Erarbeitung von Lösungen, sondern ausschließlich auf die Identifikation von potenziellen Usability-Problemen konzentrieren mögen. In einer späteren Phase der Evaluation wird ihnen noch Gelegenheit gegeben, Lösungsvorschläge einzubringen.

Je mehr Funktionen und Module ein System aufweist, desto größer wird die Gefahr, dass die Evaluatoren völlig unterschiedliche Funktionszweige bearbeiten. Damit würde aber eine zweite Betrachtung solcher Bereiche verhindert. Hier muss die Versuchsleitung gegebenenfalls schon im Vorfeld eine Vorstrukturierung der Evaluationsbereiche je Evaluator vornehmen.

Tabelle 15: Beispielbeschreibung eines Usability-Problems.

Struktur	Beispiel
Benennung	«Funktion ‹Druckgröße an Papier anpassen› schwer zu finden.»
Fundort	«Im Menü Datei/Drucken/Einstellungen.»
Beschreibung	«Die teilweise sehr großen Grafiken müssen auf die Druckgröße DIN-A4 angepasst werden. Dazu gibt es zunächst keine Hinweise. Die notwendige Einstellung muss in einem verborgenen Untermenü gemacht werden.»
erwartete Auswirkung	«Keine Auswirkung auf Datensicherheit oder Systemstabilität, aber bei unerfahrenen Nutzern unnötige Verzögerung der Bearbeitung mit entsprechend ungünstigen Auswirkungen auf die Akzeptanz sowie Materialverschwendung durch Fehldrucke zu erwarten.»

Dem Versuchsleiter kommt während der Evaluation die Aufgabe zu, die Evaluatoren sowohl zu instruieren als auch ihnen bei Fragen und Problemen zur Seite zu stehen (Nielsen, 1993). Da die inspizierten Applikationen sich oft noch in einem frühen Stadium der Entwicklung befinden, benötigt der Versuchsleiter daher genügend Systemexpertise, um bei technischen Problemen eingreifen zu können. Auch sollte er über ein ausreichendes Wissen in der Anwendungsdomäne verfügen, um bei sich ergebenden Szenariofragen oder Verständnisproblemen helfen zu können.

Die Evaluation bei unserem Praxisbeispiel dauerte 90 Minuten. Die Fokussierung der Evaluatoren war äußerst unterschiedlich. Einer der Evaluatoren versuchte die Umstände unsystematischer Systemabstürze herauszufinden, ein anderer konzentrierte sich auf die Anordnung und Benennung der Symbole, die in die Grafiken eingearbeitet wurden, ein weiterer Evaluator wiederum beschäftigte sich in der Hauptsache mit der Anordnung der fertigen Arbeitsschritte zur Arbeitssequenz und deckte hier einige bis dato unbekannte Probleme auf.

c) Auswertung der Usability-Probleme
Jeder Evaluator erarbeitet eine Liste mit einzelnen Hinweisen auf mögliche Usability-Probleme. Dem Versuchsleiter obliegt nun die Aufgabe, aus den individuellen Problemlisten eine überschneidungsfreie Gesamtliste zu extrahieren, was bei unterschiedlichen Ausdrucksstilen und potenziell verschiedenen Sichtweisen auf ein und dasselbe Problem eines gewissen Fingerspitzengefühls bedarf. Nach unserer Erfahrung ist die Erfahrenheit des Versuchsleiters bei der Auswertung von Evaluationsergebnissen maßgebend für die Güte der Gesamtliste.

Ein Freiheitsgrad, den der Versuchsleiter bei der Auswertung hat, ist der Grad der Granulation der Problemliste. Dieser beschreibt nach Lavery et al. (1997) das Niveau der Abstraktion und/oder der Generalität der Beschreibung eines Usability-Problems. Beispielsweise wäre eine hohe Granulation gegeben, wenn die Benennung lautete: «*In der Submaske ‹Vergleichen› der ‹Daten bearbeiten›-Maske wird abweichend zu den anderen Masken ein Punkt anstelle eines Kommas für die Eingabe von Dezimalstellen gefordert!*» Dasselbe Beispiel für eine niedrige Granulation würde lauten: «*Verwendung von inkonsistenten Ausdrücken bei der Eingabe von Dezimalwerten!*» Bei komplexen Anwendungen mit vielen Masken wäre eine Auflistung aller Findungen ein und desselben übergeordneten Problems mühsam und zeitraubend. Deshalb ist dann eine Beschreibung von niedrigerer Granulation empfehlenswert. Bei Nahtstellen von geringer Komplexität ist hingegen eine hohe Granulation grundsätzlich vorzuziehen, da diese die vorhandenen Probleme vollständiger erfasst.

Die Screenshots, welche die Evaluatoren in unserem Praxisbeispiel anlegten, erleichterten die Auswertung deutlich. Es konnte damit sehr genau unterschieden werden, ob es sich um verschiedenartige oder um ein und dasselbe Problem handelt. Die Texte der Berichtsbogen wurden in ein Tabellenkalkulationsprogramm eingegeben und mit passenden Grafiken direkt verknüpft. Da das System nicht sehr umfangreich war, wurde eine sehr hohe Granulation gewählt. Entsprechend hoch war die Gesamtliste mit 82 aufgedeckten Usability-Problemen (siehe Tab. 16 auf S. 209).

d) Bewertung und Kategorisierung aller gefundenen Hinweise

Nach der Auswertung der Ergebnisse der einzelnen Evaluatoren und dem Erstellen einer Liste über alle gefundenen Probleme folgt, meist mit einigem zeitlichen Abstand, eine Bewertung (Ranking) der Schwere (Fatalität) aller gefundenen Probleme durch die Evaluatoren unter Berücksichtigung von vier Faktoren (Nielsen, 1994 c):

a) *Frequenz* des Auftretens (einmalig bis laufend)

b) *Einfluss* auf die Arbeitsabläufe (Nichtigkeit bis schwerwiegende Störung)

c) *Persistenz* des Auftretens (zufälliges bis regelmäßiges Auftreten)

d) *Markteinfluss* (ein insgesamt ungünstiger Eindruck sollte vermieden werden).

Die Dokumentation der Fatalität wird dabei mittels einer Fünferskala von Null bis Vier vorgenommen. Die Skaleneinträge sind wie folgt beschrieben (übersetzt nach Nielsen, 1994 c):

0 = «*Ich stimme nicht zu, dass dies überhaupt ein Usability-Problem ist.*»

1 = «*Kosmetisches Problem – Braucht nicht behoben zu werden, außer der Projektrahmen stellt genügend Zeit dafür zur Verfügung.*»

2 = «*Geringfügiges Usability-Problem – Der Behebung sollte untergeordnete Priorität gegeben werden.*»

3 = «*Bedeutendes Usability-Problem – Es ist wichtig, es zu beheben, und sollte daher eine hohe Priorität erhalten.*»

4 = «*Usability Katastrophe – Es ist ein Muss, dieses Problem zu beheben, bevor das Produkt ausgeliefert werden kann.*»

Die Schwerebewertungen bieten einen Hinweis auf eine mögliche Priorisierung von Usability-Problemen. Zunächst werden die Hinweise erfasst und dahingehend gefiltert, dass schwer zu behebende oder weniger gravierende Probleme in der Betrachtung zurückgestellt werden können. Gerade diese Priorisierung durch Usability-Experten macht eine der Kernstärken der Methode aus, da hier konkrete Entscheidungshilfen für eine relevante Optimierung gegeben werden können (Nielsen, 1993; Lavery et al., 1997). Mit steigender Anzahl der beteiligten Evaluatoren an der Schwerebewertung steigt auch die Reliabilität der Einschätzungen. Es ist also empfehlenswert, alle Evaluatoren zu einer Stellungnahme zu bewegen.

Da die priorisierten Problemlisten in der Praxis oftmals direkt als Grundlage für Investitionsentscheidungen herangezogen werden (Nielsen, 1994c), ist diese Phase äußerst heikel. Es ist daher zu empfehlen, dass die Bewertung in der Gruppe vorgenommen wird. Wenn dies nicht möglich ist, können auch Einzelbewertungen in einer Art Fragebogen erhoben und die Einzelergebnisse dann gemittelt werden, um eine gemeinsame Bewertung durch die Experten zu erlangen. Letzteres Vorgehen ist aber eher eine Notlösung, da keine Diskussion der Experten zustande kommt und das Ergebnis somit weniger aussagekräftig ist.

Aufgrund von terminlichen Schwierigkeiten konnten auch in unserem Praxisbeispiel nicht alle Evaluatoren an der Bewertung und Kategorisierung der Probleme teilnehmen, stattdessen bewerteten zwei Evaluatoren die Liste gemeinsam. Angesichts der Umstände war dies zwar suboptimal, aber im Interesse des Auftraggebers, da sie eine zeitnahe Auswertung für wichtiger befanden als eine methodisch optimierte. Das System wurde zunächst in acht funktionale Gruppen eingeteilt. Die 82 identifizierten potenziellen Probleme wurden je nachdem, wo sie lokalisiert wurden, einer dieser Gruppen zugeordnet. **Tabelle 16** gibt die funktionalen Gruppen mit der gesamten Anzahl der ihr zugeordneten potenziellen Probleme sowie je einem Beispiel wieder.

Aus **Abbildung 17** auf S. 210 geht hervor, dass aus der Gesamtmenge der 82 identifizierten potenziellen Probleme 15 als leicht, 24 als merkbar, weitere 24 als schwer-

Tabelle 16: Anzahl potenzieller Probleme je funktionaler Gruppe.

funktionale Gruppe	Anzahl	Beispiel
globale Systemeigenschaften	12	«Das Fenster des Systems verdeckt die MS-Windows-Taskbar. Es entsteht der falsche Eindruck, Multitasking wäre nicht möglich.»
Startdialog	11	«Nach Klick auf ‹Abbrechen›: Das Programm wird ohne Rückfrage beendet, auch wenn bereits ein Projektname eingegeben wurde.»
Hauptfenster	11	«Die Icons sind nicht beschriftet. Grafische Information alleine kann fehlinterpretiert werden, es fehlen klare Bezeichnungen.»
Verwalten der Arbeitsschritte	8	«Es gibt kein Wiederherstellen nach dem versehentlichen Löschen eines Arbeitsschrittes. Dieser muss komplett neu erstellt werden.»
Bildbearbeitung	14	«Das zweimalige Anklicken des Symbols ‹Schere› führt zu einer unverständlichen Fehlermeldung.»
Arbeit mit Piktogrammen	14	«Das Markieren und Formatieren mehrerer Elemente gleichzeitig ist nicht möglich.»
Template-Assistent	7	«Ein Abbruch des Assistenten ist vor Ausführung der Template-Erstellung nicht möglich, da kein Button für ‹Abbrechen› vorhanden ist.»
Modus «Seitenfelder»	4	«Trennung der Modi ‹Seitenfelder› und ‹Arbeitsschritte› nicht erkennbar, z. B. können Arbeitsblätter gelöscht werden, während man ein Seitenfeld betrachtet.»
Speicherdialog	2	«Zu erwarten wäre ein Optionen-Fenster zur Auswahl des Speicherziels; stattdessen erscheinen kommentarlos zwei weitere Symbole.»
$\Sigma =$	82	

wiegend und 19 als sehr schwerwiegend erachtet wurden. Von den sehr schwerwiegenden Problemen standen fünf im direkten Zusammenhang mit dem Status des Systems als Prototyp, beispielsweise kam es zu unsystematischen Abstürzen. Alleine sechs als sehr schwerwiegend eingestufte potenzielle Probleme stammten aus der funktionalen Gruppe «Verwalten von Arbeitsschritten». In dieser Gruppe

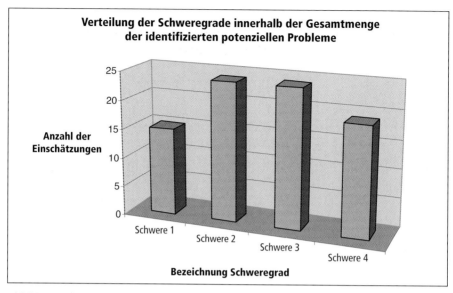

Abbildung 17: Schwereverteilung der identifizierten Usability-Probleme.

gab es insgesamt nur acht Nennungen. Das Urteil der Experten an dieser Stelle ist daher eindeutig: Die Verwaltung der Arbeitsschritte ist ein Schwachpunkt der Usability des Systems.

Abbildung 18 gibt die Verteilung der Probleme auf die generellen Heuristiken wieder (vgl. Abschnitt 4.3.1). Am häufigsten wurden Verstöße gegen die vierte Heuristik berichtet, die sich mit Konsistenz und Standards befasst. Dies entsprach der Erwartung für ein System, das sich außerhalb des gewohnten MS-Windows-Layouts bewegt. Hier wird innovatives und attraktives Design mit verstärkter Unsicherheit des Nutzers bezahlt, da es nicht gelang, bekannte Standards hinreichend zu berücksichtigen. Danach wird die mangelnde Fähigkeit des Systems kritisiert, Fehler von vorne herein auszuschließen und den Nutzer zu unterstützen und zu entlasten (Heuristiken 6 und 5). Auffällig ist die Häufung in Heuristik 2 (Übereinstimmung zwischen System und realer Welt), die zusammen mit der meistgenannten Heuristik 4 darauf hinweist, dass dem Nutzer möglicherweise dadurch ein schwerer Start in die Arbeit mit dem System bereitet wird, da er weder Unterstützung durch bekannte Konzepte der «realen Welt» noch der weithin bekannten MS-Windows-Standards erhält und somit nur wenig auf bestehende mentale Modelle für die Systembedienung zurückgreifen kann.

Die hohe Anzahl an potenziellen Problemen, die nicht zugeordnet werden konnten (nn = 7 Nennungen), ergibt sich aus dem Status des Systems als Prototyp. Hier waren von Anfang an Systemfehler zu erwarten, die nicht im eigent-

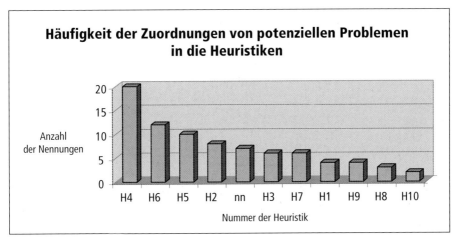

Abbildung 18: Verteilung der Probleme auf die Heuristiken

lichen Sinn Verstöße gegen Gestaltungskriterien darstellen. Die Unterstützung der Fehlerbearbeitung, die Informationsdichte und die Sichtbarkeit des Systemstatus (Heuristiken 9, 1 und 8) sind hingegen seltener Thema der Hinweise. Nur zwei Hinweise hinsichtlich der Qualität der Hilfe und Dokumentation sollten nicht darüber hinwegtäuschen, dass es quasi keine Online-Hilfen gibt, sodass es hier schwerlich inhaltliche Verstöße gegen die Heuristik 10 geben konnte.

e) Debriefing-Sitzung

Da die einzelnen Probleme über die Kategorisierung mit Usability-Prinzipien verbunden werden, ergeben sich viele Lösungsansätze schon aus deren Wortlaut. Wenn das Problem beispielsweise darin besteht, dass eine Inkonsistenz von Groß- und Kleinschrift desselben Datensatzes in zwei unterschiedlichen Masken besteht, dann wird sich die Lösung ergeben, die Darstellung zu standardisieren. Die Heuristische Evaluation gibt aber keinen Hinweis darauf, welche der beiden Möglichkeiten in diesem speziellen Fall die bessere ist (Nielsen, 1993). Eine Möglichkeit, das Verfahren in die Richtung einer systematischen Lösungsfindung zu erweitern, bietet sich mit der so genannten Debriefing-Sitzung. Ziel dieser Diskussionsrunde über grundlegende Charakteristika des Interfaces ist die Besprechung aller gefundenen Usability-Probleme im Hinblick auf ihre konkrete Lösung. Teilnehmer sollten neben dem Versuchleiter wenn möglich alle beteiligten Evaluatoren, Mitglieder des Systementwicklungsteams und Vertreter der Nutzer, z. B. Kernteam-Angehörige sein (vgl. Abschnitte 1.4 und 3.3). Der Versuchsleiter präsentiert zu Beginn der Sitzung zunächst die Evaluationsergebnisse. Wichtig ist dabei immer ein gewisses diplomatisches Geschick bezüglich der unterschiedlichen Interessen. So sollte tunlichst vermieden werden, von Fehlern zu sprechen, denn damit kommt die Entwicklungsseite in Rechtfertigungsnöte, und die Diskussionen werden endlos bzw. man wird als nörglerisch wahrgenommen. Besser sollten nicht nur potenzielle Probleme, sondern auch positive Aspekte des Systems gleichermaßen angesprochen werden (vgl. Abschnitt 5.1.5).

Bei der Debriefing-Sitzung am Abschluss unseres Praxisbeispiels waren der Auftraggeber, ein Repräsentant des Entwicklungsteams, ein Evaluator und der Versuchsleiter anwesend. Die Ergebnisse wurden zunächst als Cluster dargestellt und dann selektiv besprochen, d. h. alle Probleme wurden mit Screenshots vorgestellt, und der Auftraggeber sowie der Repräsentant des Entwicklungsteams konnten Einverständnis oder Diskussionsbedarf signalisieren bzw. Verständnisfragen stellen. Mögliche Lösungswege für einzelne Usability-Probleme wurden erörtert und direkt in der Ergebnispräsentation dokumentiert. Am Ende der Sitzung, die ungefähr vier Stunden dauerte, erhielt somit das Entwicklungsteam ein Lastenheft in Form der gemeinschaftlich bearbeiteten Präsentation. Außerdem wurde ein Zieltermin definiert, an dem die vereinbarten Änderungen umgesetzt sein sollten.

Das gesamte Vorgehen von der Beauftragung bis zur Ergebnispräsentation dauerte weniger als vier Wochen. Die Beiträge der Usability-Experten wurden seitens der Auftraggeber und auch des Entwicklungsteams als konstruktiv und wertvoll gewertet. Gleichzeitig gab es aber auch Rückmeldungen an die Evaluatoren, warum bestimmte Hinweise nicht berücksichtigt werden konnten. Solche «Gestaltungsklippen» sollten dann mittels Hinweisen und Hilfestellungen im Programm und in der Schulung verdeutlicht werden.

5.3 Cognitive Walkthrough

Mittels des Cognitive Walkthroughs (CWT) können schon frühe Systemvorschläge in Form von schriftlichen Systembeschreibungen oder fiktiven Screenshots (Mock-Up-Screens) bewertet werden. Ein wichtiges Ziel ist es dabei, eine hohe Erlernbarkeit des Systems sicherzustellen. Anhand zuvor definierter Aufgaben, die in einzelne Handlungsschritte zerlegt werden, wird das System durch eine Gruppe von Evaluatoren gemeinsam chronologisch durchlaufen. Mit Hilfe von vier unterschiedlichen Leitfragen beschreiben sie dabei Erfolgs- bzw. Misserfolgsstorys über die Interaktion mit dem System. Alle Punkte, die ein exploratives Erlernen behindern könnten, werden dabei vertiefend betrachtet und dokumentiert. Der CWT teilt sich auf in eine Vorbereitungs- und eine Analysephase. In die Analysephase ist ein Lösungsfindungsprozess eingegliedert, der sich an die vier Evaluationsfragen anlehnt. Nachfolgend werden die Phasen und Vorgehensweisen des CWT anhand eines fiktiven Beispiels illustriert.

5.3.1 Praxisbeispiel

Da die Evaluation mittels des CWT bereits für unkomplexe Systeme recht umfangreich werden kann, greifen wir im Sinne dieses kurzen Überblicks auf ein sehr vereinfachtes fiktives Szenario zurück und begeben uns dazu in die Mitte der 90er Jahre, als die Nutzung des Internets und E-Mails in Unternehmen bereits praktiziert wurde, aber noch keinesfalls selbstverständlich waren:

Hamburg, 1994. Der Geschäftsführer eines mittelständischen Unternehmens registriert, dass einige seiner Kunden bereits über eine Kommunikationsmöglichkeit verfügen, die für ihn zunächst noch neu ist: Elektronische Post. Da er sein Unternehmen als modern und zukunftsweisend präsentieren möchte, hat er sich von einem IT-Startup namens «FuturePost» einen Vorschlag für ein E-Mail-programm erstellen lassen. Nun möchte er herausfinden, ob dieses Programm für einen Online-Schriftwechsel seiner Büroangestellten geeignet wäre. Da sein Unternehmen schon in der Vergangenheit erfolgreich mit einem studentischen IT-Beratungsteam zusammengearbeitet hat, betraut er dieses mit der Aufgabe. Der mit der Versuchsleitung beauftragte Student verfügt bereits über praktische Erfahrungen in der Durchführung mit dem CWT aus seinem Studium. Da sich die Fragestellung auf Handlungen unerfahrener Nutzer bezieht und noch kein Systemprototyp für Nutzertests vorliegt, wählt er den CWT als Evaluationsmethode. Als Experten lädt er drei ihm bekannte Studenten der Studiengänge Psychologie und Informatik ein.

5.3.2 Vorbereitungsphase

Der Versuchsleiter bereitet das Vorgehen zunächst alleine sorgfältig vor. Er informiert sich eingehend über das System und das Unternehmen, organisiert die für die Evaluation notwendigen Materialien und einen störungsfreien Raum. In einem Vorabtermin werden die Evaluatoren in das Vorgehen und die Zielstellungen des CWT eingewiesen und ein Probeszenario aus Wharton et al. (1994) wird durchgespielt. Schließlich treffen sie sich zu einem gemeinsamen Begehungstermin in dem Unternehmen, in dessen Anschluss die Evaluation stattfindet. Hier werden alle Informationen innerhalb der Vorbereitungsphase zusammengetragen und dokumentiert. Vorgehen und Ergebnisse sind nachfolgend aufgeführt.

Wer wird das System benutzen?
Die Evaluatoren lassen sich zunächst von einem Abteilungsleiter über das Unternehmen und seine Mitarbeiter informieren. Insbesondere interessieren sie sich dabei für soziodemografische Daten und Qualifizierungsprofile der Mitarbeiter.

Sie erfahren auch, dass es für das Unternehmen wichtig ist, dass keine oder nur geringe zusätzliche Schulungskosten entstehen. Das System sollte also bekannte Konzepte und grafische Oberflächen anderer (E-Mail-) Programme aufgreifen.

Da das Unternehmen schon 1993 ein Textverarbeitungsprogramm für die Büroangestellten eingeführt hatte, kann davon ausgegangen werden, dass die Nutzer über vertiefte Kenntnisse im Umgang mit Textverarbeitungsprogrammen und ihren Möglichkeiten zur Textauszeichnung verfügen. Die Bürobelegschaft ist überwiegend weiblich und im Schnitt 29,5 Jahre alt. Für die Evaluation wird als fikives Arbeitsszenario festgelegt, dass die 28-jährige Büroangestellte Frau Andrea Ebel das Programm nutzen will, um ihre Kunden Herrn Abel und Herrn Obel per E-Mail zum Firmenjubiläum einzuladen. Sie arbeitet seit sieben Jahren in der Firma und verfügt daher über zwei Jahre Erfahrung in der Textverarbeitung. Die E-Mailadressen der Kunden sind ihr bekannt.

Welche Aufgaben sollen analysiert werden?
Vornehmlich wichtig sind der Unternehmensleitung lediglich das effiziente Erzeugen von E-Mails «ohne grafischen Schnickschnack» und das Verschicken von Massen-E-Mails in einer Weise, dass ein Empfänger meint, das Schreiben sei ausschließlich an ihn gegangen. Da die Unternehmensleitung befürchtet, dass das Datenaufkommen zu hoch für die vorhandenen Modemverbindungen werden könnte, sollen in der ersten einzuführenden Version des Programms noch keine Datenanhänge verschickt werden können. Auch stehen zusätzliche Funktionen wie eine Adressverwaltung noch nicht zur Debatte.

> **Aufgabenbeschreibung (aus Sicht von Frau Ebel):**
> «*Ich möchte Herrn Abel (abel@email.de) und Herrn Obel (obel@unser-neues-unternehmen.email.de) den gleichen Text zusenden. Meine E-Mail soll keine besonderen Formatierungen enthalten. Nach dem Verfassen möchte ich die beiden E-Mails gleichzeitig so losschicken, dass beide Kunden den Eindruck haben, die Mail wäre nicht nur als Kopie an sie gegangen. Der Text lautet:*
>
> ‹*Betreff: Wir feiern Firmenjubiläum!*
>
> *Sehr geehrter Kunde,*
> *wir laden Sie herzlich zu unserem Firmenjubiläum am 18.11.1994 ab 9:00 Uhr in unserer Niederlassung im Banaterweg 32, 89045 Grünlingen, ein. Viele Sonderangebote warten auf Sie. Wir freuen uns, Sie wieder in unserem Hause empfangen zu dürfen.*
>
> *Mit freundlichen Grüßen*
> *Andrea Ebel*›»

Welche Handlungsabfolge führt zur korrekten Lösung einer Aufgabe?

Die zuvor definierte zu analysierende Aufgabe untergliedern die Evaluatoren in die nachfolgende idealtypische Handlungsabfolge. Die einzelnen Handlungsschritte werden später mittels der vier Leitfragen detailliert bewertet.

1. E-Mailadressen der Herren Abel und Obel jeweils als Erstempfänger eingeben.
2. Das Anliegen in die Betreff-Zeile eingeben.
3. Den Text eintippen.
4. Die Mail verschicken.

Wie ist die Schnittstelle definiert?

Anschließend werden die Evaluatoren in das zu bewertende System eingeführt. Sie erhalten dabei einen Mock-Up-Screen des betreffenden Systems, der in **Abbildung 19** wiedergegeben ist. Da das System lediglich aus einer Maske und das Systemfeedback bis auf den Hinweis auf eine erfolgreich verschickte Mail ausschließlich aus sich ändernden Cursor-Positionen bestehen, erscheinen weitere Mock-Up-Screens nicht notwendig. Für Informationen zu Systemreaktionen wird daher auf schriftliche Beschreibung zurückgegriffen.

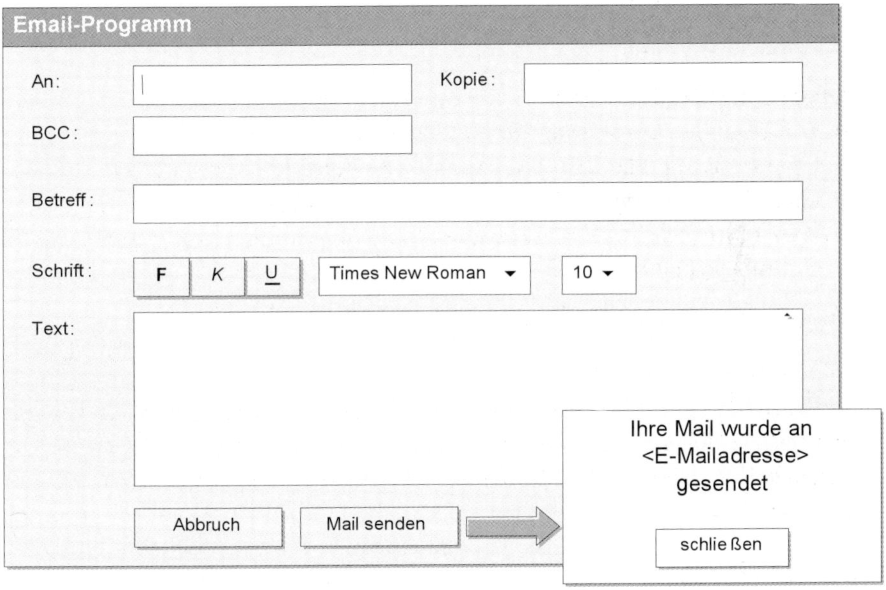

Abbildung 19: Mock-Up-Screen des fiktiven E-Mailprogramms.

Das Programm verfügt über einige Standardfunktionen zur Textauszeichnung. In der Grundeinstellung wird der Text einer Mail allerdings ohne Textauszeichnungen verfasst. Angezeigt wird er in der Schriftart «Times New Roman» und der Schriftgröße «10 Punkt». In ein Eingabefeld können unabhängige Adressen durch ein Komma getrennt eingefügt werden. Nach Versenden der Mail erscheint ein kleines Fenster, das eine Bestätigung des Versands und die gewählte E-Mailadresse ausgibt. Die Onlineverbindung wird beim Versenden einer Mail automatisch erstellt, sodass lediglich das Programm aufgerufen werden muss.

5.3.3 Analysephase

Während der Analysephase durchlaufen die Evaluatoren die zuvor definierte Handlungsabfolge, streng nach den jeweiligen Aufgaben getrennt und in chronologischer Reihenfolge. Vorgriffe auf nachfolgende Handlungsschritte sind dabei nicht erlaubt. Rücksprünge dienen zwar nicht der Handlungszielerreichung, dürfen aber vorgenommen werden.

Nachfolgend werden die Erfolgs- bzw. Misserfolgsstorys aufgeführt, welche die Evaluatoren über die zu erwartende Nutzerinteraktion erarbeitet haben. An entsprechenden Stellen haben die Evaluatoren vermerkt, dass weitere Kenntnisse nötig sind, die über das Nutzerprofil von Frau Ebel hinausgehen.

Erster Handlungsschritt: Empfänger eingeben
- **System:** Cursor blinkt in Zeile «An:»
- **Misserfolgsstory:**
  - *Wird Frau Ebel versuchen, den gewünschten Effekt zu erzielen?*
  Unkritisch. Die Bezeichnung «An» ist geläufig auf Briefen, um den Empfänger zu kennzeichnen.
  - *Wird Frau Ebel erkennen, dass die korrekte Handlung ausgeführt werden kann?*
  Unkritisch. Der blinkende Cursor verdeutlicht, dass es sich um ein Eingabefeld für Text handelt und dass dieses Feld aktiv ist.
  - *Wird Frau Ebel erkennen, dass die korrekte Handlung zum gewünschten Effekt führen wird?*
  Kritisch. Frau Ebel wird auch aufgrund ihrer Erfahrung mit anderen E-Mailprogrammen kein Problem haben, den ersten Empfänger einzutragen. Der zweite Empfänger soll aber nicht in das Feld Kopie eingetragen werden. Es ist nicht klar erkennbar, dass zwei oder mehrere unabhängige Adressen durch ein Komma getrennt in das An-Feld eingegeben werden können. Frau Ebel könnte daher diesen Handlungsschritt so interpretieren, dass sie zwei unabhängige E-Mails verschicken muss. Es fehlt ein entsprechender Hinweis.

- **Notwendige besondere Kenntnisse:** Darüber hinaus ist der Begriff «BCC:» (Blind Carbon Copy für «Blindkopie») nicht erläutert, wohingegen Kopie als Ausdruck für «CC:» (Carbon Copy) direkt übersetzt wurde. Zur Interpretation muss die Abkürzung BCC also geläufig sein.
- *Wird Frau Ebel den Fortschritt erkennen, den sie mit der korrekten Handlung erzielt hat?*
  Eventuell kritisch. Wird die lange Adresse von Herrn Obel eingegeben, kann sie wahrscheinlich nicht mehr vollständig gelesen werden, da das Eingabefeld relativ schmal ist. Dadurch könnten Tippfehler nicht erkannt werden. Das teilweise Verschwinden von eingegebenen Texten kann darüber hinaus verwirrend wirken.

Zweiter Handlungsschritt: Betreff-Zeile eingeben

- **System:** Cursor blinkt im aktiven Feld

- **Erfolgsstory:**
  Frau Ebel wird aufgrund ihrer Vorerfahrungen mit ähnlichen Systemen kein Problem haben, den Cursor in das Betreff-Feld zu bewegen und in diesem den Betreff-Text einzugeben. Das Feld ist hinreichend breit.

Dritter Handlungsschritt: Text eingeben

- **System:** Cursor blinkt im aktiven Feld

- **Erfolgsstory:**
  Frau Ebel wird aufgrund ihrer Vorerfahrungen am PC kein Problem haben, den Cursor in das Textfeld zu bewegen und den Text einzugeben. Die Felder zur Auszeichnung der Schrift könnten besser beschrieben sein, aber die Symbolik orientiert sich an geläufigen Textverarbeitungsprogrammen. Frau Ebel wird sie ohne Probleme interpretieren können und verstehen, dass sie diese hier nicht beachten muss. Das Textfeld ist möglicherweise etwas zu klein geraten, aber noch hinreichend breit.

Vierter Handlungsschritt: Mail verschicken

- **System:** Cursor blinkt im aktiven Feld. Nach Anklicken des Buttons «Mail senden» erscheint Hinweisfenster: *«Ihre Mail wurde an <E-Mailadresse> gesendet»*

- **Erfolgsstory:**
  Der Button für das Versenden der Mails ist gut sichtbar angebracht. Die Beschriftung ist unmissverständlich. Frau Ebel wird keine Probleme haben, die Mails abzuschicken, wenn sie das Problem der Eingabe beider Empfänger-Adressen in ein Feld (siehe: Erster Handlungsschritt) bewältigt hat. Ungünstig

ist lediglich die Benennung des Abbruch-Buttons. Das Versenden der Mails kann nicht abgebrochen werden. Hier ist «*Textfelder löschen*» als Funktion gemeint.

Praxishinweis bei einem abweichenden Vorgehen der Evaluatoren

Die Durchführung eines CWT stellt die Evaluatoren vor eine gewöhnungsbedürftige Aufgabe. Sie haben sich strikt an den Ablauf der vier Leitfragen zu halten, wodurch die eigentliche Dynamik einer Gruppen-Evaluation in relativ engen Grenzen gehalten wird. In der Praxis ist zu beobachten, dass gerade mit dieser Methode unerfahrene Evaluatoren nicht selten Schwierigkeiten damit haben. So kann es durchaus vorkommen, dass eine lebhafte Diskussion der Evaluatoren entbrennt. Diese kann zu einer Vielzahl an Usability relevanten Hinweisen führen, hält sich dann aber möglicherweise kaum noch an die Konventionen der vier Fragen. Der Versuch, die so erarbeiteten Ergebnisse später den Leitfragen zuzuordnen, ist hingegen langwierig und für das Evaluationsergebnis unergiebig.

In einer solchen Situation sollte der Versuchsleiter genau abwägen, was das eigentliche Ziel seiner Studie ist. Wenn das exakte methodische Vorgehen nach dem CWT im Mittelpunkt steht, dann muss er auf die Einhaltung der Abfolge nach Wharton et al. (1993) bestehen. Sollte das Anliegen aber sein, möglichst effizient Usability-Probleme zu identifizieren, kann es durchaus lohnenswert sein, die Evaluatoren zu ermutigen, ihren von der Methode abweichenden Weg fortzusetzen. Dabei ist allerdings auf die Berücksichtigung der chronologischen Handlungsabfolge zu achten. Die vier Fragen dienen dann eher als Heuristiken, die das Vorgehen stützen, es aber nicht determinieren. Damit entfällt allerdings die Möglichkeit, aus der Fragestruktur direkt Lösungen abzuleiten, wie es in Abschnitt 4.3.2 ausgeführt wurde. Die Dokumentation der Ergebnisse könnte dann in Anlehnung an die Auswertung nach der Heuristischen Evaluation erfolgen.

5.3.4 Auswertung und Lösungsfindung

Im Großen und Ganzen sind keine kritischen Ereignisse während der Handlungsabfolge zu erwarten, daher kann angenommen werden, dass sich das System grundsätzlich für den Einsatz in dem Unternehmen eignet. Aus der erarbeiteten Misserfolgsstory lassen sich relativ leicht sinnvolle Optimierungsmaßnahmen ableiten:

- Die misslungenen Benennungen der Buttons sollten gegen «Blindkopie» bzw. «Text löschen» ausgetauscht werden.

- Entweder wird ein Hinweis auf eine mögliche Mehrfach-Eingabe im «An:»-Feld gegeben oder der Nutzer erhält die Möglichkeit, neue «An:»-Felder anzufordern. Außerdem könnten mehrere Eingabefelder gezeigt werden, bei denen man zwischen «An:»-Feld, «Kopie»-Feld oder «Blindkopie»-Feld wählen kann.

5.3.5 Abschlussbemerkung

Es bleibt zu beachten, dass es sich bei diesem Beispiel um eine wenig komplexe Aufgabenstellung handelt. Dennoch ist die Analyse bereits recht umfangreich ausgefallen. Der Aufwand einer Usability-Evaluation mittels des CWT sollte daher auf keinen Fall unterschätzt werden. Gegebenenfalls sollten mehrere Evaluationstermine eingeplant werden, um die Belastung der Evaluatoren in einem angemessenen Rahmen zu halten.

5.4 Usability-Tests

Im Folgenden sollen anhand eines Praxisbeispiels die Durchführung von Usability-Tests geschildert und Handlungsempfehlungen gegeben werden. Es geht dabei um die Evaluation eines handgeführten Roboters in der Automobilmontage (siehe auch Sarodnick et al., 2004; Sarodnick et al., 2005). Dieses Beispiel zeigt sehr gut, dass Usability-Tests nicht auf Software beschränkt sind, sondern auch andere technische Systeme evaluiert werden können. Außerdem werden bei diesem Beispiel die Bezüge zur Arbeitsgestaltung, zur Personalentwicklung und zur Organisationsentwicklung deutlich.

5.4.1 Praxisbeispiel

In der Forschung und Entwicklung eines Automobilkonzerns wurde ein handgeführter Roboter von Ingenieuren entwickelt. Der Roboter soll einen Umsetzvorgang in der Automobilmontage unterstützen. In diesem Umsetzvorgang müssen schwere Teile von einem Band zu einem anderen transportiert werden. Dies geschieht bisher mithilfe eines manuellen Umsetzgerätes (siehe **Abb. 20** auf S. 220).

Der Roboter automatisiert das Greifen der Teile und den Transport zum zweiten Band. Der Absetzvorgang ist jedoch nur sehr aufwändig zu automatisieren, des-

220 5. Fallbeispiele und Handlungsempfehlungen

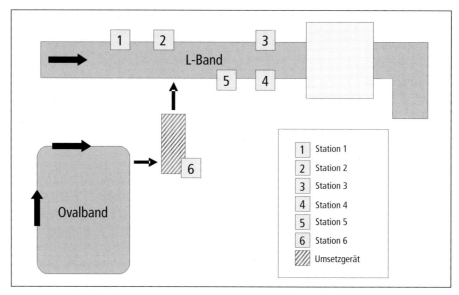

Abbildung 20: Anordnung der Arbeitsstationen und Förderbänder (Ansicht von oben; aus: Sarodnick et al., 2005).

halb wird er gemeinsam mit einem Arbeiter durchgeführt. Der Arbeiter steuert den Roboter mithilfe eines Joysticks in die richtige Position und legt das Teil ab. Diese Aufhebung der strikten Trennung zwischen Roboterarbeit und menschlicher Arbeit ist neu und stellt besondere Anforderungen auch an die Sicherheitsmaßnahmen. Die entwickelnden Ingenieure wollten in einem Test die bestehende Steuerung überprüfen sowie Reaktionen der Arbeiter auf diesen Roboter einholen.

Sie beauftragten ein Team aus Usability-Experten mit arbeitspsychologischem Hintergrund.

5.4.2 Vorbereitungsphase

Fragestellung
Vor Beginn ist zu klären, welche Ziele mit dem Usability-Test erreicht werden sollen. So bestehen unterschiedliche Anforderungen, je nachdem, ob der Test für die formative oder die summative Evaluation eingesetzt werden soll. Bei der formativen Evaluation geht es darum zu erfahren, welche Aspekte Probleme hervorrufen können und wie man sie verbessern kann. Eine typische eingesetzte Methode dafür ist die Methode des lauten Denkens. Bei der summativen Evaluation geht es um die Gesamtqualität des Systems, beispielsweise im Vergleich zu

einem Konkurrenzprodukt oder zur Wahl zwischen zwei Alternativen. Bei der summativen Evaluation wird häufig mit quantitativen Messungen gearbeitet (Nielsen, 1993).

Nach Preim (1999) unterscheidet man zwischen objektiven und subjektiven Fragestellungen. Objektive Fragestellungen sind zum Beispiel die Effizienz der Interaktion (Dauer der Aufgabenausführung, Antwortzeiten der Testpersonen, Häufigkeit ineffizienter Interaktionen usw.), das Auftreten von Fehlern (Häufigkeit der einzelnen Fehler, Dauer der Fehlerbehebung usw.) und die Erlernbarkeit. Subjektive Fragestellungen beziehen sich auf die allgemeine Einschätzung, auf die wahrgenommene Unterstützung, auf die Einschätzung hinsichtlich Vor- und Nachteilen usw.

Im Beispiel bezog sich die Beauftragung im Wesentlichen auf die subjektiven Aspekte: Wie kommt der Roboter bei den Arbeitern an? Wo sehen sie Vor- und Nachteile? Welche Änderungen wünschen sie an der Steuerung? Es sollten aber auch die Bedienbarkeit beurteilt und Erkenntnisse über mögliche Verbesserungen gewonnen werden. Es handelt sich also um eine Beauftragung für eine formative Evaluation. Die Erkenntnisse sollten in die weitere Entwicklung einfließen.

Die vorgegebenen subjektiven Fragestellungen wurden vom Usability-Team durch objektive Fragen hinsichtlich der Erlernbarkeit und der Effizienz ergänzt.

Da in der Beauftragung explizit die Reaktionen der Arbeiter auf den Roboter gewünscht wurden, kamen nur partizipative Verfahren in Frage. In Verbindung mit dem funktionsfähigen Prototypen bot sich ein Usability-Test für diese Fragestellung an. Die echte Erprobung liefert eine gute Erfahrbarkeit bei den Nutzern. Über Beobachtung und Messung können Probleme unabhängig von der Beurteilung erhoben werden. Eine anschließende Befragung kann für die subjektive Einschätzung und für die Erhebung von Verbesserungsvorschlägen genutzt werden.

Testaufgaben
Die Auswahl oder Entwicklung der Testaufgaben ist ein ganz wesentlicher Schritt in der Evaluation, da die Übereinstimmung mit den realen Arbeitsaufgaben maßgeblich die Aussagekraft der Ergebnisse bestimmt. Die Aufgaben müssen im Inhalt und in der Bandbreite repräsentativ sein für den Einsatzbereich. Sofern möglich, sollten Aufgaben direkt aus der Praxis übernommen werden. Außerdem sollten die Aufgaben so gewählt werden, dass alle relevanten Bereiche des Systems auch im Test verwendet werden. Hilfreich für die Bestimmung der Aufgaben ist eine Aufgabenanalyse oder eine Feldbeobachtung. Die Aufgaben müssen in geeigneter Zeit zu bearbeiten sein, dürfen aber gleichzeitig nicht zu trivial sein, damit auch komplexe Probleme entdeckt werden können. Zum Eingewöhnen sollte die

erste Aufgabe in einem Test jedoch sehr einfach sein. So kann der Proband immer mit einem Erfolgserlebnis beginnen.

Die Testaufgaben sollten den Benutzern während der Aufgabenbearbeitung als schriftliche Fassung zugänglich sein. Die Aufgabenbeschreibung orientiert sich am fachlichen Vorwissen der Benutzer. Bei hohem fachspezifischem Vorwissen empfiehlt sich eine problemorientierte Formulierung, bei geringem fachspezifischem Vorwissen sollten eher handlungsorientierte Beschreibungen gewählt werden. Auf diese Weise kann ausgeschlossen werden, dass Benutzungsprobleme nur durch fehlendes Fachwissen entstanden sind (Nielsen, 1993; Rauterberg et al., 1994).

Im Beispiel war die Aufgabe durch den Roboter direkt vorgegeben; es konnte nur dieser Umsetzvorgang durchgeführt werden. Hier ist eine deutliche Unterscheidung zu herkömmlichen Softwaresystemen zu sehen. Weitere Aufgaben wären im Bereich der Programmierung oder Wartung zu sehen, allerdings waren diese Teile zum Zeitpunkt des Tests im Prototypen noch nicht auf geeignete Weise realisiert. Trotz der festgelegten Arbeitsaufgabe am Roboter wurde vor dem Test eine Tätigkeitsanalyse im späteren Einsatzbereich durchgeführt. Dies hatte neben der Bestimmung der Rahmenbedingungen, die später beschrieben werden, vor allem den Grund, dass die sehr eingeschränkte Aufgabe des Umsetzens in den anderen Aufgabenkontext in der Praxis eingebettet werden sollte. Der Umsetzvorgang wurde nicht als isolierte Tätigkeit durchgeführt, sondern der Arbeiter hatte zeitnah weitere Montageaufgaben zu erfüllen (siehe **Abb. 21**). Durch die Erweiterung des Aufgabenspektrums im Test konnte eine realitätsnahe Arbeitssituation erzeugt werden, durch die auch Probleme aufgrund der Rahmenbedingungen, beispielsweise Ablenkungen, aufgedeckt werden konnten. Dies wäre bei einer ausschließlichen Konzentration auf die Robotertätigkeit nicht gegeben.

Da die Aufgaben direkt der normalen Tätigkeit der Versuchspersonen entsprachen, war eine schriftliche Formulierung nicht notwendig.

Auswahl der Testpersonen

Neben der Auswahl der geeigneten Aufgaben spielt auch die Auswahl geeigneter Testpersonen eine Rolle. Sie müssen repräsentativ sein für die spätere Nutzergruppe. Bei wenig Testpersonen kann es jedoch schwierig sein, alle relevanten Gruppen zu berücksichtigen. Nach Möglichkeit sollten tatsächliche spätere Nutzer ausgewählt werden. In Firmen besteht jedoch häufig das Problem, dass mögliche Testpersonen keine Zeit für einen Nutzertest haben. Deshalb werden Testpersonen häufig vom Management bestimmt, sodass wenig Einfluss auf die repräsentative Auswahl besteht. So werden beispielsweise häufig sehr motivierte oder technisch interessierte Personen gestellt – möglicherweise um die Firma in

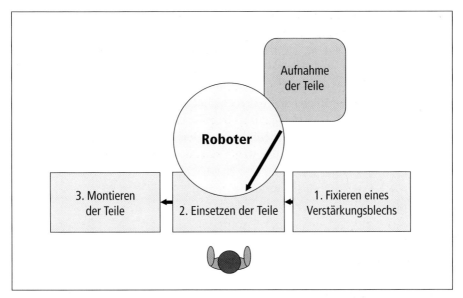

Abbildung 21: Schematischer Aufbau des prototypischen Roboterarbeitsplatzes (aus: Sarodnick et al., 2005).

ein gutes Licht zu rücken. Für Usability-Tests sind aber gerade auch Mitarbeiter interessant, die Veränderungen ablehnen oder Schwierigkeiten im Umgang mit Technik haben. Ein weiteres wichtiges Kriterium ist der Grad der Erfahrung. So stehen Anfänger und Experten häufig vor unterschiedlichen Schwierigkeiten und Problemen, sodass sie unterschiedliche Schwachstellen finden. Unter Umständen kann es nötig sein, dass Anfänger und Experten teilweise unterschiedliche Testaufgaben bekommen (vgl. z. B. Nielsen, 1993).

Auch im beschriebenen Beispiel gab es keine Einflussmöglichkeiten auf die Auswahl der Testpersonen. So war es zwar möglich, Arbeiter zu bekommen, die die Arbeitsaufgabe im heutigen Zustand bearbeiten, also über geeignete Erfahrungen und Vorwissen verfügten, es bestand aber keine Einflussmöglichkeit auf die Bandbreite. Die Testpersonen wurden von den Meistern aus dem Bereich ausgewählt. So wurden zuerst vor allem gut ausgebildete Systemführer zu dem Test geschickt. Aufgrund des relativ großen Interesses der Meister konnten jedoch so viele Personen involviert werden, dass schließlich auch weniger qualifizierte Personen am Test teilnahmen. Auch wurden Mitarbeiter aus verschiedenen Arbeitsschichten berücksichtigt, um eventuelle Unterschiede zu erfassen, die sich in der Tätigkeitsanalyse des bisherigen Arbeitsablaufes gezeigt haben. Nicht gelungen ist uns hingegen eine Beteiligung der wenigen im Einsatzbereich beschäftigten Frauen.

Technische und organisatorische Vorbereitung
Zuerst einmal muss entschieden werden, ob der Test in einem Usability-Labor oder im Feld durchgeführt werden soll. Dies ist vor allem abhängig von der benötigten Infrastruktur und der Verfügbarkeit von geeigneten Testpersonen (siehe Abschnitt 4.4.3). Ein wichtiger Faktor bei der Vorbereitung ist auch die Schaffung einer geeigneten Testatmosphäre. Unter Beobachtung zu arbeiten, erzeugt Stress. Durch die Schaffung einer ruhigen und entspannten Atmosphäre kann dieser reduziert werden. Dabei kann natürlich eine entsprechende angenehme Raumgestaltung hilfreich sein (siehe hierzu z. B. Salzman & Rivers, 1994). Gleichzeitig sollte der Raum entsprechend dem jeweiligen Thema gestaltet sein (Büro, Wohnzimmer o. ä.), um die Umgebungsfaktoren in der Evaluation angemessen zu berücksichtigen.

Im Beispiel bestand hinsichtlich der Durchführung keine Wahlmöglichkeit, da der Prototyp nicht transportabel war. Der Testaufbau erfolgte rund um den Prototypen. Es handelte sich dabei zwar nicht um Originalbedingungen, da der Prototyp nicht in einer Montagehalle stand, die Geräuschkulisse am Testarbeitsplatz war jedoch mit den realen Bedingungen vergleichbar. Auch die relativ lebhafte Umgebung durch andere arbeitende Personen in der Halle, in der der Test durchgeführt wurde, entsprach den Bedingungen in der Montagehalle. Nicht zuletzt war der Weg von der Montagehalle zum Testarbeitsplatz sehr kurz, sodass der Ausfall der Testpersonen in ihrer normalen Arbeit sehr gering gehalten werden konnte.

Der technische Aufbau war relativ aufwändig, da zwar der Roboterarbeitsplatz selber zur Verfügung stand, jedoch die vor- und nachgelagerten Tätigkeiten, die zum Tätigkeitsspektrum an der realen Arbeitsstation gehören, noch aufgebaut werden mussten. Problematisch dabei war vor allem das Fehlen eines realen Bandes. Der Aufbau musste also zwar an die reale Situation angelehnt werden, gleichzeitig konnten während des Tests jedoch nicht ständig neue unbearbeitete Teile an die Arbeitsstelle transportiert werden. Zwei Helfer mussten die einzelnen Teile in den Ausgangszustand zurückversetzen, während die Testperson mit einer anderen Teilaufgabe beschäftigt war. So konnte der reale Ablauf am Band einigermaßen realistisch simuliert werden.

Wegen der Geräuschkulisse in der Halle wurde auf das laute Denken verzichtet und stattdessen die Methode des Videofeedbacks eingesetzt, also nach der Erprobung gemeinsam die Videoaufnahme des Tests betrachtet und so Schwierigkeiten bei der Bearbeitung diskutiert. Dafür wurde eine Videokamera sowie ein geeigneter Interviewplatz mit Fernseher benötigt.

Eine weitere Vorbereitung besteht in der Einarbeitung des Moderators in das System, damit er jederzeit die Handlungen der Testperson beurteilen kann. Nur so kann er die Schwierigkeiten beobachten und interpretieren oder im Notfall eingreifen und Hilfestellung geben, wenn die Testperson nicht mehr auf geeignete Wege zurückfindet. Gleichzeitig dürfen Hilfestellungen nicht zu früh gegeben werden, da darüber Ergebnisse verfälscht werden können. Zu späte Hilfe kann andererseits zu Frustration führen. Auch sind Folgefehler aufgrund einer fehlerhaften Handlung meist weniger relevant oder schwer zu interpretieren. Deshalb sollte mit vorsichtigen Hinweisen schrittweise eingegriffen werden (vgl. z. B. Nielsen, 1993; Rauterberg et al., 1994; weitere Hinweise zum Testleiterverhalten finden sich z. B. bei Gniech, 1976).

Auch die Durchführung eines Vorabtests ist sinnvoll, um beispielsweise zu klären, ob die veranschlagte Zeit ausreicht, die Aufgaben und Fragen verständlich formuliert sind oder um technische Probleme aufzudecken.

In unserem Fall wurde das Usability-Team von den Entwicklern in die Bedienung des Roboters eingeführt. Außerdem hatten sie Gelegenheit zur ausführlichen Erprobung. Auch ein Vorabtest wurde durchgeführt.

5.4.3 Durchführungsphase

Einleitung
Wie schon erwähnt, erzeugt das Arbeiten unter Beobachtung Stress bei der Testperson. Dadurch kann es zu Problemen kommen, die im normalen Arbeitsumfeld nicht auftreten würden. Deshalb ist es wichtig, eine geeignete Testatmosphäre zu erzeugen. Neben den bereits genannten Aspekten der Raumgestaltung ist die Transparenz des Vorgehens relevant. Um Ängste abzubauen, sollte die Testperson genau wissen, was sie in dem Test erwartet. Dazu gehören das Ziel des Tests, der Ablauf, aber auch, was in den Nebenräumen passiert, wer mitwirkt, was aufgezeichnet wird, wie es ausgewertet wird und was mit den Daten passiert.

Deshalb muss zu Beginn der Testsitzung der Testperson eine Einführung gegeben werden. Besonders zentral ist dabei die Information, dass nicht die Testperson getestet wird, sondern das System. Die Testperson leistet eine wichtige Hilfe bei der Optimierung des Systems, und ihre Schwierigkeiten sind als Schwächen des Systems zu interpretieren und somit direkt hilfreich.

Weiter sollte der Testperson auch die Möglichkeit eingeräumt werden, die Durchführung des Tests jederzeit abzubrechen (Nielsen, 1993; Rauterberg et al., 1994).

Bei formativen Tests sollte weiter vermittelt werden, dass das endgültige System anders aussehen kann und wird, da die Erkenntnisse aus den Tests für eine Weiterentwicklung genutzt werden. Gerade wenn man die tatsächlichen Nutzer als Testpersonen heranzieht, können sonst falsche Erwartungen erzeugt und somit die Akzeptanz gefährdet werden.

Ein weiteres Thema ist die Anonymität. So muss der Testperson zugesichert werden, dass die Ergebnisse nur anonymisiert weiterverwendet werden. Auch für Video- und Audioaufnahmen muss das Einverständnis eingeholt werden. Bei externen Testpersonen kann auch eine Geheimhaltungserklärung notwendig sein, um die Weitergabe von Informationen über Innovationen zu verhindern.

Zum Schluss der Einleitungsphase sollte der Testperson noch Gelegenheit für weitere Fragen eingeräumt werden. Je nach Vorgehensweise muss die Testperson außerdem in die Methode des lauten Denkens eingewiesen werden.

In der Einleitungsphase des Usability-Tests des Roboters konnte auf die Geheimhaltungserklärung verzichtet werden, da es sich um eine firmeninterne Untersuchung handelte und sie so durch die übliche Verschwiegenheitsverpflichtung des Arbeitsvertrages abgedeckt war. Ergänzt wurde die Einleitungsphase durch eine kurze Einführung in den Roboter. Normalerweise wird auf eine Einführung dieser Art in Usability-Tests verzichtet und rein auf die Exploration durch die Testperson gesetzt. Da jedoch im späteren Einsatz des Roboters jeder Nutzer grundsätzlich eine kurze Einführung bekommen wird, wurde dieser Schritt auch in den Test mit aufgenommen.

Aufgabenbearbeitung
Während der Aufgabenbearbeitung sollte sich der Testleiter so weit wie möglich mit Anmerkungen oder Hilfestellungen zurückhalten. Die Testperson soll Schwierigkeiten selbstständig lösen. Hilfestellung sollte nur gegeben werden, wenn die Testaufgaben sonst nicht weiter bearbeitet werden können. Bei quantitativen Messungen dürfen keine Hilfestellungen gegeben werden, da die Messergebnisse sonst nicht mehr aussagekräftig sind (vgl. z. B. Nielsen, 1993).

Lange Zeit war es selbstverständlich, dass der Moderator sich nicht im selben Raum aufhält und nur im Notfall per Mikrofon mit der Testperson spricht. Inzwischen wird bei Tests ohne quantitative Messungen teilweise auch das Aufhalten im selben Raum bevorzugt, da so mehr Dialog möglich ist. Häufig reden die Testpersonen in diesem Fall mehr und geben somit mehr Aufschluss über die Hintergründe ihrer Probleme bei der Aufgabenbearbeitung. Es kann aber auch von der Arbeit ablenken oder durch Körpersprache beeinflussen. Außerdem entspricht es weniger dem realen Umfeld (vgl. z. B. Salzman & Rivers, 1994).

Im Test des Roboters wurden keine Hilfestellungen gegeben, da die Bearbeitungszeiten für die einzelnen Arbeitsschritte erfasst wurden. In sehr wenigen Fällen war ein Eingreifen notwendig, da Fehler auftraten, die auf Probleme des Prototyps zurückzuführen waren und nicht auf dessen Benutzung. Die entsprechenden Abschnitte wurden bei der Auswertung der Messergebnisse ausgeklammert. Aufgrund des Aufbaus in einer Werkhalle mussten sich Testleiter und Testperson im selben Raum aufhalten, allerdings war ein deutlicher Abstand möglich.

Neben den Hilfestellungen hat das Durchführungsteam verschiedene andere Aufgaben zu erledigen. Eine Person muss die technischen Geräte bedienen und überwachen, wie Kameras, Screen-Recorder, Licht usw. Mindestens eine, besser zwei Personen sollten ein Beobachtungsprotokoll erstellen, um die Auswertung der Videos später zu verkürzen. Gerade beim Einsatz der Videokonfrontation ist es auch empfehlenswert, sich bereits Zeitangaben für besonders interessante Passagen zu vermerken, die im Anschluss gemeinsam betrachtet werden können. Dies unterstützt eine reibungslose Durchführung der Befragung. Eine Person sollte als Moderator die hauptsächliche Kommunikation mit der Testperson übernehmen, also die Einleitung, eventuelle Hilfestellungen und die Durchführung des Interviews.

Es kann außerdem vorkommen, dass Entwickler oder Auftraggeber Tests miterleben wollen. Dies kann den Stress bei der Testperson erhöhen, da deutlich mehr Personen beobachten. Gleichzeitig bedeutet es auch Stress für die Durchführenden, sodass eventuell Details verloren gehen. Deshalb sollten diese Beobachter nach Möglichkeit in einem eigenen Raum sitzen, sodass sie möglichst wenig auf das Geschehen einwirken. Der Vorteil eines Vorgehens mit Zuschauern ist jedoch, dass Entwickler und Kunden die Probleme selbst miterleben und so bei der späteren Umsetzung der Ergebnisse weniger Überzeugungsarbeit geleistet werden muss. Hier muss abgewogen werden, inwieweit die Vorführung von ausgewählten Szenen aus der Aufzeichnung ausreicht (vgl. z. B. Salzman & Rivers, 1994).

Im Usability-Test des handgeführten Roboters ergab schon die Installation des Prototyps in einer Werkhalle eine Situation, die nicht ohne Zuschauer möglich war. Es kamen von Zeit zu Zeit Leute vorbei, die kurz zuschauten. Dies entspricht aber durchaus der Situation im normalen Montagealltag. Auf diese Weise war für die Testpersonen eine Unterscheidung zwischen unbeteiligten Zuschauern und den, teilweise anwesenden, Auftraggebern nicht sofort ersichtlich, sodass der Stress durch Beobachtung vertretbar war. Die Anwesenheit der Auftraggeber war auch insofern gewünscht, weil die Videobänder aus Datenschutzgründen nicht für eine Vorführung außerhalb der Halle genutzt werden durften. Nur so konnte also eine direkte Erfahrbarkeit der Probleme bei ihnen erreicht werden.

Auf Seiten des Durchführungsteams war eine Person für die Kommunikation mit den Auftraggebern zuständig, sodass die anderen den Test relativ ungestört durchführen konnten.

Die Befragung verlief vollständig ohne Zuhörer, die Anonymität der Testpersonen hinsichtlich ihrer Aussagen blieb auf diese Weise gewahrt.

Interviews und Fragebögen

Im Anschluss an die Aufgabenbearbeitung in Usability-Tests sollten, sofern vorgesehen, zuerst die Fragebögen beantwortet werden. Teilweise sind auch Beantwortungen nach jeder einzelnen Aufgabe notwendig, beispielsweise beim Fragebogen zur subjektiven mentalen Belastung (SMEQ: subjective mental effort questionnaire; Arnold, 1999; siehe auch Zijlstra, 1993).

Weitere Fragebögen können sich beispielsweise auf demografische Daten oder Vorerfahrung beziehen, es können aber auch Fragebögen zur Einordnung in die DIN-Norm oder zur Attraktivität (IsoNorm 9241/10, IsoMetrics, AttrakDiff; siehe Abschnitt 4.5 zu Fragebogenverfahren) eingesetzt werden (vgl. z. B. Rauterberg et al., 1994; Nielsen, 1993).

Im beschriebenen Beispieltest wurden keine Fragebogen eingesetzt. Dies hatte den Grund, dass viele Fragebogen nur für den Einsatz bei Bildschirmsystemen geeignet sind (Isonorm 9241/10, IsoMetrics). Die Vorerfahrung mit Robotern und die subjektive Beurteilung des Prototyps wurden im Interview erfasst.

In Interviews bei Usability-Tests werden im Wesentlichen Schwierigkeiten oder besondere Ereignisse während der Bearbeitung diskutiert, sowie Vorschläge der Testperson zur Verbesserung gesammelt. Im Beispieltest wurden zuerst die Vorerfahrung und dann der erste Eindruck der Arbeit mit dem Roboter abgefragt. Danach wurden wesentliche Ausschnitte auf Video angeschaut und Probleme und Schwierigkeiten diskutiert. Einige weitere Fragen zur Bedienung richteten sich auf besonders positive Aspekte sowie konkrete Verbesserungsideen. Auch wurden einige Aspekte der Bedienung, die dem Durchführungsteam problematisch erschienen mit den Testpersonen diskutiert.

Ein weiterer Teil richtete sich auf die Sicherheit des Roboters. Dieser Aspekt spielt bei den meisten Systemen sicherlich keine Rolle, bei der Aufhebung der Trennung von Roboterarbeitsplätzen oder der Montage durch Arbeiter ist er jedoch sehr zentral.

Der letzte Teil richtete sich auf Aspekte der Arbeitsgestaltung und der Arbeitsorganisation. Hier ging es um die Gestaltung des Roboterumfeldes, um die Aufgabenverteilung auf verschiedene Arbeitsstationen und ähnliches. Diese Aspekte sind zwar nicht direkt aus den Erfahrungen des Tests abzuleiten, allerdings kann die Verbindung aus der Erprobung des Prototyps und dem Wissen über Abläufe und Probleme in der realen Montage auf Seiten der Testpersonen wesentliche Anregungen für die spätere Gestaltung liefern. Dies ersetzt zwar keine systematischen Arbeitsgestaltungsmaßnahmen, kann aber als geeignete Grundlage für die entsprechende Planung dienen.

Am Ende des Interviews blieb noch Zeit für offene Fragen der Testpersonen. Diese konzentrierten sich vor allem auf den Zeitpunkt des realen Einsatzes und auf die Rationalisierungspläne, die hinter der Entwicklung vermutet, von den Auftraggebern gegenüber den Arbeitern jedoch weitgehend abgestritten wurden. Daran zeigt sich, dass die Durchführung von Usability-Tests innerhalb großer Unternehmen nicht unabhängig von unternehmenspolitischen Themen ist.

5.4.4 Auswertung und Bericht

Die Auswertung eines Usability-Tests kann abhängig von den erhobenen Daten beträchtlich variieren. So müssen die Beobachtungsdaten, wie Video, Audio, Logfiles und Screenrecording analysiert, statistische Auswertungen der Messungen und Fragebogendaten vorgenommen, sowie die subjektiven Aussagen und Verbesserungsvorschläge bewertet werden.

Eine wissenschaftlich korrekte Auswertung qualitativer Daten wird jedoch in der Praxis sowohl aus Budget-, als auch aus Zeitgründen kaum möglich sein. Rauterberg et al. (1994) empfehlen die Anfertigung eines Auswertungsrasters, in dem sich Probleme und Schwierigkeiten aller Testpersonen systematisch und übersichtlich zusammenführen lassen. Sie können auf diese Weise gut kategorisiert und über Häufigkeiten hinsichtlich ihrer Relevanz beurteilt werden.

Schwierig sind die qualitativen Auswertungen von Logfiledaten. Wesentliche Erkenntnisse verbergen sich oftmals hinter komplexen Handlungsmustern. Eine Unterstützung oder gar Automatisierung der Auswertung ist somit nur sehr eingeschränkt möglich (Rauterberg et al., 1994).

Die statistischen Auswertungen von vorgenommenen Messungen, beispielsweise Zeiten für Aufgabenbearbeitungen oder für Problemlösung, können mit den qualitativen Daten in Beziehung gesetzt und so die Bedeutung der Probleme besser beurteilt werden. In besonders schwierigen Fällen, wenn die Relevanz der Probleme oder die Verbesserungsvorschläge sehr schwer zu beurteilen sind, kann eine ergänzende heuristische Evaluation durchgeführt werden. Die Verbindung der Einschätzung von Nutzern und Usability-Experten liefert eine optimale Kombination aus Domänenwissen und Expertise über die Gebrauchstauglichkeit.

Im Bericht sollten nicht nur Probleme aufgeführt, sondern vor allem auch ihre Priorisierung deutlich werden. Außerdem sollten auch die positiven Aspekte herausgestellt werden. Die Meinung darüber, inwieweit konkrete Gestaltungsempfehlungen gegeben werden sollen, geht in der Literatur auseinander. Dies ist sicherlich auch davon abhängig, in welchem Rahmen der Test durchgeführt wird. In der Regel wird der Auftraggeber jedoch konkrete Handlungsempfehlungen erwarten.

Als besonders wichtig stellt sich immer wieder die Illustration von Problemen anhand von Bild- oder Videobeispielen heraus. Gerade wenn der Auftraggeber und die Systementwickler bei keinem der Tests anwesend sein konnten, werden viele Probleme in ihrer Relevanz völlig falsch eingeschätzt. Häufig heißt es: «*Der Schritt ist doch völlig logisch, so groß können die Probleme dort gar nicht gewesen sein.*» Eine Demonstration über eine Videosequenz kann in diesen Situationen dramatische Einsichten hervorrufen.

Weitere Informationen zur Auswertung und Berichterstattung finden sich beispielsweise bei Fath et al. (1994) und Preim (1999).

In der Auswertung des Beispieltests konnte keine systematische Videoanalyse erfolgen, da die Videos aus Datenschutzgründen direkt nach der Befragung der jeweiligen Testperson gelöscht werden mussten. Die Auswertung konzentrierte sich demnach auf die Beobachtungs- und Interviewprotokolle. Die Verbindung aus der Einschätzung der Testpersonen und den beobachteten Problemen lieferte jedoch relativ weitreichende Erkenntnisse über Verbesserungspotenzial. In einem weiteren Schritt wurde die Bearbeitungsdauer der einzelnen Aufgaben hinsichtlich Unterschieden zur Bearbeitungszeit ohne Roboter und hinsichtlich Lerneffekten analysiert.

Im Folgenden soll über ausgewählte Ergebnisse der Untersuchung des handgeführten Roboters die Bandbreite möglicher Erkenntnisse aufgezeigt werden. Ausführlicher können die Ergebnisse bei Sarodnick et al. (2004) und Sarodnick et al. (2005) nachgelesen werden.

Ergonomie und Bedienbarkeit
Die meisten Testpersonen waren sehr überrascht über die leichte Handhabung des Roboters. Es wurde praktisch kein Lernaufwand gesehen. Dies deckt sich auch mit den Ergebnissen der Beobachtung sowie der Tätigkeitsanalyse. So ergab sich im Laufe der Erprobung keine signifikante Beschleunigung in den Arbeitszyklen.

Trotzdem gab es einige Kritikpunkte. Es gab eine Reihe von Verzögerungszeiten zwischen Betätigung eines Bedienelementes und der Ausführung der Aktion durch den Roboter. Dies wurde als störend empfunden. Auch in der Beobachtung wurde deutlich, dass diese Verzögerungen zu Irritationen führten.

Außerdem sind an dem Roboter zwei Signallampen angebracht, die den Status des Roboters anzeigen. Diese wurden größtenteils wegen ihrer Größe gar nicht wahrgenommen. Wenn sie jedoch wahrgenommen wurden, konnte aus der Farbgebung nicht eindeutig auf den Status geschlossen werden.

Die wohl entscheidende Kritik wurde an der Höhe der Bedieneinheit geübt. So sind die Hebel zwar für große Personen gut zu erreichen, kleinere Menschen müssen jedoch ihre Arme relativ hoch halten. Dies ist gerade bei längerer Arbeit am Roboter nicht zumutbar. Hier wurde eine Höhenverstellbarkeit gefordert.

Arbeitsgestaltung
Neben der beschriebenen Kritik an der Bedienung gab es relativ starke Vorbehalte hinsichtlich der Auswirkungen des Roboters auf die Arbeitsabläufe und auf das Arbeitsumfeld. So wurde vor allem die Sorge geäußert, dass der große Platzbedarf des Roboters gegenüber der bestehenden Lösung mit einem manuellen Umsetzgerät den Handlungsspielraum zu sehr einschränken könnte. Der Roboter benötigt aus Sicherheitsgründen eine geschlossene Sicherheitszelle. Dadurch wird die Bewegungsfreiheit an der einen Bandseite erheblich eingeschränkt. Wie sich sowohl in den Aussagen der Mitarbeiter als auch in der Tätigkeitsanalyse am Band zeigte, ist die Arbeit aber durch starkes gegenseitiges Aushelfen gekennzeichnet. So arbeitet nicht jeder Arbeiter stur an der jeweiligen Station, sondern je nach Zeitdruck oder Problemen helfen die Arbeiter sich gegenseitig aus. Gerade auch aufgrund der zeitweilig hohen Quote an Ferienarbeitern und der relativ kurzen Taktzeiten ist dies für einen reibungslosen Ablauf unerlässlich.

Die durchgeführte Tätigkeitsanalyse an dem prototypischen Arbeitsplatz zeigte außerdem, dass die Arbeit am Roboter deutlich monotoner ist, als das bisher der Fall war.

Nicht zuletzt wurden Probleme bei Ausfall des Roboters vorhergesehen. Das bisher eingesetzte manuelle Umsetzgerät kann relativ schnell durch ein Ersatzgerät ausgetauscht werden. Die kurze Überbrückungszeit ist auch durch Umsetzen per Hand möglich. Der Roboter hingegen muss an Ort und Stelle repariert werden. In dieser Zeit steht das Band unter Umständen still.

Diese Aussagen der Testpersonen zeigen, dass der Einsatz des Roboters nur in Verbindung mit einer geeigneten Umgestaltung des Arbeitsumfeldes sowie der Aufgabenverteilung erfolgen sollte. So muss überprüft werden, inwieweit über eine andere Anordnung der Stationen oder eine andere Verteilung der Aufgaben ein gegenseitiges Aushelfen doch ermöglicht werden kann. Außerdem sollte aus arbeitspsychologischer Sicht die Arbeit an dem Roboter so mit anderen Tätigkeiten gemischt werden, dass die Monotonie in Zukunft nicht verstärkt wird, sondern sogar gesenkt werden kann. So könnten beispielsweise kleinere Programmier- oder Wartungsarbeiten in das Aufgabenfeld am Roboter integriert werden. Nicht zuletzt müssen geeignete Notfallstrategien entwickelt und in der räumlichen Gestaltung der Arbeitsplätze berücksichtigt werden.

Personalentwicklung
Wie bereits bei der Bedienbarkeit beschrieben, besteht eine äußerst geringe Einlernzeit, sodass Schulungsmaßnahmen in dieser Richtung nicht notwendig sind. Als problematisch hat sich hingegen die wahrgenommene Sicherheit herausgestellt (siehe **Abb. 22**). Aufgrund der vielen auch deutlich wahrnehmbaren Sicherheitsmaßnahmen zeigte sich ein sehr risikofreudiger Umgang mit dem Roboter. Die Testpersonen schlossen Gefahren überwiegend aus und entwickelten sehr schnell Ideen, wie man Sicherheitseinrichtungen umgehen kann, um sich die Arbeit zu vereinfachen.

Wichtiger als die technische Optimierung der Sicherheitseinrichtungen scheint also die Erhöhung der Kompetenzen der Mitarbeiter hinsichtlich der Sicherheit zu sein. So sollten ihnen in geeigneten Schulungsmaßnahmen die tatsächlichen

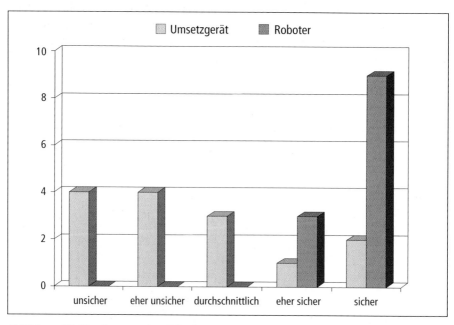

Abbildung 22: Einschätzung der Sicherheit von Roboter und Umsetzgerät (aus: Sarodnick et al., 2005).

Risiken, die auch nach einer weiteren technischen Absicherung vorhanden sind, deutlich gemacht werden.

Sollten auch Wartungs- und Instandhaltungsmaßnahmen in die Arbeit am Roboter integriert werden, so müssen den Arbeitern auch hier die entsprechenden Kompetenzen in Schulungen vermittelt werden.

An diesem Beispiel zeigt sich sehr deutlich, dass durch Usability-Tests nicht nur Verbesserungspotenziale für das technische System selbst ermittelt werden können, sondern dass sich aus den Ergebnissen unmittelbar Handlungsmaßnahmen für die spätere Einführung des Systems ergeben. Deshalb sollten die Ergebnisse der Usability-Tests Arbeitsgestaltern und Personalentwicklern im jeweiligen Betrieb zur Verfügung gestellt werden. Wenn Arbeitsgestalter und Personalentwickler nicht erst hinterher informiert werden, sondern sich schon an der Planung der Tests beteiligen, kann schon im Interview und in den Beobachtungen gezielt auf entsprechende Fragestellungen geachtet werden.

Praxisproblem: Zu späte Durchführung von Tests

In der Praxis werden Usability-Tests, aber auch andere Evaluationsmaßnahmen, häufig erst sehr spät im Entwicklungsprozess durchgeführt. Dies kann massive zeitaufwändige und teure Änderungen am System notwendig machen, wie das folgende fiktive Beispiel zeigt. Vergleichbare Erfahrungen wurden jedoch in verschiedenen Projekten tatsächlich gemacht.

Wir stellen uns vor, es wurde ein System zur Diagnose von Störungen an Werkzeugmaschinen bis zu einem funktionsfähigen Prototypen entwickelt. Das System läuft direkt auf den Bedienfeldern der Maschinen. Wenn eine Störung auftritt, wird automatisch anhand eines maschineninternen Codes geprüft, ob bereits eine Diagnose vorliegt. Wenn dies der Fall ist, kann diese abgerufen und der Fehler behoben werden. Passt die vorhandene Diagnose nicht, oder ist noch keine Diagnose im System gespeichert, so kann eine neue Diagnose eingegeben werden. Mögliche Angaben sind das betroffene Maschinenelement, die Ursache (z. B. Schalter defekt oder Kabel gebrochen) und die nötige Maßnahme zur Behebung (z. B. Austauschen).

Das Usability-Team wird bei diesem fortgeschrittenen Entwicklungsstand damit beauftragt, eine Studie zur Akzeptanz des Systems durchzuführen und Verbesserungsmaßnahmen zu entwickeln. Als Grundlage für den Test wird zuerst eine Beobachtung der realen Abläufe durchgeführt, um festzustellen, welche Personengruppen in welchem Ausmaß an der Störungsdiagnose beteiligt sind und wie typische Störungen aussehen. Außerdem wird eine Reihe von Mitarbeitern zu den Ideen des Systems befragt.

Bereits in dieser Phase der Untersuchung zeigen sich gravierende Mängel im System. Die Eingabemöglichkeiten im System werden als viel zu allgemein angesehen. Die Informationstiefe ist so gering, dass jede für die Störungsbehebung qualifizierte Person diese Information auch aus der Erfahrung heraus bereits verfügbar hat. Weitergehende Informationen hingegen können nicht erfasst werden. Auch die bloße Erweiterung wird als nicht sinnvoll erachtet, da ausführlichere Informationen mit den Bedienelementen an der Maschine nur mit großem Zeitaufwand eingegeben werden können. Für erweiterte Eingabemöglichkeiten müsste das System also auch von einem PC aus angesteuert werden können.

Weiter ergibt sich in den Gesprächen, dass eine Reihe der Informationen bereits in das Schichtbuch eingetragen werden muss. Eine doppelte Eingabe stößt auf große Ablehnung bei den Mitarbeitern. Ein erfolgreicher Einsatz des Systems kann deshalb nur dann erwartet werden, wenn eine Kopplung mit dem Schichtbuch hergestellt wird.

Ein dritter Kritikpunkt liegt in der fehlenden Kopplung mit einem System, über das die Instandhaltung beauftragt werden kann. So werden relevante Informationen für die Instandhaltung zwar in dem System festgehalten, bei einer Beauftragung können sie aber nicht in das andere System übernommen, sondern müssen dort erneut eingegeben werden.

Aufgrund dieser massiven Kritik an dem Prototypen wird die Durchführung des Tests ausgesetzt und eine Neukonzeption des Systems begonnen.

An diesem Beispiel zeigt sich, dass die Evaluation schon in sehr frühen Phasen der Entwicklung beginnen sollte, damit folgenschwere Fehlentwicklungen vermieden werden können. Nur so können in den Usability-Tests relevante Informationen zur Verbesserung der Bedienbarkeit ermittelt werden. Andernfalls muss das Konzept erst komplett überarbeitet werden, bevor in einem weiteren Test die Bedienbarkeit überprüft werden kann.

6 Resümee

Technische Systeme menschengerecht zu gestalten, bedeutet, sie an die Denk- und Arbeitsweisen des Menschen anzupassen. Die Wissenschaft der Ergonomie stellt die zu diesem Zweck notwendigen Erkenntnisse und Methoden bereit. Usability ist eine Eigenschaft eines technischen Systems, die es Menschen ermöglicht, mit ihm ihre Nutzungsziele effektiv, effizient und zufriedenstellend zu erreichen. Usability-Engineering ist das methodische Vorgehen, das im Rahmen des System-Engineerings ermöglicht, diese Eigenschaft sicherzustellen.

Ein erfolgreiches Usability-Engineering verbindet Experten aus verschiedenen Disziplinen, beispielsweise der Informatik, der Psychologie, der Kommunikationsgestaltung sowie der Personal- und Organisationsentwicklung. Tiefgreifendes Verständnis über das jeweilige Einsatzfeld eines technischen Systems sowie die Eigenschaften und Anforderungen seiner späteren Nutzer sind dabei unerlässlich. Die Partizipation von repräsentativen Nutzern an der Entwicklung sowie die Berücksichtigung ihres kulturellen Backgrounds erhöhen ebenfalls die Gebrauchstauglichkeit.

In Deutschland, aber auch in vielen anderen Ländern, bestehen Gesetze, welche die Anwendung ergonomischer Erkenntnisse bei der Systemgestaltung einfordern. Außerdem geben mehrere internationale Normen Hinweise, wie das Usability-Engineering erfolgreich umgesetzt und die Erreichung der Zieleigenschaft Usability evaluiert werden können.

In den vorangegangenen Kapiteln wurden Grundlagen und Vorgehensweisen des Usability-Engineerings und der Usability-Evaluation dargestellt. Der Schwerpunkt lag auf den Methoden der Usability-Evaluation. Sie wurden klassifiziert, beschrieben und anhand von Beispielen illustriert. Auch wurden Hinweise zur praktischen Durchführung von Evaluationen gegeben und eine Matrix mit den wichtigsten Eigenschaften der Methoden aufgebaut, die es ermöglicht, geeignete Methoden für spezifische Projekte auszuwählen.

6. Resümee

Wir wollten in diesem Buch eine Brücke zwischen Wissenschaft und Praxis schlagen, um dem Leser eine fundierte Tätigkeit als Usability-Evaluator bzw. eine bessere Zusammenarbeit mit Usability-Experten zu ermöglichen. Natürlich kann ein einführendes Werk diesen Anspruch nur in Teilen erfüllen. Wie schon im Abschnitt zur Personal- und Organisationsentwicklung beschrieben, ist das reine Wissen auch immer nur die eine Seite der Expertise. In Abwandlung eines bekannten Sprichwortes gilt die Devise: Erfahrung und Austausch machen den Meister.

Obwohl sich an immer mehr Hochschulen ein Lehrangebot zur Human-Computer-Interaction und zur Usability-Evaluation findet, gibt es noch keine in Deutschland anerkannte Berufsausbildung für Usability-Professionals, die einen kontinuierlichen Erfahrungsaufbau in der Praxis ermöglichen könnte. Wir legen daher jedem, der Usability-Evaluationen im professionellen Kontext durchführen möchte, ans Herz, die Methoden zunächst ohne Zeit- oder Erfolgsdruck anhand überschaubarer Beispielanwendungen zu erproben. Mitunter reicht schon ein Gang zum nächsten Fahrstuhl oder Fahrkartenautomaten um erste Eindrücke zu bekommen. Es ist immer wieder überraschend, wie viele Usability-Probleme sich schon in wenig komplexen technischen Systemen verbergen können.

Und wenn Sie das nächste Mal Ihren Computer verfluchen, denken Sie daran, wie viel Arbeit Usability-Experten bereits in dieses hochkomplexe System gesteckt haben …

Literaturverzeichnis

Aaltonen, A.; Hyrskykari, A.; Räiha, K. J. (1998): 101 spots, or how do users read menus. *Proceedings of the ACM Conference on Human Factors in Computing Systems (Los Angeles, CA, April 18–23),* (pp. 132–139). New York: ACM Press.

Anderson, J. R. (1987): Skill acquisition: Compilation of weak-method solution. *Psychological Review,* 94, 192–211.

Anderson, J. R. (1996): *Kognitive Psychologie.* Heidelberg: Spektrum Akademischer Verlag.

Arnold, A. G. (1999): Mental effort and evaluation of user-interfaces: a questionnaire approach. In: H.-J. Bullinger; J. Ziegler (Eds.): *Human-Computer Interaction: Ergonomics and User Interfaces. Proceedings of HCI International '99 (Munich, Germany, August 22–26),* (pp. 1003–1007). Mahwah, NJ: Lawrence Erlbaum.

Baddeley, A. D. (1986): *Working Memory.* Oxford: Oxford University Press.

Baitsch, C. (1985): *Kompetenzentwicklung und partizipative Arbeitsgestaltung.* Europäische Hochschulschriften, Reihe VI, Psychologie, Band 162. Bern: Lang.

Balzert, H. (1998): *Lehrbuch der Software-Technik. Software-Management, Software Qualitätssicherung, Unternehmensmodellierung.* Heidelberg: Spektrum Akademischer Verlag.

Bamberg, E.; Busch, C.; Ducki, A. (2003): *Stress- und Ressourcenmanagement: Strategien und Methoden für die neue Arbeitswelt.* Bern: Verlag Hans Huber.

Baravalle, A.; Lanfranchi, V. (2003): Remote web usability testing. *Behavior Research Methods, Instruments, and Computers,* 35 (3), 364–368.

Barki, H.; Hartwick, J. (1991): User participation and user involvement in information system development. *Proceedings of the Twenty-Fourth Annual Hawaii International Conference on System Sciences.* No. IV, 487–492.

Barnum, C. M. (2002): *Usability Testing and Research.* New York: Longman.

Bartenwerfer, H. (1957): *Über die Auswirkungen einförmiger Arbeitsvorgänge: Untersuchungen zum Monotonieproblem.* Marburger Sitzungsberichte, Band 80. Marburg: Elwert.

Bastien, J. M. C.; Scapin, D. L. (1995): Evaluating a user interface with ergonomic criteria. *International Journal of Human-Computer Interaction,* 7, 105–121.

Berry, D. C.; Broadbent, D. E. (1990): The role of instruction and verbalization in improving performance on complex search tasks. *Behaviour and Information Technology,* 9 (3), 175–190.

Beyer, H.; Holtzblatt, K. (1998): *Contextual Design. Defining Customer-Centered Systems.* San Francisco, CA: Morgan Kaufmann.

BGG (2002): *Behindertengleichstellungsgesetz (BGG) vom 27.04.2002,* BGB I 2002, 1467–1468.

Bias, R. G. (1994):The pluralistic usability walkthrough: Coordinated empathies. In: J. Nielsen; R. L. Mack (Eds.). *Usability inspection methods.* (pp. 63–76). New York: John Wiley & Sons.

BildschArbV (1996): *Verordnung über Sicherheit und Gesundheitsschutz bei der Arbeit an Bildschirmgeräten, Umsetzung der EWGRL 270/90 vom 4. Dezember 1996*, BGB I 1996, 1843.

BITV (2002): *Verordnung zur Schaffung barrierefreier Informationstechnik nach dem Behindertengleichstellungsgesetz vom 17. Juli 2002*, BGB I 2002, 2654.

Blandford, A.; Hyde, J. K.; Connell, I.; Green, T. R. G. (2004): *Scoping analytical usability evaluation methods: a case study.* http://www.uclic.ucl.ac.uk/annb/arm-scoping.pdf [03.02.2005].

Bortz, J.; Döring, N. (1995): *Forschungsmethoden und Evaluation für Sozialwissenschaftler* (2. Auflage). Berlin: Springer.

Bowers, V. A.; Snyder, H. L. (1990): Concurrent vs. retrospective verbal protocol for comparing window usability. *Proceedings of the Human Factors Society 34th Annual Meeting*, 1270–1274.

Brau, H.; Schulze, H (2004 a): Minimierung von Reaktanz gegen IT-Einführungsprojekte an industriellen Arbeitsplätzen durch Nutzerpartizipation. In: *VDI-Bericht 1837 «Useware 2004 – Nutzergerechte Gestaltung Technischer Systeme»*. (S. 237–244). Düsseldorf: VDI-Verlag GmbH.

Brau, H.; Schulze, H (2004 b): Kooperative Evaluation: Usability Inspektion in komplexen und verteilten Anwendungsdomänen. In: M. Hassenzahl; M. Peissner (Hrsg.). *Usability Professionals 2004. Proceedings des zweiten GC-UPA-Tracks.* (S. 127–132). Stuttgart: German Chapter der Usability Professionals' Association e. V.

Broadbent, D. E. (1958): *Perception and Communication*, London: Pergamon Press.

Brockhaus (1996): *Der Brockhaus in einem Band*. Leipzig: Brockhaus.

Brödner, P.; Hamburg, I.; Kirli, P. (1997): Leitlinien zur Einführung neuer technischer Verfahren und Systeme im Betrieb. In: *Institut Arbeit und Technik: Jahrbuch 1996/97.* (S. 182–193). Gelsenkirchen.

Burmester, M. (2003): Ist das wirklich gut? Bedeutung der Evaluation für die benutzerzentrierte Gestaltung. In: J. Machate; M. Burmester (Hrsg.). *User Interface Tuning. Benutzungsschnittstellen menschlich gestalten.* (S. 97–119). Frankfurt/Main: Software & Support Verlag.

BVG (2001): *Betriebsverfassungsgesetz vom 15. Januar 1972*, BGB I 1972, 13.

Card, S. K.; Moran, T. P.; Newell, A. (1980): The keystroke-level model for user performance time with interactive systems. *Communications of the ACM*, 23 (7), 396–410.

Card, S. K.; Moran, T. P.; Newell, A. (1983): *The Psychology of Human Computer Interaction*. Hillsdale NJ: Lawrence Erlbaum.

Carroll, J. M. (1998): Review validity, causal analysis, and rare evaluation events. *Human-Computer Interaction*, 13, 308–310.

Carroll, J. M.; Rosson, M. B. (1987): The paradox of the active user. In: M. J. Carroll (Ed.). *Interfacing Thought: Cognitive Aspects of Human-Computer Interaction* (pp. 80–111). Cambridge, MA: MIT Press.

Carroll, J. M.; Thomas, J. C. (1988): Fun. *SIGCHI Bulletin*, 19, (3), 21–24.

Cheery, E. C. (1953): Some experiments on the recognition of speech with one or two ears, *Journal of the Acoustical Society*, 25 (5), 975–979.

Chin, J. P.; Diehl, V. A.; Norman, K. L. (1988): Development of an instrument measuring user satisfaction of the human-computer interface. *Proceedings of ACM CHI '88 Conference on Human Factors in Computing*, 213–218.

Cuomo, D. L.; Bowen, C. D. (1994): Understanding usability issues addressed by three user-system interface evaluation techniques. *Interacting with Computers*, 6, (1), 86–108.

Davis, F. D.; Bagozzi, R. P.; Warshaw, P. R.(1992): Extrinsic and intrinsic motivation to use computers in the workplace. *Journal of Applied Psychology*, 22, (14), 1111–1132.

Denning, S.; Hoiem, D.; Simpson, M; Sullivan, K. (1990): The value of thinking-aloud protocols in industry: A case study at Microsoft Corporation. In: *Proceedings of the Human Factors Society 34th Annual Meeting*, 1285–1289.

De Souza, F.; Bevan, N. (1990): The use of guidelines in menu interface design: Evaluation of a draft standard. *Proceedings of IFIP INTERACT '90: Human-Computer Interaction*, 435–440.

Desurvire, H. W. (1994): Faster, cheaper!! Are usability inspection methods as effective as empirical testing? In J. Nielsen; R. L. Mack (Eds.). *Usability Inspection Methods*, (pp. 173–202). New York: John Wiley & Sons.

DIN EN ISO 6385 (2004). *Grundsätze der Ergonomie für die Gestaltung von Arbeitssystemen. Deutsche Fassung EN ISO 6385*. Berlin: Beuth Verlag.

DIN EN ISO 9241 (1997). *Ergonomische Anforderungen für Bürotätigkeiten mit Bildschirmgeräten. Deutsche Fassung EN ISO 9241*. Berlin: Beuth Verlag.

DIN EN ISO 13407 (1999). *Benutzer-orientierte Gestaltung interaktiver Systeme. Deutsche Fassung EN ISO 13407*. Berlin: Beuth Verlag.

DIN EN ISO 14915 (2003). *Software-Ergonomie für Multimedia-Benutzungsschnittstellen. Deutsche Fassung EN ISO 14915*. Berlin: Beuth Verlag.

DIN ISO/IEC 12119 (1995). *Software-Erzeugnisse – Qualitätsanforderungen und Prüfbestimmungen. Deutsche Fassung ISO/IEC 12119*. Berlin: Beuth Verlag.

DIN prEN ISO/DIS 9241-110 (2004). *Ergonomische Anforderungen der Mensch-System-Interaktion, Teil 110: Grundsätze der Dialoggestaltung. Deutsche Fassung der prEN ISO/DIS 9241-110*. Berlin: Beuth Verlag.

Dörner, D. (1992). *Die Logik des Misslingens*. Reinbek: Rowohlt Taschenbuch Verlag.

Dumas, J. S.; Redish, J. C. (1999): *A Practical Guide to Usability Testing*. Exeter: Intellect Books.

Dunckel, H. (1999a): *Handbuch psychologischer Arbeitsanalyseverfahren*. Zürich: vdf Hochschulverlag.

Dunckel, H. (1999b): Leitfaden zur Kontrastiven Aufgabenanalyse (KABA). In: H. Dunckel (Hrsg.). *Handbuch psychologischer Arbeitsanalyseverfahren*. (S. 231–254). Zürich: vdf Hochschulverlag.

Dykstra, D. J. (1993): *A comparison of heuristic evaluation and usability testing: The efficacy of a domain-specific heuristic checklist*. Department of Industrial Engineering, Texas A & M University, College Station, TX. [Ph.D. diss.]

Dzida, W. (1983): Das IFIP-Modell für Benutzungsschnittstellen. *Office-Management*, Sonderheft 31, 1983, 6–9.

Dzida, W.; Herda, S.; Itzfeld, W. D. (1978): User-perceived quality of interactive systems. *IEEE Transactions of Software Engineering*, SE4 (4), 270–276.

Eason, K. D. (1984): Towards the experimental study of usability. *Behaviour and Information Technology*, 23 (3), 133–143.

Edmonds, A. (2003): Uzilla: A new tool for web usability testing. *Behavior Research Methods, Instruments, and Computers*, 35 (2), 194–201.

Elke, G. (1996): Organisationsentwicklung. In: G. Wenninger; C. Graf Hoyos (Hrsg.). Arbeits-, Gesundheits- und Umweltschutz. *Handwörterbuch verhaltenswissenschaftlicher Grundbegriffe*. (S. 565–576). Heidelberg: Asanger.

Engelbeck, G. E. (1986): *Exceptions to generalizations: implications for formal models of human-computer interaction.* Department of Psychology, University of Colorado, Boulder, CO. [Masters thesis]

Erickson, T. (1990): Working with interface metaphors. In: B. Laurel (Ed.). *The Art of Human-Computer Interface Design.* (S. 65–73). Reading, MA: Addison Wesley.

Ericsson, K. A.; Simon, H. A. (1984): *Protocol Analysis: Verbal Reports as Data.* Cambridge, MA: The MIT Press.

Fath, J. L.; Mann, T. L.; Holzman, T. G. (1994): A practical guide to using software usability labs: lessons learned at IBM. *Behaviour and Information Technology,* 13 (1 & 2), 94–105.

Faulkner, L. (2003): Beyond the five-user assumption: Benefits of increased sample sizes in usability testing. *Behavior Research Methods, Instruments, and Computers,* 35 (3), 379–383.

Fischer, G. (1991): Supporting learning on demand with design environments. *Proceedings of the International Conference on the Learning Sciences,* 165–172.

Fitts, P. M. (1951): *Human Engineering for an Effective Air-Navigation and Traffic Control System.* Washington: National Research Council.

Floyd, C.; Reisin, F.-M.; Schmidt, G. (1989): STEPS to software development with users. In: C. Ghezzi; J. A. McDermid (Eds.). *Proceedings of ESEC 89, 2nd European Software Engineering Conference, September 11–15, 1989, Warwick, UK,* (pp. 48–64). Heidelberg: Springer.

Frei, F.; Duell, W.; Baitsch, C. (1984): *Arbeit und Kompetenzentwicklung. Theoretische Konzepte zur Psychologie arbeitsimmanenter Qualifizierung.* Bern: Verlag Hans Huber.

French, W. L.; Bell, C. H. (1994): *Organisationsentwicklung. Sozialwissenschaftliche Strategien zur Organisationsveränderung.* Bern, Stuttgart: Haupt.

Frieling, E.; Sonntag, K. (1999): *Lehrbuch Arbeitspsychologie.* Bern: Verlag Hans Huber.

Fu, L.; Salvendy, G.; Turley, L. (2002): Effectiveness of user testing and heuristic evaluation as a function of performance classification. *Behaviour and Information Technology,* 21 (2), 137–143.

Gediga, G.; Hamborg K.-C. (1999): IsoMetrics: Ein Verfahren zur Evaluation von Software nach ISO 9241/10. In: H. Holling; G. Gediga (Hrsg.). *Evaluationsforschung.* (S. 195–234). Göttingen: Hogrefe.

Gediga, G.; Hamborg, K.-C. (2002): Evaluation in der Software-Ergonomie: Methoden und Modelle im Software-Entwicklungsprozess. *Zeitschrift für Psychologie,* 210 (1), 40–57.

Gediga, G.; Hamborg, K.-C.; Düntzsch, I. (1999): The IsoMetrics usability inventory. An operationalisation of ISO 9241-10 supporting summative and formative evaluation of software systems. *Behaviour and Information Technology,* 18, 151–164.

Geis, T.; Hartwig, R. (1998): Auf die Finger geschaut. Neue ISO-Norm für benutzergerechte interaktive Systeme. *ct,* 14/98, 168–171.

Gniech, G. (1976): *Störeffekte in psychologischen Experimenten.* Stuttgart: Kohlhammer.

Gottschalch, H. (1994): Methoden der Beteiligung künftiger Benutzer an der Gestaltung eines Planungs- und Steuerungsprogramms für die Werkstatt. In: F.-J. Heeg; P. Meyer-Dohm (Hrsg.). *Methoden der Organisationsgestaltung und Personalentwicklung.* Leipzig: Fachbuchverlag Leipzig.

Gräf, L. (2002): Assessing internet questionnaires: The online pretest lab. In: B. Batinic; U.-D. Reips; M. Bosnjak; A. Werner (Eds.). *Online Social Sciences* (pp. 73–93). Seattle, WA: Hogrefe & Huber Publishers.

Gray, W. D.; John, B. E.; Atwood, M. E. (1993): Project Ernestine: A validation of GOMS for prediction and explanation of real-world task performance. *Human-Computer Interaction*, 8 (3), 207–209.

Gray, W. D.; Salzman, M. C. (1998): Damaged merchandise? A review of experiments that compare usability evaluation methods. *Human-Computer Interaction*, 13 (3), 203–261.

Greifenstein, R.; Jansen, P.; Kißler, L. (1990): Partizipationskompetenz und technischorganisatorische Innovation. Ergebnisse dreier Fallstudien. In: L. Kißler (Hrsg.). *Partizipation und Kompetenz.* (S. 15–54). Opladen: Westdeutscher Verlag.

Grote, G. (1994): A participatory approach to the complementary design of highly automated work systems. In: G. Bradley; H.W. Hendrick (Eds.). *Human Factors in Organizational Design and Management – IV.* (pp. 115–120). Amsterdam: Elsevier.

Grote, G.; Weik, S.; Wäfler, T.; Zölch, M.; Ryser, C. (1999): KOMPASS - Komplementäre Analyse und Gestaltung von Produktionsaufgaben in soziotechnischen Systemen. Eine arbeitspsychologische Methode zur Optimierung der Mensch-Maschine-Funktionsteilung. In: H. Dunckel (Hrsg.). *Handbuch psychologischer Arbeitsanalyseverfahren.* (S. 255–284). Zürich: vdf Hochschulverlag.

Hacker, W. (1992): *Expertenkönnen.* Stuttgart: Verlag für angewandte Psychologie.

Hacker, W. (1998): *Allgemeine Arbeitspsychologie. Psychische Regulation von Arbeitstätigkeiten.* Bern: Verlag Hans Huber.

Hacker, W.; Fritsche, B.; Richter, P.; Iwanowa, A. (1995): *Tätigkeitsbewertungssystem (TBS). Verfahren zur Analyse, Bewertung und Gestaltung von Arbeitstätigkeiten.* Zürich: vdf Hochschulverlag.

Hacker, W.; Richter, P. (1980): *Spezielle Arbeits- und Ingenieurspsychologie. Psychologische Bewertung von Arbeitsgestaltungsmaßnahmen. Lehrtext 1.* Berlin: VEB Deutscher Verlag der Wissenschaften.

Hackman, G. S.; Biers, D. W. (1992): Team usability testing: Are two heads better than one? *Proceedings of the Human Factors Society 36th Annual Meeting*, 1205–1209.

Harper, B.; Slaughter, L.; Norman, K. (1997): *Questionnaire administration via the WWW: a validation and reliability study for a user satisfaction questionnaire.* Paper Presented at WebNet 97, Association for the Advancement of Computing in Education, Toronto, Canada.

Hassenzahl, M. (2000): The effect of perceived hedonic quality on product appealingness. *International Journal of Human Computer Interaction*, 13 (4), pp. 481–499.

Hassenzahl, M. (2003): Attraktive Software. Was Gestalter von Computerspielen lernen können. In: J. Machate; M. Burmester (Hrsg.). *User Interface Tuning. Benutzungsschnittstellen menschlich gestalten.* (S. 27–45). Frankfurt/Main: Software & Support.

Hassenzahl, M. (2004): Mit dem AttrakDiff die Attraktivität interaktiver Produkte messen. In: M. Hassenzahl; M. Peissner (Hrsg.). *Usability Professionals 2004. Proceedings des zweiten GC-UPA-Tracks.* (S. 96–103). Stuttgart: German Chapter der Usability Professionals' Association e. V.

Hassenzahl, M.; Platz, A.; Burmester, M.; Lehner, K. (2000): Hedonic and ergonomic quality aspects determine a software's appeal. In: SIGCHI (Ed.). *Proceedings of the CHI 2000 Conference on Human Factors in Computing Systems. The Hague, NL.* (pp. 201–208). New York: ACM Press.

Hassenzahl, M.; Beu, A.M; Burmester, M. (2001): Engineering joy. *IEEE Software*, January/February 2001, 2–8.

Heinbokel, T.; Sonnentag, S.; Frese, M.; Stolte, W.; Brodbeck, F. C. (1996): Don't underestimate the problems of user centredness in software development projects – there are many! *Behaviour and Information Technology*, 15 (4), 226–236.

Hellpach, W. (1922): Sozialpsychologische Analyse des betriebstechnischen Tatbestandes «Gruppenfabrikation». In: R. Lang; W. Hellpach (Hrsg.). *Gruppenfabrikation*. (S. 5–186). Berlin: Springer.

Herrmann, T.; Kunau, G.; Loser, K. (2002): Sociotechnical Walkthrough – ein methodischer Beitrag zur Gestaltung soziotechnischer Systeme. In: M. Herczeg; W. Prinz; H. Oberquelle (Hrsg.). *Mensch und Computer 2002: Vom interaktiven Werkzeug zu kooperativen Arbeits- und Lernwelten*. (S. 323–332). Stuttgart: Teubner.

Hertzum, M.; Jacobsen, N. E. (2001): The evaluator effect: A chilling fact about usability evaluation methods. *International Journal of Human-Computer Interaction*, 13 (4), 421–443.

Heuer, J. (2003): Expertenevaluation. In: P. Vogt; S. Heinsen (Hrsg.). *Usability praktisch umsetzen. Handbuch für Software, Web, Mobile Devices und andere interaktive Produkte*. (S. 116–135). München: Hanser.

Hix, D.; Hartson, H. R. (1993): *Developing User Interfaces: Ensuring Usability through Product and Process*. New York: John Wiley & Sons.

Hoiem, D. E.; Sullivan, K. D. (1994): Designing and using integrated data collection and analysis tools: Challenges and considerations. *Behaviour and Information Technology*, 13 (1 & 2), 160–170.

Holling, H.; Liepmann, D. (2004): Personalentwicklung. In: H. Schuler (Hrsg.). *Lehrbuch Organisationspsychologie*. (S. 345–383). Bern: Verlag Hans Huber.

Hüttner, J.; Wandke, H.; Rätz, A. (1995): *Benutzerfreundliche Software. Psychologisches Wissen für die ergonomische Schnittstellengestaltung*. Berlin: Bernd-Michael-Paschke Verlag.

Igbaria, M.; Schiffman, S. J.; Wieckowski, T. J.(1994): The respective roles of perceived usefulness and perceived fun in the acceptance of microcomputer technology. *Behaviour and Information Technology*, 13 (6), 349–361.

Illing, F. (1960): Über eine Untersuchung von Ursachen interindividueller Leistungsunterschiede beim Kreuzspulen von Kunstseide. *Arbeitsökonomik und Arbeitsschutz* (zit. nach Ulich, 2001).

Jacob, R. J. K.; Karn, K. S. (2003): Eye tracking in human-computer interaction and usability research: Ready to deliver the promises (section commentary). In: J. Hyona; R. Radach; H. Deubel (Eds.). *The Mind's Eyes: Cognitive and Applied Aspects of Eye Movements*. Oxford: Elsevier Science.

Jacobsen, N.; Hertzum, M.; John, B. (1998): The evaluator effect in usability studies: problem detection and severity judgements. *Proceedings HFES 42nd Annual Meeting*. 1336–1340.

Jäckel, H. (2003): Organisationsentwicklung für Führungskräfte. In: L. von Rosenstiel; E. Regnet; M. E. Domsch (Hrsg.). *Führung von Mitarbeitern. Handbuch für erfolgreiches Personalmanagement*. (S. 639–649). Stuttgart: Schäffer-Poeschel.

Jastrzębowski, W. (1857): *An Outline of Ergonomics, or the Science of Work Based upon the Truths Drawn from the Science of Nature*. Warsaw: Central Institute for Labor Protection (2000; Reprint).

Jeffries, R. J.; Desurvire, H. W. (1992): Usability Testing vs. Heuristic Evaluation: Was there a contest? *ACM SIGCHI Bulletin*, 24, 39–41.

John, B.; Kieras, D. (1996): The GOMS family of user interface analysis techniques: comparison and contrast. *ACM Transactions on CHI*, 3, 320–351.

John, B. E.; Marks, S. J. (1997): Tracking the effectiveness of usability evaluation methods. *Behaviour and Information Technology*, 16 (4 & 5), 188–202.

Jones, G. W. (1990): *Software Engineering*. New York: John Wiley & Sons.

Kalbach, J. (2003): Von Usability überzeugen. In: P. Vogt; S. Heinsen (Hrsg.). *Usability praktisch umsetzen. Handbuch für Software, Web, Mobile Devices und andere interaktive Produkte*. (S. 7–21). München: Hanser.

Kantner, L.; Rosenbaum, S. (1997): Usability studies of WWW sites: Heuristic evaluation vs. laboratory testings. In: *Reprint of Paper from SIGDOC '97 Proceedings*, (pp. 1–8). Salt Lake City, UT: Association for Computing Machinery.

Karat, C.-M. (1994): A comparison of user interface evaluation methods. In: J. Nielsen; R. L. Mack (Eds.). *Usability Inspection Methods* (pp. 203–233). New York: John Wiley & Sons.

Karat, C.-M.; Campbell, R. L.; Fiegel, T. (1992): Comparison of empirical testing and walkthrough methods in user interface evaluation. *Proceedings of the SIGCHI '92: Human Factors in Computing Systems*, May 3–7 (pp. 397–404). New York: Association of Computing Machinery.

Kato, T. (1986): What «question-asking protocols» can say about the user interface. *International Journal of Man-Machine Studies*, 25 (6), 659–673.

Kaufmann, L.; Pornschlegel, H.; Udris, I. (1982): Arbeitsbelastung und Beanspruchung. In: L Zimmermann (Hrsg.) *Humane Arbeit. Leitfaden für Arbeitnehmer, Band 5: Belastungen und Stress bei der Arbeit*. (S. 13–48). Reinbek: Rowohlt.

Kaur, K.; Maiden, N.; Sutcliffe, A.(1999): Interacting with virtual environments. An evaluation of a model of interaction. *Interacting with Computers*, 11 (4), 403–426.

Kempken, A.; Heinsen, S. (2003): Usability für mobile Anwendungen. In: P. Vogt; S. Heinsen (Hrsg.). *Usability praktisch umsetzen. Handbuch für Software, Web, Mobile Devices und andere interaktive Produkte*. (S. 250–265). München: Hanser.

Kieras, D. E. (1988): Towards a practical GOMS model methodology for user interface design. In: M. Helander (Ed.). *Handbook of Human-Computer Interaction* (pp. 135–158). Amsterdam: North-Holland.

Kieras, D. E. (1997): A guide to GOMS model usability evaluation using NGOMSL. In: M. Helander; T. Landauer; P. Prabhu (Eds.). *Handbook of Human-Computer Interaction*. (2nd ed.), (pp. 733–766). Amsterdam: Elsevier.

Klemmert, H.; Brau, H.; Marzi, R. (2001): Erweiterung der Heuristischen Evaluation für sprachgesteuerte Softwaresysteme. Ergebnisse der Evaluation. In: W. Hess; K. Stöber (Hrsg.). *Elektronische Sprachsignalverarbeitung, 12. Konferenz, Studientexte zur Sprachkommunikation*. (Bd. 23, S. 53–60). Dresden: w. e. b. Universitätsverlag.

Koyani, S. J.; Bailey, R. B.; Nall, J. R. (2001): *Research-Based Web Design and Usability Guidelines*. National Cancer Institute. http://usability.gov/guidelines/Usability_guidelines.pdf. [03.02.2005].

Kujala, S. (2003): User involvement: A review of the benefits and challenges. *Behaviour and Information Technology*, 22 (1), 1–16.

Lakoff, G.; Johnson, M. (1980): *Metaphors We Live by*. Chicago: University of Chicago Press.

Lavery, D.; Cockton, G.; Atkinson, M. P. (1997): Comparison of evaluation methods using structured usability problem reports. *Behaviour and Information Technology*, 16 (3/5), 246–266.

Lazarus, R. S.; Launier, R. (1981): Stressbezogene Transaktionen zwischen Person und Umwelt. In: J. R. Nitsch (Hrsg.). *Stress*. (S. 213–259). Bern: Verlag Hans Huber.

Leontjew, A. N. (1979): *Tätigkeit, Bewusstsein, Persönlichkeit*. Berlin: Volk und Wissen.

Lewis, C. (1982): *Using the «Thinking Aloud» Method in Cognitive Interface Design*. IBM Research Reports RC 9265 (40713). Yorktown Heigths, NY: IBM Thomas J. Watson Research Center.

Lewis, C.; Polson, P.; Wharton, C.; Rieman, J. (1990): Testing a walkthrough methodology for theory-based design of walk-up-and-use interfaces. *Proceedings ACM CHI '90 Conference*, 235–242.

Lewis, C.; Wharton, C. (1997): Cognitive walkthroughs. In: M. G. Helander; T. K. Landauer; P. V. Prabhu (Eds.). *Handbook of Human-Computer Interaction*, (pp. 717–732). Amsterdam: North-Holland.

Lindgaard, G.; Dudek, C. (2003): What is this evasive beast we call user satisfaction? *Interacting with Computers*, 15, 429–452.

Maaß, S. (1993): Software-Ergonomie. Benutzer- und aufgabenorientierte Systemgestaltung. *Informatik-Spektrum*, 16, 191–205.

Macaulay, L. A. (1996): *Requirements Engineering*. London: Springer.

Mack, R. L.; Burdett, J. M. (1991): When novices elicit knowledge: Question-asking in designing, evaluating and learning to use software. In: R. Hoffman (Ed.). *The Cognition of Experts: Empirical Approaches to Knowledge Elicitation*. New York: Springer.

Mack, R.; Montaniz, F. (1994): Observing, predicting, and analyzing usability problems. In: J. Nielsen; R. Mack (Eds.). *Usability Inspection Methods*. (pp. 105–140). New York: John Wiley & Sons.

Mandel, T. (1997): Designing interfaces for worldwide use. In: T. Mandel (Ed.). *The Elements of User Interface Design*. New York: John Wiley & Sons.

Mantei, M. M.; Teorey, T. J. (1988): Cost/benefit analysis for incorporating human factors in the software life cycle. *Communications of the ACM*, 428–439.

Mayhew, D. J. (1999): *The Usability Engineering Lifecycle. Practitioner's Handbook for User Interface Design*. San Francisco: Morgan Kaufmann.

McDermid, J. (1993): *Software Engineer's Reference Book*. Oxford: Butterworth-Heinemann.

McKeen, J. D.; Guimaraes, T. (1997): Successful strategies for user participation in system development. *Journal of Management Information Systems*, 14 (2), 133–150.

Metzger, W. (2001): *Psychologie. Die Entwicklung ihrer Grundannahmen seit der Einführung des Experiments*. Wien: Krammer Verlag.

Moran, T. P. (1981): The command language grammar: a representation for the user interface of interactive computer systems. *International Journal of Man-Machine Studies*, 15, 3–50.

Muller, M. J.; McClard, A.; Bell, B.; Dooley, S.; Meiskey, L.; Meskill, J. A.; Sparks, R.; Tellam, D. (1995): Validating an extension to participatory heuristic evaluation: quality of work and quality of work life. In: *Proceedings of the ACM CHI '95 Conference*. Denver, CO: ACM, Interactive Poster.

Muller, M. J.; Matheson, L.; Page, C.; Gallup, R. (1998): Participatory heuristic evaluation. *Interactions*, 5 (5), 13–18.

Mumford, E. (2000): A socio-technical approach to systems design. *Requirements Engineering*, 5 (2), 125–133.

Natt och Dag, J.; Madsen, O. S. (2000): *An industrial case study of usability evaluation*. Lund: Lund University. [Masters thesis]

Neale, D. C.; Carroll, J. M. (1997): The role of metaphors in user interface design. In: M. G. Helander; T. K. Landauer; P. V. Prabhu (Eds.). *Handbook of Human-Computer Interaction.* (pp. 441–462). Amsterdam: Elsevier.

Neuberger, O. (1991): *Personalentwicklung.* Stuttgart: Enke.

Newman, W. M.; Lamming, M. G. (1996): *Interactive System Design.* London: Addison Wesley.

Nielsen, J. (1989): Usability engineering at a discount. In: G. Salvendy; M. J. Smith (Eds.). *Designing and Using Human-Computer Interfaces and Knowledge Based Systems* (pp. 394–401). Amsterdam: Elsevier.

Nielsen, J. (1992): Finding usability problems through heuristic evaluation. In: *Proceedings of the ACM CHI '92 Conference,* (pp. 373–380). Monterey, CA: ACM.

Nielsen, J. (1993): *Usability Engineering.* London: AP Professional Ltd.

Nielsen, J. (Ed.) (1994): Usability Laboratories. *Behavior and Information Technology,* 13, (1 & 2). [special issue].

Nielsen, J. (1994a): Enhancing the explanatory power of usability heuristics. In: *Proceedings of the ACM CHI '94 Conference* (pp. 152–158). Boston, MA: ACM.

Nielsen, J. (1994b): Guerrilla HCI: Using discount usability engineering to penetrate the intimidation barrier. In: R. G. Bias; D. J. Mayhew. (Eds.). *Cost-Justifying Usability.* (pp. 245–272). Boston, MA: Academic Press.

Nielsen, J. (1994c): Heuristic evaluation. In: J. Nielsen; R. L. Mack (Eds.). *Usability Inspection Methods,* (pp. 25–62). New York: John Wiley & Sons.

Nielsen, J. (1995): *Technology transfer of heuristic evaluation and usability inspection.* Keynote at the IFIP INTERACT '95. http://useit.com/papers/heuristic/learning_inspection.html [03.02.2005]

Nielsen, J. (1996): International usability engineering. In: E. del Galdo; J. Nielsen (Eds.). *International User Interfaces.* New York: John Wiley & Sons.

Nielsen, J. (1997): *How to conduct a heuristic evaluation.* http://useit.com/papers/heuristic/heuristic_evaluation.html [03.02.2005].

Nielsen, J. (1999): *Web research: Believe the data.* Alertbox, 11.7.1999. http://www.useit.com/alertbox/990711.html [22.01.2005]

Nielsen, J.; Mack, R. L. (Eds.) (1994): *Usability Inspection Methods.* New York: John Wiley & Sons.

Nielsen, J.; Molich, R. (1990): Heuristic evaluation of user interfaces. In: *Proceedings of the ACM CHI '90* (pp. 249–256). Seattle, WA: ACM.

Norman, D. A. (1986): *Dinge des Alltags. Gutes Design und Psychologie für Gebrauchsgegenstände.* Frankfurt a. M.: Campus.

Norman, K. L.; Friedman, Z.; Norman, K.; Stevenson, R. (2001): Navigational issues in the design of online self-administered questionnaires. *Behaviour and Information Technology,* 20, 37–45.

Oberhuber, N. (2004): Mensch gegen Maschine. *DIE ZEIT.* 16.09.2004.

Oed, R.; Wetzenstein, E.; Becker, A. (2001): Welche Unterstützung wünschen Softwareentwickler bei der Gestaltung von Benutzungsschnittstellen? In: H. Oberquelle; R. Oppermann; J. Krause (Hrsg.). *Mensch & Computer 2001.* (S. 355–364). Stuttgart: Teubner.

Ohnemus, K. R.; Biers, D. W. (1993): Retrospective vs. concurrent thinking out loud in usability testing. In: *Proceedings of the Human Factors and Ergonomics Society 37th Annual Meeting,* 1127–1131.

Olson, J. R.; Olson, G. M. (1990): The growth of cognitive modeling in human-computer interaction since GOMS. In: *Human-Computer Interaction*, 5 (1–3), 221–265.

Oppermann, R.; Murchner, B.; Reiterer, H.; Koch, M. (1992): *Software-ergonomische Evaluation. Der Leitfaden EVADIS II*. Berlin: de Gruyter.

Ortlieb, S.; Holz auf der Heide, B. (1993): Benutzer bei der Software-Entwicklung angemessen beteiligen. Erfahrungen und Ergebnisse mit verschiedenen Konzepten. In: K.-H. Rödiger (Hrsg.). *Software-Ergonomie '93. Von der Benutzeroberfläche zur Arbeitsgestaltung. Berichte des German Chapter of the ACM*, 39, 249–261.

Paganelli, L.; Paternò, F. (2003): Tools for remote usability evaluation of web applications through browser logs and task models. *Behavior Research Methods, Instruments, and Computers*, 35 (3), 369–378.

Paivio, A. (1971): *Imagery and Verbal Processes*. New York: Holt, Rinehart & Winston.

Paivio, A. (1986): *Mental Representation: A Dual Coding Approach*. New York: Oxford University Press.

Penniman, W. D. (1979): Past chairman's message. *SIG Newsletter No. UOI-10*. Washington, DC: American Society for Information Science.

Polson, P. G.; Lewis, C. (1990): Theory-based design for easily learned interfaces. *Human-Computer-Interaction*, 5 (2 & 3), 191–220.

Polson, P. G.; Lewis, C.; Rieman, J.; Wharton, C. (1992): Cognitive Walkthroughs: A method for theory-based evaluation of user-interfaces. *International Journal of Man-Machine Studies*. 36, 741–773.

Pomberger, G.; Blaschek, G. (1996): *Software-Engineering. Prototyping und objektorientierte Software-Entwicklung*. München: Carl Hanser.

Porteous, M.; Kirakowski, J.; Corbett, M. (1993): *SUMI User Handbook*. University College Cork, Ireland: Human Factors Research Group.

Preece, J.; Rogers, Y.; Sharp, H.; Benyon, D.; Holland, H.; Carey, T. (1994): *Human-Computer Interaction*. Wokingham, UK: Addison Wesley.

Preim, B. (1999): *Entwicklung interaktiver Systeme. Grundlagen, Fallbeispiele und innovative Anwendungsfelder*. Berlin, Heidelberg: Springer.

Prümper, J. (1997): Der Benutzungsfragebogen ISONORM 9241/10: Ergebnisse Zur Reliabilität und Validität. In: R. Liskowsky (Hrsg.). *Software-Ergonomie '97*. Stuttgart: Teubner.

Prümper, J.; Anft, M. (1993): Die Evaluation von Software auf Grundlage des Entwurfs zur internationalen Ergonomie-Norm 9241 Teil 10 als Beitrag zur partizipativen Systemgestaltung – ein Fallbeispiel. In: K. H. Rödiger (Hrsg.). *Software-Ergonomie '93. Von der Benutzeroberfläche zur Arbeitsgestaltung, Berichte des German Chapter of the ACM*. (S. 145–156). Stuttgart.

Quaas, W. (1965): Die Untersuchung inter- und intraindividueller Leistungsdifferenzen, dargestellt am Beispiel des Schärens von Kupferkunstseide. *Probleme und Ergebnisse der Psychologie* 15, 7–38.

Ramsey, H. R.; Atwood, M. E.; Kirshbaum, P. J. (1978): *A Critically Annotated Bibliography of the Literature of Human Factors in Computer Systems (Technical Report SAI-78-070-DEN)*. Englewood, CO: Science Applications.

Rasmussen, J. (1983): Skills, rules, and knowledge; signals, signs, and symbols, and other distinctions in human performance models. *IEEE Transactions on Systems, Man, and Cybernetics, SMC-13* (3), 257–266.

Rauterberg, M. (1995): *Ein Konzept zur Quantifizierung software-ergonomischer Richtlinien.* Zürich: Institut für Arbeitspsychologie der ETH. [Dissertation]

Rauterberg, M.; Sinas, P.; Strohm, O.; Ulich, E.; Waeber, D. (1994): *Benutzerorientierte Softwareentwicklung. Konzepte, Methoden und Vorgehen zur Benutzerbeteiligung.* Stuttgart: Teubner.

Reason, J. (1994): *Menschliches Versagen: psychologische Risikofaktoren und moderne Technologien.* Heidelberg: Spektrum Verlag.

Richter, M. (1999): Online-Befragung als neues Instrument zur Beurteilung der Benutzerfreundlichkeit interaktiver Software am Beispiel einer Internet-Anwendung. In: U.-D. Reips; B. Batinic; W. Bandilla; M. Bosnajak; L. Gräf; K. Moser; A. Werner (Hrsg.). *Current internet science – Trends, techniques, results.* Zürich: Online Press. html://www.dgof.de/band99/ [03.02.2005].

Riihiaho, S. (2000): *Experiences with usability evaluation methods.* Helsinki University of Technology, Laboratory of Information Processing Science. [Thesis]

Rohmert, W.; Rutenfranz, J. (1975): *Arbeitswissenschaftliche Beurteilung der Belastung und Beanspruchung an unterschiedlichen industriellen Arbeitsplätzen.* Bonn: Der Bundesminister für Arbeit und Sozialordnung.

Röse, K. (2003): Task-Analyse. In: P. Vogt; S. Heinsen (Hrsg.). *Usability praktisch umsetzen. Handbuch für Software, Web, Mobile Devices und andere interaktive Produkte.* (S. 98–14). München: Hanser.

Rosenstiel, L. von (2003): *Grundlagen der Organisationspsychologie.* Stuttgart: Schäffer-Poeschel.

Roshak, L.; Spool, J. (2003): *Evaluating Globally: How to Conduct International or Intercultural Usability Research.* Panel for CHI 2003, April 5–10, 2003. Ft. Lauderdale, Florida, USA.

Rosson, M. B.; Carroll, J. M. (2002): *Usability Engineering. Scenario-Based Development of Human-Computer Interaction.* San Francisco, CA: Morgan Kaufmann.

Rudolph, E.; Schönfelder, E.; Hacker, W. (1987): *Tätigkeitsbewertungssystem für Geistige Arbeit.* Berlin: Psychodiagnostisches Zentrum an der Humboldt-Universität.

Russell, P.; Durling, B.; Griffiths, B.; Crum, G. (1997): Design Guidelines (an unacceptable constraint on creativity or good design practice? *IDATER 97*, Loughborough University.

Salzman, M. C.; Rivers, S. D. (1994): Smoke and mirrors: setting the stage for a successful usability test. *Behaviour and Information Technology*, 13 (1 & 2), 9–16.

Sarodnick, F.; Kohler, P.; Lum, T.; Schulze, H.; Haasis, S.; Giessler, R. (2004): Nutzergerechte Mensch-Roboter-Kooperation in der Montage. In: Gesellschaft für Arbeitswissenschaft (Hrsg.). *Arbeit und Gesundheit in effizienten Arbeitssystemen: 50. Frühjahrstagung der GfA in Zürich.* Dortmund: GfA-Press.

Sarodnick, F.; Kohler, P.; Lum, T.; Schulze, H.; Giessler, R. (2005): Sicherheit in der Mensch-Roboter-Kooperation. *Zeitschrift für Arbeitswissenschaft*, 59 (5), 441–448.

Scheier, C.; Heinsen, S. (2003): Aufmerksamkeitsanalyse. In: P. Vogt; S. Heinsen (Hrsg.). *Usability praktisch umsetzen. Handbuch für Software, Web, Mobile Devices und andere interaktive Produkte.* (S. 154–169). München: Hanser.

Schuler, H. (2001): Arbeits- und Anforderungsanalyse. In: H. Schuler (Hrsg.). *Lehrbuch der Personalpsychologie.* (S. 43–61). Göttingen: Hogrefe.

Schulze, H. (2000): *Erfahrungsgeleitete Arbeit als Leitbild für die Entwicklung und Gestaltung von Produktionssystemen in der industriellen Fertigung.* Universität Hamburg. [Dissertation]

Shneiderman, B. (1987): *Designing the User Interface: Strategies for Effective Human-Computer Interaction.* Reading, MA: Addison-Wesley.

Slaughter, L. A.; Harper, B. D.; Norman, K. L. (1994): Assessing the equivalence of the paper and on-line formats of the QUIS 5.5. In: *Proceedings of Mid Atlantic Human Factors Conference* (Washington DC: February 23–26, 1994), 87–91.

Smith, S. L.; Mosier, J. N. (1986): *Guidelines for designing user interface software. The MITRE Corporation Technical Report*, (ESD-TR-86-278). Bedford, MA: The MITRE Corporation.

Sommerville, I. (1996): *Software Engineering.* Wokingham: Addison-Wesley.

Spinas, P. (1987): *Arbeitspsychologische Aspekte der Benutzerfreundlichkeit von Bildschirmsystemen.* Institut für Arbeitspsychologie, Zürich: Eidgenössische Technische Hochschule. [Dissertation]

Spool, J. (2002): *Evolution trumps usability guidelines.* http://www.uie.com/articles/evolution_trumps_usability. [03.02.2005]

Stanney, K. M.; Mollaghasemi, M.; Reeves, L.; Breaux, R.; Graeber, D. A. (2003): Usability engineering of virtual environments (VEs). Identifying multiple criteria that drive effective VE system design. *International Journal of Human-Computer Studies*, 58, 447–481.

Stanton, J. M.; Weiss, E. M. (2003): Organisational databases of personnel information: contrasting the concerns of human resource managers and employees. *Behaviour and Information Technology*, 22 (5), 291–304.

Steers, R. M.; Black, J. S. (1994): *Organizational Behavior.* New York: Harper Collins.

Tedeschi, B. (2002): Putting tinsel into web shopping. *New York Times*, 18.11.2002.

Tognazzini, B. (1991): *TOG on Interface.* Reading, MA: Addison Wesley.

Udris, I.; Frese, M. (1988): Belastungen, Stress, Beanspruchungen und ihre Folgen. In: D. Frey; C. Graf Hoyos; D. Stahlberg (Hrsg.). *Angewandte Psychologie.* (S. 427–447). München: Psychologische Verlags Union.

Ulich, E. (1984): Psychologie der Arbeit. In: *Management-Enzyklopädie*, Band 7. (S. 914–929). Landsberg: Moderne Industrie.

Ulich E. (1988): Arbeits- und organisationspsychologische Aspekte. In: H. Balzert; H.-U. Hoppe; R. Oppermann; H. Penschke; G. Rohr; N. Streitz (Hrsg.). *Einführung in die Software-Ergonomie.* (S. 49–66). Berlin: de Gruyter.

Ulich, E. (2001): *Arbeitspsychologie.* Zürich: vdf Hochschulverlag.

Vanderdonckt, J. (1999): Development milestones towards a tool for working with guidelines. *Interacting with Computers*, 12 (2), 81–118.

Vatrapu, R. (2002): *Culture and International Usability Testing: The Effects of Culture in Interviews.* Blacksburg, VA: Virginia Polytechnic Institute and State University. [Masters Thesis]

Virzi, R. A. (1992): Refining the test phase of usability evaluation: how many subjects is enough? *Human Factors*, 34, 457–468.

Virzi, R. A.; Sokolov, J. L.; Karis, D. (1996): Usability problem identification using both low- and high fidelity prototypes. In: *Proceedings of the ACM Conference on Human Factors in Computing Systems (Vancouver, April 13–18)*, (pp. 236–243). New York: ACM Press.

Volpert, W. (1983): Psychische Regulation von Arbeitstätigkeiten. In: J. Rutenfranz; U. Kleinbeck (Hrsg.). *Arbeitspsychologie, D/III/I.* (S. 1–42). Göttingen: Hogrefe.

W3.org (2002): *Web Accessibility Initiative (WAI).* http://w3.org/WAI [03.02.2005]

Wandke, H.; Oed, R.; Metzker, E.; Ballegooy, M. van; Nitschke, J.(2001): Die Entwicklung von User Interfaces als arbeitswissenschaftlicher Prozess und seine Unterstützung durch Software-Werkzeuge. *Zeitschrift für Arbeitswissenschaft*, 55 (2), 79–93.

WCAG10 (2002): *Web Content Accessibility Guidelines 1.0 – W3C Recommendation 5th May 1999.* http://w3.org/TR/WCAG10 [03.02.2005]

Wertheimer, M. (1925): *Drei Abhandlungen zur Gestalttheorie.* Erlangen: Verlag der Philosophischen Akademie.

Wharton, C.; Rieman, J.; Lewis, C.; Polson, P. (1994): The cognitive walkthrough method: A practitioner's guide. In: J. Nielsen; R. Mack (Eds.). *Usability Inspection Methods.* (pp. 105–140). New York: John Wiley & Sons.

Willumeit, H.; Gediga, G.; Hamborg, K.-C. (1996): IsoMetricsL: Ein Verfahren zur formativen Evaluation von Software nach ISO 9241/10. *Ergonomie und Informatik,* 27, 5–12.

Wright, R. B.; Converse, S. A. (1992): Method bias and concurrent verbal protocol in software usability testing. *Proceedings of the Human Factors Society 36th Annual Meeting,* 1220–1224.

Zijlstra, F. R. H. (1993): *Efficiency in work behaviour. A design approach for modern tools.* Delft: Delft University Press. [Dissertation]

Anhang
Berufsverband der deutschen Usability-Professionals

Für angehende Usability-Professionals ergibt sich die Herausforderung, ein Netzwerk mit Gleichgesinnten aufzubauen, in dem man gegenseitig von den Erfahrungen der anderen profitiert. Das sicherlich beste und qualitativ hochwertigste ist eine Mitgliedschaft in einem anerkannten Berufsverband für Usability-Professionals.

Die Usability Professionals Association (UPA) wurde 1991 in den USA gegründet. Inzwischen überzieht ein Netzwerk aus Landesgruppen, so genannten Chaptern, die Welt. 2002 wurde mit dem Berufsverband der deutschen Usability-Professionals und German Chapter der Usability Professionals Association e.V. das deutsche Chapter (GC UPA) gegründet.

Usability-Professionals finden hier ein hochwertiges Netzwerk mit Regionalgruppen in ganz Deutschland, die einen regelmäßigen und persönlichen Austausch der im Berufsverband organisierten Mitglieder fördern. Neben der allgemeinen oder individuellen methodischen Unterstützung im Arbeitsalltag können sich Usability-Professionals in übergreifenden Arbeitskreisen zu zentralen Usability-Themen engagieren, beispielsweise Zertifizierung oder barrierefreies Internet. Das GC UPA unterstützt diese Arbeitskreise mit der Bereitstellung einer Kommunikationsplattform im Internet.

Interessierte finden nähere Informationen auf der Webseite des GC UPA: http://www.gc-upa.de.

Ulrike Cress (Hrsg.)
Effektiver Einsatz von Datenbanken im betrieblichen Wissensmanagement

2006. 126 S., 11 Abb., Kt
€ 22.95 / CHF 36.90
(ISBN 3-456-84246-5)

Von Wissenschaftlern und Praktikern gemeinsam verfasst, beschreibt das Buch praxisnah die Einsatzmöglichkeiten von Datenbanken im Wissensmanagement.

Stefanie Heizmann
Outplacement
Die Praxis der integrierten Beratung

2003. 135 S., 28 Abb., Kt
€ 22.95 / CHF 39.80
(ISBN 3-456-83956-1)

Die Autorin fasst die Geschichte der Outplacementberatung zusammen und informiert im Detail über den Beratungsprozess und die notwendigen Kompetenzen der Berater.

www.verlag-hanshuber.com

Eva Bamberg / Christine Gabriele Busch / Antje Ducki

Stress- und Ressourcenmanagement

Strategien und Methoden für die neue Arbeitswelt

2003. 224 S., 16 Illust., 2 Abb., 13 Tab., Kt
€ 26.95 / CHF 45.80
(ISBN 3-456-83969-3)

Das Buch informiert über Methoden und Strategien der Analyse, Intervention und Evaluation im betrieblichen Stress- und Ressourcenmanagement. Ein Szenario im Call Center verdeutlicht das praktische Vorgehen.

Frauke Teegen

Posttraumatische Belastungsstörungen bei gefährdeten Berufsgruppen

Prävalenz – Prävention – Behandlung

2003. 192 S., 3 Abb., Kt € 24.95 / CHF 42.80
(ISBN 3-456-83806-9)

Anhand zahlreicher Beispiele werden Risiko- und Schutzfaktoren erläutert, die Organisation psychosozialer Unterstützung u.a. bei Großschadenereignissen veranschaulicht sowie Präventions- und Behandlungskonzepte praxisnah vorgestellt.

Martin Resch

Analyse psychischer Belastungen

Verfahren und ihre Anwendungen im Arbeits- und Gesundheitsschutz

2003. 208 S., 10 Abb., 14 Tab., Kt € 24.95 / CHF 42.80
(ISBN 3-456-83807-7)

Das Buch informiert über die heute bekannten Verfahren zur Analyse psychischer Belastung. Praktische Erfahrungen mit der Anwendung in verschiedenen Betrieben und Hinweise für die Organisation von Gefährdungsanalysen im Betrieb runden den Band ab.

www.verlag-hanshuber.com

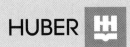